教师成长四计

"学、思、讲、创"的行动与研究

李延安　王　玲　著

北方联合出版传媒(集团)股份有限公司

万卷出版有限责任公司

图书在版编目（CIP）数据

教师成长四计："学、思、讲、创"的行动与研究 /
李延安，王玲著. -- 沈阳：万卷出版有限责任公司，
2024.3

ISBN 978-7-5470-6476-4

Ⅰ. ①教… Ⅱ. ①李… ②王…Ⅲ. ①师资培养－研
究Ⅳ.①G451.2

中国国家版本馆 CIP 数据核字(2024)第 053738 号

出版发行：北方联合出版传媒（集团）股份有限公司
　　　　　万卷出版有限责任公司
　　　　　（地址：沈阳市和平区十一纬路29号　邮编：110003）
印　刷　者：辽宁新华印务有限公司
经　销　者：全国新华书店
幅面尺寸：170mm×240mm
字　　数：340千字
印　　张：18.5
出版时间：2024年3月第1版
印刷时间：2024年3月第1次印刷
责任编辑：朱婷婷
责任校对：张　莹
装帧设计：高桂平
ISBN 978-7-5470-6476-4
定　　价：48.00元
联系电话：024-23284090
传　　真：024-23284448

目　录

在教育中学做教育 ……………………………………………………… 1

第一编　教师成长四计之"学" …………………………………… 1

求索 …………………………………………………………………… 1

理想·行动·队伍 ………………………………………………… 8

观念·教改 …………………………………………………………… 12

课堂教学改革的条件 ……………………………………………… 15

思想·欲望 …………………………………………………………… 19

学习归来话培训 ……………………………………………………… 21

行动，从现在开始 ………………………………………………… 23

苟日新，日日新，又日新——国培感悟 ………………………… 26

绽放初心 ……………………………………………………………… 35

教育必须是开放式的 ……………………………………………… 42

学生，也是老师生命中的贵人 …………………………………… 44

路在脚下，只顾风雨兼程 ………………………………………… 48

走进北师大　收获别样红——我的培训感言 ………………… 53

第二编　教师成长四计之"思" …………………………………… 75

他不仅会教书 ………………………………………………………… 75

是谁忽悠了她 ………………………………………………………… 78

不要把自己活成孩子心目中的"名词" ………………………… 81

我们是从什么时候起看不起劳动了 ……………………………… 84

做孩子最好的"起跑线"——送给家长朋友们 ………………… 87

家教四问 ……………………………………………………………… 90

站在"丈母娘"的角度评价孩子 ………………………………… 94

三讲三不讲的皇帝 ……………………………………… 96

不是高明有几多而是高明在何处 …………………………… 98

助人助己 ……………………………………………… 100

人生幸福三要素 ……………………………………… 101

靠谱的幸福 …………………………………………… 103

工作就是生活 ………………………………………… 105

偎炉心得 ……………………………………………… 107

神在 …………………………………………………… 108

从"刘项之争"看如何当校长 ……………………… 111

好好活着 ……………………………………………… 115

听创新课有感 ………………………………………… 118

谁来调动我的积极性 ………………………………… 122

您关注自己的技术含量吗 …………………………… 124

教师不妨"附庸风雅" ……………………………… 126

真实的学习 …………………………………………… 128

教育不是为了逃离 …………………………………… 129

迟来的感恩亦动人 …………………………………… 132

不要剥夺孩子的"亲身体验"权 …………………… 135

别让你的天才眼光限制了你 ………………………… 137

褒奖真的很重要 ……………………………………… 140

我才是对的 …………………………………………… 142

"立德树人"新解 …………………………………… 145

表扬亦有杀伤力 ……………………………………… 148

当教师走下"神坛" ………………………………… 151

也谈优等生的教育 …………………………………… 154

现代教育设备和技术是否带来了现代教育思想 …… 157

教师的幸福 …………………………………………… 161

教师的力量有多大 …………………………………… 164

让爱将坏习惯慢慢淹没 ……………………………………… 166

第三编　教师成长四计之"讲" ……………………………… 169

小学校长提高培训在线结业考核发言 …………………………… 169

在新经典诵读实验学校负责人会议上的讲话 …………………… 171

在泰山区新经典诵读课堂观摩会上的发言 ……………………… 173

在邱家店镇班主任远程研修结业研讨会上的讲话 ……………… 175

青年教师"n+1"小课题研究选题指导建议 …………………… 178

在徐家楼街道全体教师培训班上的讲话 ………………………… 180

甄玉霞工作室启动仪式讲话稿 …………………………………… 182

三劝——泰山区新教师结业考核活动讲话稿 …………………… 185

农村教师培训调研座谈会总结讲话 ……………………………… 188

在全区名师工作室现场会上的讲话 ……………………………… 190

在泰山区教育系统心理咨询师培训班开学典礼上的讲话 ……… 194

和"泰山星火"教研团队教师的交流 …………………………… 196

和东岳中学青年教师的交流 ……………………………………… 198

扬帆起航恰逢其时 ………………………………………………… 200

收获盛夏的果实 …………………………………………………… 202

让爱与责任同行 …………………………………………………… 205

"亲子共读"演讲 ………………………………………………… 210

优质教育在这里发生 ……………………………………………… 212

尊重——小学数学教学的基点 …………………………………… 219

第四编　教师成长四计之"创" ……………………………… 223

培养独立思考的人 ………………………………………………… 223

泰安市泰山区区域推进教师专业发展调研报告 ………………… 227

浅谈多媒体网络课件页面设计的总体规划 ……………………… 237

浅谈网络直播课堂在中小学的应用 ……………………………… 243

让教学设计更具有人情味 ………………………………………… 249

"5+1"模式奏响教师培训协奏曲 ……………………………… 258

国考背景下中小学教师资格面试常见问题与对策研究 …………………262

"成长式备课"促进青年教师专业成长路径探析 …………………268

提高学生计算正确率的几点做法 …………………274

基于生活　学好统计 …………………276

一年级课堂学习习惯的培养之我见 …………………280

怎样帮助学生克服学生空间感不强的困难 …………………283

与新课改一起成长 …………………285

后　记 …………………288

做一盏灯 …………………288

在教育中学做教育

百年大计，教育为本。教育大计，教师为本。党和国家呼唤优秀教师，众多教师则在努力寻觅通往优秀乃至卓越的成长路径。古往今来，这方面的研究、探索、实践层出不穷，立论颇多，各有千秋。其实，专业成长的道路千万条，适合自己的才是最好的一条。"学、思、讲、创"这四项"修炼"是作者躬身教育，辛勤探索研究的结晶，呈现了一条契合自身从教生涯，努力攀登、奋发有为的实践路径。

"学"即学习，教师必须始终走在学习的大路上。一日不读书便觉"语无新意，教无新法，面目可憎"。不学习无以成长。教师首先是学习者。

"思"即思考，彼时彼刻对彼事的思考而形成的文字。不思考无以进步。学而不思则罔，教师当为思考者。

"讲"即讲述，公开场合的发言、论述，讲给别人听能让讲述者的思想更加深刻、凝练。不讲述无以提高。教师应是知识与思想的讲述者。

"创"即创作，公开发表或虽未曾公开发表却体现个人教育主张的文章。无创作难以立身。教师不应满足于做知识的搬运工，要勇做知识的创作者。

作者从"学、思、讲、创"四个视角切入，通过记述自身的学习、奋斗、思考、实践，再现了琐碎、平凡、日常的教师生涯，真实呈现了最普通、最基层教师的成长历程，勾勒了不懈追求、拔节成长的轨迹。这些经历不仅是朴素、朴实的原生态样本，更是行动研究的鲜活案例，虽算不上独辟蹊径，但也可作为一家之言。

淡如白开水的生活却是最真实的，最值得珍视。这些文字内容至少昭示了两个问题：其一，即便低到尘埃里，却仍然可以开出一朵朵小花。以期鼓励一线教师"位卑未敢忘忧国"，化腐朽为神奇，过好教育人生，坚定地走向"大先生"之路。其二，行动即研究是基层教师从事教育研究的重要途径，将"卑微"的教育实践与"高大"的教育科研融合为一体，引领教师走向幸福的教育人生。

第一编　教师成长四计之"学"

教师既是古人说的传道授业解惑之人，更是一名学习者。教师对于读书学习的投入与态度，决定了教职生涯的深度、厚度与温度。

求索

岁月悠悠，转眼我的人生就走过了五十余年的历程，其间的酸甜苦辣、喜怒哀乐回味起来依然记忆犹新。古人云：三十而立，四十而不惑。目下，我既没有做到"而立"也尚有许多疑惑，却已经进入了"知天命"的人生阶段。虽加入教育领域已三十余年，对教育还是知之甚少，对课堂更连蜻蜓点水也谈不上，所以看到新教育网络师范教育学院的招生简章就迫不及待地要加入，期待着向专家们学习，形成系统的认识，解决一些心中的困惑。

人生苦短，似水流年。1971年农历四月十五日，据娘说是在月朗星稀的清晨，我来到这个世界上，出生时体质较差，脑袋仅有拳头般大小。娘怀疑我是否能够活下去。但外公说，刚做了一口新磨，马上又要下来新麦子了，这个孩子有福。娘说，那时家家都穷，她七八岁时，外公带她去要饭，差点儿把她留给一家好心人。她自己只读过小学二年级。不过她对我的期望值还是很高的。

上学之前，印象较深的还有一件事。记得那天下了小雨，孩子们都跟在大人后面去鞠躬。在村小学的操场中央摆着一张黑白相片，哀乐低沉，在空中回荡，大家鱼贯而入，神色凝重。现在想起来，那天是毛主席逝世的悲痛日子。

1979年9月，记不得了，应该是8月吧，我的兜里揣着5毛钱，跟着二伯父家二姐到小学报名。从此开始了读书学习生活。三年级之前，我的学习成绩应当说很一般的。记得最清楚的是有一年爷爷病故了，全家人都忙着发丧，没人管孩子，我光着屁股去上学。

　　三年级暑假前，期末考试，考数学时，大家心眼都不少了，悄悄地核对答案。那次考试，我竟然得了满分。有一天，全家人正在吃午饭，父亲高兴地说："村支书告诉我，你考了 100 分，全公社第一名！"似乎从那天起，我知道读书学习了。

　　那段时间认识的字，越来越多了，看的书也多了。不过在当时的农村，一是没钱买书，二是有钱也买不到什么书。所以，印象最深的是看连环画，有《两个小八路》《三国演义》《狼牙山五壮士》《刘胡兰》，还有《罗盛教》《邱少云》《小英雄雨来》《半夜鸡叫》等。这些大多是借着读的。只记得有一回，娘带我去镇上的新华书店，在高大透亮的玻璃柜台里，自己花钱买过一本字体很大，颜色鲜亮，好像封皮上有双大眼睛的书，大概是一本类似现在的智力竞赛题的书，我爱不释手，翻来覆去地研读了多日。

　　小学阶段印象最深的是听评书。那时，好像有收音机，其实，村里的大喇叭，就是家家户户的堂屋门框上挂着的"小匣子"（一种小扬声器，黑色的），每天中午也播放评书，有《岳飞传》《杨家将》等。至今，耳边偶尔还会回想起刘兰芳清脆利落、响亮悦耳的声音。从那以后，眼界一下子开阔了似的，才知道在好多年前中国历史上有这样精彩的故事在演绎。那时候全村人都听评书，一到时间就停下手中的活计，大人孩子都围坐在收音机前，如醉如痴，情绪随着主人公的命运而起伏变化，痛恨秦桧、潘仁美，替岳飞、杨六郎惋惜、着急。大家听完了也不愿意走，还在议论纷纷。后来，还知道了单田芳、田连元、袁阔成，当然也就听过了《七侠五义》《三国演义》《隋唐演义》《明英烈》等评书。

　　没书可看，就看课本，看完了自己的，就借二姐他们高年级的，课本中的故事也很精彩。后来，还看《暑假生活》《寒假生活》，上面有很多的故事，也有很多在农村不知道、没听说过的知识，还有一些小实验。记得有一个实验是用生锈的钉子造墨水，让我很着迷，结果弄得灰头土脸的，也没成功。还记得一次是把瓶子扣在炉子烤热，把煮熟的鸡蛋放到瓶口吸到瓶子里。最多的是摆火柴棒，用若干根火柴摆出一个数学等式，动几根就使式子发生变化，让我感觉很奇妙很着迷，做起米很容易，有空就摆。上初中是在 1984 年了。那时小学毕业升初中还是要考试的，好像我的入学考试成绩还不错，好像是第三名。我的初中叫谢台联中，意思大概是几个相邻的村子联合办学吧。刚上小学时，我们坐的是泥巴做的凳子，用的是水泥板子垒的桌子。当时也不知道办学条件差的问题，只知道冬天时凳子凉，水泥课桌也凉，不小心碰了头，那是真叫个"疼"。刚上小学一年级时，母亲给了我一个带裂纹的石板，挂在胸前，就到学校上课了。老师给了粉笔，我们就在石板上学习写"ɑ、o、e"，写错了就用衣袖一抹，很省事，也没有个脏不脏、好不好的问题。大约到了小学四年级，学校里开始拆除土台子，换成了木头桌子，两人一条板凳。同学之间常因为你要向前坐、我要靠后坐发生争吵，还因为谁多占了桌面而发生"战争"。男女同学间也曾在桌面上画上一道"三八线"，如果有一方胆敢越界，另一方就用胳膊肘捣回去！等到升入初中我们这些学生心眼多了，才开始觉得学校不如人家的好，比如英语老师是代课的老师就让我们很着急。这时主要还是读课本，做题。不过，有一位女同学家里条件好些，他的哥哥或者姐姐正在读高中，所以常有些书看，记得看过《人民文学》《牛虻》等，大多看不懂，囫囵吞枣。不过，那时在昏暗的灯光下，被窝里看书的情景回想起来还是很亲切的。闻着那泛着墨香的书刊，爱不释手的感觉至今回味无穷。

　　其实，当时开始流行一些歌曲，如《故乡的云》《冬天里的一把火》《风雨兼程》《十五的月亮》《血染的风采》；还有热门的电视剧《射雕英雄传》；武侠小说《天龙八部》之类的也在同学们之间悄悄地流传，但只是道听途说，从未借过来看，电视也很少看，歌曲更唱不准。我已经感觉到了城乡差别的巨大，也目睹了有些条件好的同学，比如家里是"万元户"的，父母有工资的，他们在吃穿用上与我们纯农民孩子之间的差距。那时，时兴"农转非"，非农业户口的子女学习成绩差却可以招工、上技校。这也让我感觉到了命运的不公。

　　有一位老师经常给我们读《参考消息》，讲城里的生活、外面的世界。大家要考大学，跳出农门的想法都已经逐渐明晰了。班里有几个同学为了学习成绩开始暗中"较劲"。"考高分"已经成为我心中最重要的目标，所以经常为了订阅一份学习报、购买一本习题集而大伤脑筋，也有时因为得到一份模拟题而如获至宝。如果说小学生活是浑浑噩噩过来的，初中生活则有明确的目标。学习、读书、改变命运的目的逐渐明朗化。当时所谓的读书就是背课文、做试卷、模拟题，看电视、听收音机也是围绕着时事政治进行的。中心任务明确、单纯、唯一，那就是把应试成绩搞上去。

　　记得有个笑话，联中里过教师节，请村里一位领导来讲话，领导很激动，说："老师们，同学们，去年我们学校里有几个同学考上了中专，听说达到了毕业生数的十分之一，以后我们的目标就是百分之一，千分之一……"台下哄堂大笑。大概这位领导是不懂分数的，所以出现了这样的笑话。不过，村里有人考上"小中专"是真实的，很少有人上大学，但是农村人是不懂什么"小中专"和大学的区别的。只要考上了，户口迁出村变成了非农业，吃上了国家粮，大家就认为是上大学了。"小中专"是我们的目标，初中毕业就吃上国家粮不花家里的钱了，三年后就有工作，可以挣钱了，大人们说这叫"现结利"！很多学生，初中毕业以后不读高中，复读好几年就是为了考"小中专"。曾经有人复读五年，甚至从初一到初三再上一遍，就是为了这一个目标。我们的英语老师是个代课老师，高中毕业后回来给我们上课，他的同学还在读初三。

高中生活开始于 1987 年 9 月。早在 5 月份，我们这些学生就被告知应届初中毕业生不能报考中专了，必须读高中。参加工作后才知道这是时任教育局长的一大英明决策，就是用这个办法让所有的好苗子进高中，保证高考的入学率。所以，在我的印象里 5 月份"预选"考试一结束，我们就放了长假，再也没人去读书了，除了帮家长干农活就是到处疯跑，没有读任何一本书，8 月底入高中时好像连字也不会写了。可能是"离家出走"的愿望太急切了，我自作主张选择了离家约 120 里且没有直通车的泰安三中，开始了艰苦的高中生活。由于离家远，我只能一个月回一次家，返校时需要从老家带上两大包袱煎饼还有咸菜。每次都是母亲骑自行车把我送到镇上，我再独自坐上拥挤的汽车到泰安城，然后转乘去汶口镇的汽车，下了汽车再步行大约 8 里路到学校。夏天时骄阳似火，两包袱煎饼加上咸菜压得我腰都直不起来，勒得肩膀生疼，走几步换一次肩，那种口渴现在想来还是嗓子冒火；冬天时，早上出太阳就开始上路，下午落太阳才到学校，真是用一天的时间走完返校的路，而且还弄得一身汗，棉袄棉裤都湿了。

那时读书就是抱着必死的决心，向着考大学的目标奋勇前进。无论喜欢还是不喜欢，不管累还是不累，我就埋在试题堆里苦学，一遍遍地背课文，一道题又一道题地去攻克。考上大学后，高中的一位老师说我高中的入学成绩是倒数第一，能考上大学简直是个奇迹。最喜欢那时传唱的一首歌《我多想唱》；印象里高中三年没有上过一节音乐课、美术课；体育课倒是上，也就是跑跑步、做做操。背诵时事政治考题就算是读课外书、了解外面的世界了。有一件事印象还是很深的，当时学校里有阅报栏，平时没空去，不知听谁讲的，泰安的公交车上死了一个人，好像是一位姓于的老师。他在公交车上抓小偷，下车后遭到报复，却没人管，流血过多，死了。好像当时的《中国青年报》登载了有关的内容，大家就去阅报栏看，然后愤愤不平，抱怨那些"路人"给泰安人丢脸。

没有报纸，没有课外书，更没有电视机和收音机，我的高中生活就这样结束了。

初中毕业后，因为知道了一些近现代的历史故事，因为崇拜毛泽东，我就在暑假期间阅读了《毛泽东选集》，看不懂的多，但记住了"坚持就是胜利"，还记住了"枪杆子里出政权"，所以那时就希望自己当个百战百胜的将军，目标是考军校。三年的高中生活，眼睛近视了，背驼了，考军校是没有希望了。

1990年9月，当我来到济南进入山东师范大学时，似乎心里一块石头落了地。从小学到高中历经11年的艰苦努力，"鲤鱼跳龙门"的梦想终于实现了！同时，我的学习欲望直线下降，目标没有了，唯一的想法就是放松，玩耍；专业不专业的无所谓，对学习专业知识兴趣很低，就想读一些自己崇拜的名人的传记、世界名著、历史掌故方面的书。第一个寒假，我就从图书馆抱了一大摞书回家，像有关第二次世界大战的，拿破仑的传记等，没有头绪也没有条理。大学期间似乎还读了《罪与罚》《简爱》《安娜·卡列尼娜》《傲慢与偏见》等一些书籍，但都印象不深，匆匆浏览而已，更谈不上思考些什么。那时读书，完全是跟着感觉走，跟着名气走，像席慕蓉、汪国真等人的作品也时常涉猎。当然有时也读些《演讲与口才》《读者文摘》（现更名为《读者》）之类的杂志。大学生活太短暂了，第一年是新生，第二年就成了毕业生。似乎，同学之间还没来得及深入了解，对整个的山东师范大学也似乎没逛完一遍就离校参加工作了。学制两年的专科专业知识学得少，书读得也少，还是个"半成品"就被推上了社会。

一进入工作单位才知道，专业是自己的立身之本，大家都知道我是学计算机专业的，单位把我招进来的原因也是因为他们需要计算机操作人员。到这时，我才认识到自己在大学学的知识太少了，根本不够用；而且，有一些知识本身就是很陈旧的，或是不实用的。面对大家期待的目光，我常感觉自己很无能，很多计算机故障，根本解决不了；领导提出了问题，自己却没法用相应的程序或软件去处理。这时恨不能自己干脆不是学计算机专业的才好。在1992年，计算机对很多人还是一个十分陌生十分神秘的东西，周围会计算机的人很少，可以商量的人基本没有，那时也根本没有网络，只有枯燥的DOS命令和冷冰冰的软件。计算机就是个黑盒子，你不知道它在做什么，也不知道它会做什么。"书到用时方恨少"真是至理名言啊！这时的我其实就是在乱撞，在苦涩的挫折与失败中，学着适应社会，学着干学校教育没有教给自己的事，学着处理乡下的父母根本没有面对过更不要说传授过经验的问题与人际关系。这段时间，读书是谈不上的，疲于应付而已。

参加工作的头几年，自己从事的都是一些教育的辅助性工作，比如借调到教育局政工科协助工作，做些人事档案的录入工作。这时还有一项主要任务是适应社会，想把自己尽快地融入现实中去。读书的时间有，但是心思没有。只记得模模糊糊看过一本小说，叫《老古玩店》。1994 年参加了山东师范大学的函授教育，还是学计算机专业。直到 1997 年，我才算正式地站在了讲台上，先是给成人中专的学生讲计算机专业知识，还给电大中专班的学员（有些已经是成年人了）讲授计算机专业课，后来就给一线教师培训计算机操作技能。这时，我突然意识到自己参加工作五年来，一直是在混日子，消磨时光，回头看看竟然是一无所有，连上好课都谈不上。1999 年左右，社会上兴起了学习计算机的热潮，教育系统也不例外。多媒体辅助教学成为一件时尚的事。大凡老师上个公开课什么的都要做个课件，弄个动画。否则，这课就不能出彩。区教育局下达了教师轮训计算机的任务。刹那间，我的上课任务就成倍增加了。白天上一天，吃了晚饭继续上，周末也经常有课。刚开始，我就讲授一些 DOS 命令、Foxbase 之类软件，大部分时间教大家如何开机、关机、打字、输入操作命令等，天天重复这些枯燥乏味的东西。随着 Windows 的到来，计算机的操作越来越简便，PowerPoint、Flash、Authorware 等制作软件，还有 Photoshop 等图像视频软件接踵而至。这些东西，我在大学里没有学过，自己也不好意思说自己不会，就硬着头皮借着原先的底子去啃软件教程，拼命恶补，现学现卖。另外就是研究计算机软件的安装，那时计算机操作系统、视频、音频及各类支持软件的安装都是非常烦琐的，装一次大概需要半天。有时，就是一遍又一遍地重装。没有网络，没有同行，自己就是在摸索着干，照着葫芦画瓢。这时很多单位、家庭都开始着手购买计算机。我就成了他们的参谋，帮人出主意，帮人维修维护，似乎成了大忙人，忙得不亦乐乎。

2002 年，网络迅速普及开来，周边的计算机操作人员也越来越多了，我再也不需要去啃那些枯燥的教程了。周围的人都在研究新课程、新课改理论，素质教育理念更是得到大家的推崇。单位领导一开会就大谈特谈教育观念、教育理念之类的新词汇。这时我感觉自己的理论功底是那么贫瘠，简直就是零。当人们谈论陶行知、朱永新、邱学华、魏书生、李镇西等教育名人时，我更觉得自己是个门外汉了。再读书已经成为一项紧迫任务。就在此时机会来了，山东省教育厅开始发动教师攻读教育硕士。于是，我报考了山东省师范大学的教育硕士，虽然还是选择的教育技术学方向。但这时的教育技术已不简单是以前理解的操作技能了，而是重点研究教育技术背后的理念问题。脱产一年的学习，让我重新审视了自己，对教育学、心理学产生了浓厚的兴趣，特别是心理学更是学起来津津有味，如饥似渴。一有空我就到山师图书馆看书，既看专业杂志也借阅教育理论书籍。先后读了《过去的教师》《论语》《不跪着教书》《我的教育理想》《最优化教育》《给教师的一百条建议》《知堂回忆录》《古文观止》等。在买书读书的同时，我自费订阅了《中国教师报》《教师博览》《读者》等报刊。国外的布鲁姆、布鲁纳、加涅、皮亚杰、杜威、夸美纽斯、罗杰斯等教育名人，国内的陶行知、何克抗、祝智庭等教育专家逐渐亲切起来。建构主义、人本主义、做中学、情境教学、需求层次理论等逐渐打开了我的视野。

苔花如米小，也学牡丹开。读书求学，曾经是我过去几十年里改变命运的唯一途径。而今或许我不需要像过去那样啃读课本，求一个高分。然而，读书的脚步不能停止，因为我需要一个丰盈的灵魂，更愿意追寻诗和远方。在新网师我期盼找到更多读书伴侣，让我的读书路走得更远！更坚实！

李延安

（本文成稿于 2012 年 10 月，2023 年 2 月再次修改）

理想·行动·队伍

这几天，我一直在翻看从临沂考察学习带回来的资料。学校简介、学校自主研发的校本课程，还有那些精美的照片，都让我思考着一个问题——是什么带来了这一切的变化？

临沂，在我的脑海里早有深刻印象。从电影《红日》到电视剧《沂蒙》，从孟良崮战役到沂蒙六姐妹，都展示着这里是革命老区。"老区"给人的印象大多就是贫穷落后的。上大学时，来自沂蒙山的同学说："我还从没有见过火车，长这么大这是第一次走出大山。"

落后的地区，教育能有多发达？有值得我们学习的地方吗？带着这样的疑问，在寒风刺骨的早晨，我们一行60人赶赴临沂市。

一进入临沂市区，扑面而来的是人声鼎沸，摩肩擦踵，一派繁荣的景象。接站的临沂市教育界同仁告诉我们，临沂市区这些年变化很大。滨河大道两侧的高楼大厦，宝马、奔驰等高档车的拥有量，蒸蒸日上的物流业，还有并不落后的工资收入，等等，都是他们充满自信的谈资。

我们先后到临沂市兰山区西郊实验学校、李官镇中心小学进行了考察学习。看视频、听报告、观现场、话管理、议教学，临沂教育同仁的热情好客，侃侃而谈，解答了我们心中的疑惑，引发了我们对自身工作的反思。

今天，我又一次翻阅起参观学习收获的"战利品"，回味着考察时的每一个环节。

教育需要思想

临沂市兰山区西郊实验学校的一把手王清群校长是2005年度山东省十大创新型校长，对教育事业有着执着的追求，对教学改革有着深刻的思考和创新的实践，对教育教学、学校管理工作都有着自己的深刻理解。他说，有人说一个好校长就是一所好学校，我认为一群好教师就是一所好学校。处于城乡接合部，生源不理想，家长不能有效配合学校教育等问题令很多校长头疼。但是，王校长以"事业留人、感情留人、待遇留人"的办学原则，荟萃了一大批省内外教坛精英，召集了同龄人中出类拔萃的青年俊杰，同心协力，众志成城，培养培训了家长，更培育了优秀人才。他们以"太阳底下有这样一群教师"为口号，践行着教育者的理想信念，成为沂蒙大地学校中最优秀的教师群体，办学成果得到社会各界的广泛认可与肯定。

西郊实验学校提出了"教育就是服务，是为社会、家庭提供最优质的服务；教育就是发展，是让孩子和谐、健康、主动地发展；教育就是幸福，是让教师在创新中体验职业的幸福"的口号。西郊实验学校的校园文化是根据学校"以人为本，同享教育"的办学理念由学校美术教师设计完成的，绝不买现成的标语口号。李官镇中心小学是一所乡村学校，姜开敬校长团结带领学校一班人脚踏坚实的农村大地，为乡村孩子撑起了一片优质教育的蓝天。他们"以小草的名义"，调准发展的思想焦距，勾画出了清晰的教育蓝图，将理想和愿望举过头顶，让高质量教育从李官镇中心小学这片土地长出。

李官镇中心小学姜开敬校长要求教师"功夫花在备课上，本领放在教研上、精力用在课堂上"，明确了"开会的真正目的是解决问题"的会议理念。李官镇中心小学的校本课程围绕着"菊花"来实施，是本土化的，形成了自己的"菊文化"，创造了经济社会效益的双丰收。当年的共产党人怀揣着理想与信念吃糠咽菜住山洞打天下，他们成功了，建立了共和国。伟大理想指引下的人民显现出了超常的力量。今天，无论外界的东西南北风有多大的诱惑力，教育界都应当成为社会的一块净土，成为理想者的家园，为社会、为民族、为国家、为每个家庭培养高尚的人、有用的人。有理想的教育者，对教育有自己的思考与见解，对学校的未来有明晰的发展规划，不会轻易地人云亦云。

教育更需要行动

任何伟大的理想都需要具体的行动来落实。没有有效的行动，理想就是纸上谈兵，空中楼阁。

很多学校都有养成教育计划，都认识到培养学生良好学习习惯的重要性，但未免雷声大雨点小，效果不佳。西郊实验学校却在这方面做足了文章，做成了品牌。他们的"三类四段三层次""三位一体化"的养成教育实施纲要，把养成教育细化为 3 个 A 级指标，12 个 B 级指标，38 个 C 级指标，针对小学（低、中、高）、初中不同学段，把抽象的养成教育变成了可供操作的具体措施，不空洞、能实施。每生一本的养成教育手册，既有家长、教师、学伴的评价，也有学生自我的评价，形象直观。学校把各类习惯归纳为学习习惯、做事习惯、做人习惯三大类，划分到每年 12 个月，每月养成一个习惯，循环往复，九年一贯，何愁学生养成不了好习惯？

李官镇中心小学立足乡村实际，依托"菊文化"建设理念，构建起了四层次立体种植，小区域循环经济的环保（劳动实践）生态园。具体来讲：劳动生态园北侧养猪，解决了学校食堂食材的问题；猪粪便通过地下通道流入南侧的菊花培植园，解决了菊花施肥问题。花工哪里来？农村学校的老教师（原民办教师）本身就是养花种草"好把式"，带领生于斯长于斯的农村学生松土锄地侍弄菊花不是一件难事，既学了本领又锻炼了身体，增长了知识，三全其美。

西郊实验学校位于城乡接合部，生源不理想，家长素质良莠不齐，学校就立足实际开展"五星级"学习家庭评选活动，要求每个家庭为孩子提供"一间屋、一份报、一本书、一次交流、一项活动"，既培训了家长又为学生的发展提供了良好的家庭环境。每学期召开大规模的家长会，大张旗鼓地给"五星级"家庭发奖牌。

课间操"U"型解散、阳光体育运动、快乐八分钟、厕所承包制这些让王清群校长如数家珍的小法宝，让我们看到了现代教育思想引领下的有效行动带来的可喜变化。每年必办的"三论坛，四节日，五文化"活动以及"争创齐鲁名校"的办学目标，让我们看到姜开敬校长办好农村名校的雄心壮志。

教育最需要人才

任何美好的理想都需要人来实现。无论是解放区的"抗大"，还是两所学校的校本培训，都是为了培训培养一支能够掌握先进思想，具有崇高理想，并为之付诸行动的队伍。

西郊实验学校通过班主任管理的"三化"（岗位竞争化、培训校本化、管理星级化）来加强班主任队伍建设，通过教师评价制度、量化打分办法、开设专门的教师专业成长论坛来锻造教师队伍，通过鼓号操来锻炼音体美教师，通过各类节庆活动展示教师风采，等等。而"一群好教师就是一所好学校"的提出更显示了学校领导班子对队伍建设重要性的充分认识。

走进李官镇中心小学，首先映入我们眼帘的是校门口两侧的四幅大黑板，上面标有人名，人名下边竖排着优美的正楷粉笔字，经询问得知这是学校的签到簿。每天一入校，每名教师在自己的名字下方写上几个粉笔字，既练习了基本功又实现了签到。姜校长骄傲地说："这个办法已经实行了三年,风雨无阻。"该校的教师成长校本模式:专业引领、同伴互助、自我反思、实践感悟,更是把队伍建设细化到了每天每周的工作学习中。听到这些衣着并不光鲜,甚至有点土气的农村教师讲出的标准普通话,看到他们扎实的练功簿,领略了那些为我们讲解的农村娃的自信,观看着那些天天背着书包,吟诵着"菊花诗",排着整齐的队伍出入校园的小学生,一种敬意油然而生。这里有一颗颗不平凡的心。坚持下去何愁农村教育的优质发展?

翻看着两所学校的荣誉册,思考着参观学习的每一个环节,忽然感悟到:

西郊实验学校先后有 100 余人次在全国、省、市、区青少年科技创新大赛、车航模比赛、科学论文比赛、七巧板比赛中获奖。3 项作品获得国家专利;5 人次被评为省市级优秀科技辅导员或被中国青少年科技辅导员协会吸收为会员;学校先后获得全国中小学思想道德建设活动先进单位、中国少年儿童平安行动先进单位、山东省少先队工作规范化学校、山东省地震科普示范学校等荣誉称号,吸引了《人民日报》《中国教育报》《辅导员》、山东电视台、《齐鲁少年报》《临沂日报》等媒体的关注,这些都不是偶然的。

李官镇中心小学依托本土资源和文化环境,坚持走内涵发展之路,坚持"以灵魂唤醒灵魂,以思想孕育思想,以素养托起素养"的教育理念,以"让读书成为时尚,靠智慧赢得未来"为办学思路,践行"让每一个孩子的笑容永远灿烂"的办学追求,全面推行素质教育,努力打造和谐、文明、生态校园、和谐家园。学校已形成"以人为本的管理文化、智慧成长的教师文化、多元生态的课程文化、多彩融汇的学生文化、生态和谐的环境文化"为五大支柱的校园文化体系。学校管理者"让墙壁开口说话,让地面生出智慧,让生命焕发灵动",让每一片空间都发挥其教育的意义。学校被评为山东省规范化学校,成为多家媒体报道的对象,怎能不吸引外界的眼球?迎来了络绎不绝的参观者是一种必然。

李延安

观念·教改

2005年10月，层林尽染，硕果累累，在这样一个收获的季节，笔者随我区首届教导主任培训班赴江苏进行教育实践考察，所到之处皆被江苏教育的蓬勃发展所激励，被江苏同仁们锐意改革、积极进取的精神所感染，当然更为他们优美的校园文化，先进的教育教学设施感叹。大家认真地听，仔细地记，争先恐后地与同行们交流，踊跃地领取各种材料，场面热烈而感人。好像一下子就要把"真经"取回来。

但是，也不禁有这样的感慨：人家的经验是学不来的，咱哪里有这么多钱购置这么先进的教学设备！咱的条件与人家没法比！确实，从经济实力方面来讲，我们与经济发达地区相比是相形见绌的，从办学条件上讲我们也是无法比拟的。所谓经济基础决定上层建筑一点不假，教育作为上层建筑的一部分确实离不开强有力的经济后盾。那么我们的考察学习难道就是得出一条结论——好是好，但是咱学不了。笔者倒是觉得我们应该学点"拿来主义"。

我们先来念一念"理论是行动的指南"这部"老经"。只有用先进的教育理念武装我们的头脑，指导我们的教育实践，我们的教育改革、课程改革才会循着一条正确的道路前进，这是老调重弹但却是行之有效的方法。笔者在从事教师培训过程中发现有些教师就是只讲实用主义，讲模仿，不讲理论。课件培训班上他们关心的是如何做出精美的动画，忽略了贯穿于课件之中的教学理念；教学培训班上他们关心的是如何能学到现成的教学方法，得到现成的教学案例、课例，忽略了指导这些课例、案例的教学思想。没有思想的课件，不是好课件；没有理念的课例、案例也算不上是一堂成功的课。同样，教育实践考察也不能只看其华美的外表，而忽略了其深层次的理论。教育理论家或许没有能够给我们上一节示范课，也可能根本就不会上中小学的课，但大师们的思想却是一盏照亮黑暗的灯，授给了我们"渔"。课程改革的过程中本身就没有现成的经验、现成的例子可以模仿。只有先学到了理论，开放了思想，开阔了思路，把先进的理论融会贯通、消化吸收，成为自己的行动指南，我们才会成为"有思想的教师"，"有个性的教师"，我们才可以创造出适合自己的教学模式，形成自己的教学风格，才可以成长为专家型、研究型教师，否则我们只是一名教书匠。

当我们一踏入苏州，当地导游讲了一段话，大意如下：

当我们饿了要吃饭了，就准备吃饭，这时我们就认为孩子也饿了，也得吃饭，就强行把孩子拉到桌子前来，千方百计、费尽心思地让他们吃饭。这样做对吗？你饿了，孩子就饿了？最好的办法是到了吃饭时间，准备一桌饭菜，告诉孩子该吃饭了，然后让他们根据自己的饥饿程度吃饭。过了吃饭时间就把饭菜收拾起来，久而久之，孩子就习惯按点吃饭了。

听着导游的话，回想起自己哄着孩子吃，撵着孩子喂的情形，心里不禁感叹：怪不得苏州这个地方发达呀！连小导游都有这么一番见解！

吃饭本来是一件好事，为什么孩子就是不喜欢呢？学习也是一件快乐的事，为什么孩子视学习为负担呢？反思一下我们的教育教学方法也可能会有些答案吧。先进的理念如果深入到教师的心中，成为教师自己的教学观，或许我们的教学会有一番新天地吧。

这里的学校管理细致入微又是令我们叹服的。在苏州市东中市实验小学，侃侃而谈而又颇有一股干劲儿的吕校长领我们参观了他们的校园。虽然面积不大，但是每一个角落、每一面墙壁都充满着文化、充满着教育，都对进入校园参观的人产生着潜移默化的影响。不说每间教室门口设计精美而又富有孩提气息的学生发展记录表、一日常规记录卡，单说一下他们的"两宜园"吧。其实这是一个小得不能再小的楼后空地。在我们的学校里这种旮旯恐怕也屡见不鲜。但是，这片小地经过悉心的整理，被规划得整整齐齐，中间"S"形的过道将园子分成两小片，两片地里种植了不同的植物，形成了颜色的对比。吕校长介绍起来还是颇为自豪的：这是孩子们来参加劳动、体验生活的场所，在这里孩子们精心种下了各种植物，观察植物的生长，了解劳动的辛苦，体验着收获的快乐；这是德育园地、劳动园地，而分成两块则预示着"德育智育"协同发展的含义。小小一园，经这么一说，意义竟大不相同了。

回忆起我们的学校里这种小地方的不堪入目，真是一个鲜明的对比。旁边有人戏说：在我们那里这种地方早就成了堆放垃圾、废物的地方了。不但破坏了环境、浪费了土地，更缺失了文化与教育。

看来并不难的校园文化建设真得经过一番心思精心雕琢才行！让每个角落都会说话，都富有诗意，都充满教育，让"鸡肋"之地成为宝地。

文化的传承在这里更显现得淋漓尽致。只有民族的，才是世界的。但是令人痛惜的是我们在学习先进地区，大刀阔斧地搞改革的时候，往往不假思索地把传统与先进、把改革与开放对立起来，一下子把那些传统文化的载体全部删除了。

我们来到景范中学。学校的大门是仿古的书院门楼造型，而冲着门的就是范仲淹纪念馆，古色古香。有人戏称：在我们那里这座大殿早就拆除了，这么陈旧、这么碍事儿，还占据了学校的中心位置。但是一番参观下来，我们深切感受到这里不仅是一座现代化的学校——江苏省的示范中学，迎接着来自英国、新加坡、澳大利亚等国的访问教师、学者，而且更是一座中国的传统书院，是做学问的地方。高大的传统殿堂，郁郁葱葱的植被，精心设计的校园小路……每一处都让你感觉到这是一个读书的地方，不能大声喧哗，不能破坏它的幽静，任何不雅的举止都与周围的环境不相称，更让人感受到中华文化的深厚与博大。民族文化的精髓就蕴含其中，学生就浸入其中，被感染着。

回想起我们每座相似的教学楼，到处都一样的"灰色火柴盒"，是那么的压抑，那么的没有生命气息！我们既失去了传统，更没有学到现代！看来邯郸学步似的学习是不行的。学习西方的先进教育思想，学习先进地区的经验，重在消化吸收，把握其深刻的理论精髓，重在结合实际，体现自己的特色。

看着常熟实验小学张贴在文化长廊里的发黄的老照片，听着他们津津乐道的办学经验，再看看他们豪华的现代化设施，我们也深深感受到了差距。这一切让人有了压力，有了奋起直追的壮志，更让人感受到与先进地区的差距不仅是在经济上，而更在于观念上。思想落后才是根本，做事缩手缩脚，瞻前顾后，凡事不求有功但求无过。我们不是有把先进的计算机设备管起来怕老师用坏了的教训吗？我们不是有盲目花了很多钱购买了大量的设备、资料却束之高阁的教训吗？很多东西花了钱没用坏，却放过时了，放坏了！

学习先进的经验不在于学习其表面的奢华，而在于挖掘深层次的思想底蕴，文化内涵。《枫桥夜泊》这首诗为当地经济创造的经济价值是无法估量的。有思想有文化就有经济，而且这种价值是长久的、可持续的。闭关锁国是观念问题，使我们落后挨打；盲目照搬照抄也是观念问题，使我们在滚滚洪流中失去了自我。割断了历史，就等于抛弃了文化底蕴，所以学习先进地区的经验重点在于学习人家的思想观念，抓住观念更新这个把手，我们才抓住了教改及课改的关键。

李延安

课堂教学改革的条件

　　新课程改革的理念日益深入人心，声势也越来越大，那么新课程理念下的课堂是什么样子的？或者说新课程理念下的课究竟该怎么上？见过一些五花八门的课，老师动用了声、光、电及全身的解数，这算不算一堂新课程理念指导下的课呢？无从得知，寻寻觅觅。上好这样一堂课究竟需要什么条件、理念抑或设施？……

　　先来看一则故事吧。

　　在中世纪的欧洲，一个明智之士对自己说："我发现了一个伟大的真理。我必须把掌握的知识传授给别人。"无论何时何地，只要能找到几个愿意听他宣讲的人，他就开始把自己的智慧鼓吹一番，就好像站在肥皂箱上的街头演说者一样。假如他是一个饶有趣味的演说家，群众就停下来听；假如演说乏味，他们耸耸肩，继续走他们的路。久而久之，某些年轻人就开始按时来聆听这位明智之士的智慧的言辞，他们还带着记录本、墨水和鹅毛笔，把他们觉得重要的东西记下来。有时下起雨来，老师和学生们就来到一间空的地下室或到这位"教授"的家里。学者坐在椅子上，年轻人就席地而坐。这就是大学的开始。在那个年代，大学就是这样一个教授和学生的联合体，"教师"即是一切，而校舍则无关紧要。

　　可见，在过去大学的诞生并不需要这样那样的条件，中小学恐怕更是一间草堂，一介贫儒和几个学生坐而论道而已。孔子就是在这种条件下创造了历史上最早的教育。

　　社会发展到了今天，我们知道了物质基础决定上层建筑的道理，没有那些高档的现代化设施，似乎就没法上课了，课程改革更是无从谈起了，真是这样吗？

　　2005 年 11 月，杜郎口中学——这个陌生的名字在耳边响亮起来，而且越来越振聋发聩。山东省教科所所长王积众指出"杜郎口中学教学改革是农村学校、农村教师、农村学生创造出来的农村教育教学改革的典型"；省教科所陈培瑞研究员认为"杜郎口中学教学改革触及了当前我国教育改革的若干深层次问题，解决了若干重大问题，是原生性、开创性、扎根本土的农村教育改革的先进典型"；国家督学马钊建议"杜郎口中学是一所欠发达地区的农村中学，教学改革走到这一步，确实不容易，要认真总结，通过会议推广到全省的农村中学"。一个名不见经传的乡村中学有着什么样魔力竟能引起教育专家的如此关注、得到如此高的评价，而且创造了截至目前接待参观学习者 15000 余人的纪录？心里的疑惑很多，很想前去实地察看一下。

2005 年 12 月 4 日，终于成行！一路颠簸，几经打听，穿过田间荒陌，在一块周围没有任何村庄的田野里我们见到了这个"茌平县初中教育的东方明珠"。为了解开心中的疑惑，发现这所学校的魅力所在，我们一行人怀着探究的心情不顾严寒（这里没有任何取暖设施）楼上楼下地看、听、记，拍照，听课，听报告，穿梭在熙熙攘攘的参观者队伍之中。这里所有的教室、礼堂都在敞开胸怀尽情展示着他们的课堂、他们的自信。

杜郎口中学在如此艰苦的环境中成长为一个教改明星，不在于其办学条件，不在于其教师学历水平，在于这里有个好校长，有支能吃苦、能战斗、能奉献的教师队伍，在于这群人的拼搏进取、大胆创新、锐意改革、敢为人先的精神，一股拼劲儿。

校长是学校的灵魂，是办好学校的关键。1998 年，学校是双差单位，已经处于被撤并的边缘，学校里人心浮动，受命于危难之际的崔校长带领学校一班人抱着破釜沉舟、置之死地而后生的决心进行了大刀阔斧的课堂教学改革。他亲自拿着焊接工具焊接学校的车棚，拿着粉刷工具粉刷校舍；他亲自深入课堂听评课，要求副校级以下干部包括自己的妻子带头上课，进行课堂教学的改革，把课堂还给学生；他自己扎根这所贫穷的学校不说，还把自己的妻子也拴在了这里，自己的子女在这种课堂上学习，经历这种冒险式的试验。他不顾自己身体有病带头学习，实现了理念的更新，真正体现了校长对学校办学思想的领导力；他不怕得罪人，不追求名利，敢想敢干。

教师是新课程的实施者。教师实施新课程的能力高低是决定新课程改革成败的关键。这里的教师学历水平并不高、普通话并不标准，教师的收入也很微薄，办公条件、生活条件、教学设施都十分简陋。但是，当崔校长振臂一呼，学校面临着生死抉择的时刻，他们背水一战闯出了一条生路。他们曾经犹豫过、彷徨过，但他们终于横下了一条心，"干也是死但不能等死"，他们大胆改革，大胆放手，把发展的舞台给了学生！"心有多大舞台就有多大"，预习课、展示课、反馈课，课课都是学生唱主角。在三面都有黑板就是没有讲台的教室里，学习者真正成了学习的主人。学习的主动性、积极性、表现欲望之强烈深深感染着每一名参观者。

杜郎口中学的"三三六自主学习模式"经过了八年的探索终于成型，这是校长和老师共同奋斗的结晶，而给人印象最深刻的是他们的课堂。

这里的学生大多家境贫寒，衣着简朴，脸色不佳，但是这里的学生不自卑。面对着众多挑剔的眼光，他们没有紧张，没有羞涩，没有四处观望，而是专注于学习内容，专注于小组活动，专注于自我展示。他们或蹲或站或坐或跪，地上、板凳上挤做一团，聚精会神、津津有味；他们或上台表演或辩论或歌唱或讲解或朗诵，积极主动，争先恐后。在这里他们是真正的主人！如果不是身临其境，谁都不会相信，杜郎口中学的课堂会是这样一番天地。这里的气氛热烈而又不失和谐有序，学生不用举手即可发言，一个接一个，有时甚至几个人争着说；教师混杂在学生中间，很难辨认；没有指责与呵斥，不需要谁站出来提醒大家坐好、认真听讲，学生早已完全忘我地投入到知识的海洋中。

当然也有这样的疑问，这种课堂效率高吗？这种环境下每个学生都能参与进来吗？学习的效果怎么评价？这种担心是有道理的，但是教育的目的是什么？课程改革的目的是什么？我看主要是培养人，培养人的自主学习、自主发展、自我规划的能力；培养能够大胆展示个人风采、主动探究知识奥秘、独立思考的人。唯有这样的人在未来的社会竞争里才会真正成为自己的主人，才有可持续发展的潜力。现在他们是学习的主人，将来他们会成为工作、生活的主人。教学质量的逐年上升，中考成绩的大幅度提高也从另一个角度验证了这种课堂的生命力。

参观归来，我一直在想：学习杜郎口中学，学习他们的什么？怎样学呢？学习杜郎口中学不在于学习其表面而要学习其内涵、其精髓。乡村教学条件很差，课堂教学却取得巨大的成功，可见课堂教学改革的关键不在于物质条件，在于教师的观念。改革创新都是有风险的事，谁能保证所有的改革与创新都会成功？杜郎口中学的教学模式也是在不断的修订过程中成熟起来的，看来有了先进的观念之后还要肯干、敢干、持之以恒地干。学习杜郎口中学还要学习他们高尚的师德，甘于清贫、乐于吃苦奉献、真抓实干、锐意改革、大胆探索的精神。只要精神不滑坡，办法总比困难多！学习杜郎口中学不在于模仿而在于真正把新课程改革的先进理念消化吸收，然后用于指导持之以恒的教学实践中。鲁迅先生说中国的脊梁不在奢侈浮华的上流社会而在于中国的底层，在于劳动人民之中，课程改革的成功案例出现在了贫穷的乡村中学，也似乎不是一种意外。

在区教育局把2006年确定为教育质量效益年，在大张旗鼓地抓质量，抓有效教学，转变教育增长方式的大背景下，我们进行课堂教学的有效性改革，向课堂要质量就成为了必然。课堂教学的效率、效益就成为了一个亟须研究的问题。然而课程教学改革的难度是非常大的，涉及到方方面面，似乎需要很多的先决条件。杜郎口中学的先进经验告诉我们，实现新课程改革理念指导下的"理想课堂"，首先要解决深层次的观念问题、思想问题；其次要解决大胆改革的决心、信心、勇气问题；最后就是埋头苦干、持之以恒的恒心，而其他物质条件都是次要的。杜郎口中学的经验是个好教材但不是唯一的教材，生搬硬套不会取得课堂改革的成功。

李延安

思想·欲望

北京育才学校，一所具有革命传统和光荣历史的学校，1937 年创立于延安，被称为"马背上的摇篮"。第一任校长是我国现代教育家徐特立。1949 年，该校迁入北京，命名为北京育才学校。地址位于明清两代皇家园林——先农坛内。

北京市西城外国语学校，一所具有鲜明外语特色的市级重点完全中学，创建于 1989 年，该校系北京市首批体制改革试点校、北京市示范性高中校，先后被认定为北京市奥林匹克外语学校、北京市科技教育示范校、联合国教科文组织在中国的"EPD"教育实验校。

2007 年 4 月底，笔者有幸到两校参观学习。两校各具特色，个性鲜明的办学风格给我留下了深刻印象。

育才学校抓住了自己文化底蕴丰厚的特点，突出了民族的传统的风格。校园内具有中华民族特征的古建筑群，金碧辉煌，与高大挺拔的苍松翠柏交相辉映，大有古典画与福祉文脉气派。幽雅安静的校园，几乎没有任何嘈杂之声，与北京城的熙熙攘攘形成了鲜明对比；满眼的绿色，让人仿佛置身于青山绿水芳草之间，远离了喧嚣，真是个读书的好地方。百名外籍留学生，千名祖国的花朵，中外结合的优秀师资，三代领导人的题词与关怀，现代化的设施，民族风格的建筑，皇家园林，这一切在这里达到了统一与和谐。

西城外国语学校则努力向人们展示着她的开放性、现代派、与世界文化接轨的特点，构建起了以"和谐与发展——爱、阳光、幸福"为主导的学校核心文化和以"五大阳光法则——微笑、感激、享受、选择、美丽"为重点的人文文化，凸显了"为了孩子的一生幸福"的办学理念。尉校长关于"热爱生活·分享智慧·享受挑战——Love life. Share wisdom. Enjoy challenges"的报告，诙谐幽默，乐观豁达向上，调动了 80 余名参观者的情绪，让我们充分沐浴在现代化的气息中。

办学理念的百花齐放是教育兴旺发展的必然选择，是培养多样化人才的基石。两所各有千秋、风格迥异、特色鲜明的学校，彰显了现代社会文化价值观的日趋多元化，为学生提供了更多的选择，正说明了这一点。不过，笔者以为无论怎样的教育都应当给学生两样东西，那就是：思想与欲望。

思想，即独立的思想，而非人云亦云。没有思想的人就是一个空壳，一个漂亮的皮囊，就可能故步自封。

欲望，那就是不断进取，追求发展与向上的欲望，是合理的适度的欲望。没有发展欲望就可能小成即满，停滞不前，枕在前人的功劳簿上，坐吃山空。

思想解决当前利益与长远利益的问题，科学发展的问题，保证我们的后人不为蝇头小利而丧失整体利益。欲望解决动力问题，发展机制问题，帮助我们的后人增强危机意识，忧患意识。

在北京，昔日的人间胜境——圆明园内的残垣断壁诉说着昨日的辉煌，也诉说着悲伤。除了列强的残暴，更应当谴责当时执政者的昏庸误国，夜郎自大，思想上的自我封闭，不能与时俱进。治国者如果没有强盛民族国家的思想与欲望，后果是可怕的、可悲的，断送了祖宗的江山，滞后了民族的发展。

在承德，那一条曾经桀骜不驯的武烈河，那蜚声中外的热河，都早已风光不再，水面上漂浮的团团污物，揭示着现代人的贪婪与疯狂。没有发展眼光地大肆掠夺大自然的财富，鼠目寸光、急功近利的行为正在毁坏我们的家园。如果我们再不把眼光放远些，用我们的大脑思考现在与将来，没有保护好、发展好、建设好美丽家乡的欲望，或许这大好的河山，将被现代人毁掉，我们或将成为后人谴责的对象。

由此可见，没有思想就不可能看到远方，就会短视；没有欲望，就会停滞不前，不思进取，就可能躺在安乐窝里，只懂享受，不懂发展。中国有句古话："富不过三代"，就是这个理。失去了进取心，没有了理想，缺少斗志的下一代只会把老一辈拼打下的江山败坏掉，留下一声叹息。日渐衰老的皇家园林正在诉说着岁月的沧桑，折射着那一代不如一代的所谓纯正皇家血统的无能，更警示着现代人。

看来，衡量一个人，不仅要看他现在拥有什么，更要看他能够做什么，看他能否守得住祖宗留下的"财富"，是把先人的事业发扬光大，还是破坏殆尽？

因此，我们的教育应当培养"用自己的眼睛观察世界，用自己的头脑思考问题，用自己的双手创造生活的人"，要给予我们的学生可持续发展的思想，独立思考的能力，积极进取、昂扬向上的斗志，要激发他们的发展欲望，如此才可能形成"长江后浪推前浪，一代更比一代强"的人才梯队，如此则事业有望，国家民族有望。

李延安

学习归来话培训

2007 年 6 月 26 日上午,笔者有幸与区教研科研中心的同事们一起到泰山区人民法院和国税局进行了参观学习。虽然天气炎热,但大家楼上楼下看得认真,听得仔细,边走边谈,边谈边议,收获不小,感慨颇多。回来后与几个同仁坐在一块又进一步地开展了讨论,觉得这次参观学习很有意义,开阔了眼界。

笔者印象最深的是两个单位都把对干部职工的培训提得很响,做得很实,重视程度很高。两个先进单位为了提升员工的思想素养、工作水平、业务技能采用了多种形式的培训,培训方式方法都很有创意。曾几何时,笔者认为只有教育领域在组织各种形式的培训活动,只有教师在认认真真读书、学习。这次参观学习才真正认识到终身学习的理念已经深入到各行各业,大家都在投身于建设学习型社会的大潮中。

1.以读书为契机引领员工自培已成为共识。两个单位都建立了较高标准的图书阅览室,环境整洁,清静幽雅,是读书的地方;购买了大量的书籍,订阅了很多的报刊供员工阅读。

2.开展基于工作需要、形式多样的 "校本培训" 已经是大势所趋。培训的目的是员工的 "专业成长",培训的内容是员工的 "自我选择",培训的方式方法是员工 "量体裁衣"。培训做到了自主 "点菜"。

以网络为平台组织培训,克服了时空界限。两个单位都建立了较高标准的电子阅览室,充分利用网络资源进行职工培训。当我们在国税局会议室听完经验介绍步入阅览室时,在他们的局域网上看到了刚才听报告的现场照片,现代网络技术快速迅捷的优势得到了充分的展现。同时,在国税局局域网上,我们也看到了他们开展的丰富多彩的活动,包括员工与家人的交流互动——减少了隔阂,增进了家属对税务工作的了解、理解。大家叹服于他们工作的细致入微。

学历培训,"各取所需"。区法院采取了包括报销学习费用等有力措施促进员工学历水平的提升,达不到本科的学本科,达到本科的学研究生。

3.开展心理健康培训，增强员工"抗压"能力是培训的新亮点。面对日趋激烈的社会竞争，面对来自方方面面、形形色色的诱惑，各行各业的人都有着很多的职业压力。区国税局邀请省教育学院等高校的心理学专家为员工讲课，帮助他们学会自我调节，缓解职业压力。

看来，大家都在学习，都在读书，提升素质，增强能力，应对挑战。作为承担教书育人责任的教育行当，我们的培训工作更应当行之有效；我们参与培训更应当积极踊跃。参观归来，反躬自省，有如下感想。

1.实效性、针对性是培训的永恒主题。2006年世界教师日确立了"有质量的教育需要有质量的教师"这样一个主题，充分彰显了教师在整个教育体系中的重要地位。联合国教科文组织总干事松浦晃一郎指出"教师是教育制度的核心，如果不注重教师培训，如果没有倡导尊重教师职业的措施，我们就不能长远地解决教育所面临的问题"。

教师培训承担了促进教师专业成长的重要职责。没有有效的培训，就没有有效的教师专业成长。作为培训者应当不断探索培训的方式方法，创新培训模式，拓展培训途径，把培训的质量摆在第一位，增强培训的"磁性"。

2.培训是最好的福利。阿尔伯特·哈伯德在《自动自发》一书中指出，能够得到有效的促进自身成长的培训比高工资福利都重要。培训是素质提升的重要途径，教师应当放远自己的目光。

笔者也曾经多次到学校调研，大家都深感教师的专业能力是制约教育教学质量的因素，但是对通过何种途径提升教师业务能力却研究得不足，做得太少。个别单位领导甚至对教师培训不以为意。培训似乎是可有可无的"鸡肋"。个别单位校本培训不落实，工作计划中没有教师培训这一项，对教师参与上级培训支持不够。个别教师参加培训学习不积极，不主动；在培训活动中吊儿郎当，丧失了学习机会。

古人云：三日不读书，便觉言语无味，面目可憎。作为一名教育工作者以只争朝夕之精神多读书、多学习是一件必需的事。

李延安

行动，从现在开始

大概是在 2009 年吧，一本叫作《第 56 号教室的奇迹》的书风靡中国，其作者雷夫·艾斯奎斯（Rafe Esquith）对教育事业的热爱和非凡成就深深打动了众多的教育同仁。我和大家一样迅速网购了这本书。从快乐、鲜艳的封面到独特的教育理念，再到那些语言朴实、真实的教育案例，让我们看到在大洋彼岸有一个和我们一样默默耕耘着的小学教师，他所面临的教育困难不比我们少，他的工作环境比我们好不了多少，甚至比我们有些学校更差，但是他将教育作为自己终生事业，沉醉其中，乐此不疲，他对学生高度负责，并能身正为范，身体力行。他的行为和精神，让我仰之弥高，自愧弗如，他的精神令我深受感动。一个英雄的形象、伟人的形象、大师的形象跃然于脑中，却无法相见。

3 月 25 日，春暖花开，济南山东大会堂，2500 余名全国各地的教师一起见到了心目中的"英雄"。但是雷夫开场第一句话却是"我是雷夫，我不是英雄"！他的演讲语言朴实无华，简单易懂，没有高深的理论，只有我是怎么做的。雷夫·艾斯奎斯，1981 年毕业于加州大学洛杉矶分校，现为美国洛杉矶市霍巴特小学的五年级教师。他从教 20 多年，获得众多国内外大奖，其中包括美国"总统国家艺术奖"、1992 年"全美最佳教师奖"、1997 年美国著名亲子杂志《父母》杂志年度"成长奖"、美国媒体天后欧普拉的"善待生命奖"，并获英国女王颁发的不列颠帝国勋章（M.B.E）等。他把奖金捐给了所在学校和学生，并成立了"霍巴特莎士比亚"慈善基金。25 年来，雷夫·艾斯奎斯老师一直在霍伯特小学担任五年级的老师，该校是美国第二大小学，有高达九成的学生家庭贫困，且多出自非英语系的移民家庭。可是，就是在这样恶劣的环境下，雷夫老师创造了轰动全美的教育奇迹，被《纽约时报》尊称为"天才与圣徒"。在第 56 号教室里，雷夫老师独创的阅读、数学等基础课程深受孩子们喜欢，他们如着迷般每天提前两小时到校，放学后数小时内仍不愿离去。学生不仅能在全国标准化测试中取得高居全美标准化测试前 5% 的好成绩，而且雷夫还依据"道德发展六阶段"理论引导学生的人格成长，他所提倡的"有自己的行为准则并奉行不悖"甚至与儒家思想所提倡的"慎独"不谋而合。在这种引导下，孩子们的品行发生了令人惊异的变化，个个谦逊有礼、诚实善良，收获了受用一生的财富——高尚的人格和坚韧的信念，长大后他们纷纷顺利进入哈佛、普林斯顿、斯坦福等美国的常春藤名校就读，一时间成为美国教育界的佳话。

一天的活动被安排得非常充实，既有雷夫的主旨演讲，也有国内教育名家与雷夫的互动交流，还有著名教学者、省教育厅张志勇副厅长的精彩点评，更有雷夫现场的解疑释惑。曲终人散，意犹未尽。雷夫真是一个平凡而伟大的小学教师。没有豪言壮语，更无惊天动地之事迹，正如窦桂梅老师的现场点评所言"真实"，可怕的真实！因真实而可信，因真实而可敬，因真实而可学！雷夫身上可学的东西可谓不少，但是有下面几点印象最深刻。

一、"做一件好事易，做一辈子好事难"

也许一个教师几十年如一日从事教学并不鲜见，也许一个教师为了工作而做出牺牲也实属正常，但是一个教师能够几十年如一日地专注于教学确实不容易。他不曾倦怠吗？是什么让他坚守在56号教室？从他的演讲和答问中我们得到了答案，那就是责任和热爱。这种责任和热爱是发自内心的自觉行为，而不是外部强加的。他是个在教育中总能准确找到目标，从不偏离跑道的人。他对教育和学生有信徒般的坚持、父亲般的亲切，他拥有爱心，有着强烈的责任感。这驱使他在同一所学校的同一间教室，年复一年地教同一个年龄段的学生长达20多年。期间，他获得的荣誉不计其数，给他提供捐助的人也不计其数。他的事迹轰动整个美国，而且还被拍成纪录片，他的著作《第56号教室的奇迹》成为美国最热门的教育畅销书之一，但他仍然坚守在他的56号教室，证明着一个人能够在最小的空间里创造出最大的奇迹。这是爱心和责任并举的奇迹。雷夫说他还要坚持下去，直到退休。他以自己的行为证明着教育是一件值得为之付出全部的光荣事业。教育最需要的不是口头的华丽辞藻，而是言行一致的坚守。

二、"成功无捷径"既是对学生的教诲更是对自己的激励

他让学生人人树立"成功无捷径"的信念，并将之奉为一生要坚信的座右铭。正因为如此，这群平凡的学生在一个充满爱心与智慧的老师的培养下，在"成功无捷径"信念的支持下，化蛹成蝶，从丑小鸭变成了小天鹅。而他自己何尝不是如此呢？25年的坚持，每天十几个小时的任劳任怨获得了大家的认可、孩子的信任，赢得了一个又一个"光环"。

三、学高为师，身正为范

雷夫不是一个"经师"，而是一个"人师"。正如他所说："我希望孩子成为什么样的人，我就首先需要做什么样的人。我希望他们成为一个友善、勤奋的人，因此，我必须是他们见到过的最友善、最勤奋的人。"雷夫老师用自己的行动传递给学生的是榜样的力量。我现在总算理解了这样的一句话："作为一名小学老师，他的面貌，决定了教室的内容；他的气度，决定了教室的容量。"雷夫从不对孩子大吵大叫，他是一个优雅的人，所以培养出了情趣高雅的学生。

"孩子们一直看着你，他们以你为榜样。你要他们做到的，自己要先做到。""一天下来，我们有数千个可以树立榜样的机会，并且有些机会是特别难得的。"可惜我们的很多机会都已经白白失去了。

对比雷夫，他口中的理论似乎没有我们的多，但是他的行动却比我们多之又多。其实，教育不缺少方法，而是行动。当我们在抱怨社会的不公平时，他在行动；当我们抱怨生源很差时，他在行动；当我们在抱怨校长、同事的不理解时，他在行动……他说：我从不和别人争吵，那太浪费时间，我坚持做我认为对的事，我听从我的内心。雷夫是对的，抱怨没有用，行动起来，改变我们自己能改变的。当每一个人都不再观望等待时，我们的教育就会真的朝着理想的道路前进。

雷夫是人，不是神。他和我们一样对周围的一切有许多的不满，但他在尽力做，而我们似乎在不满上停滞不前。当我们简单地将教育失败归于外因，无所作为时，我们应当向雷夫学习：行动！从现在开始！Do it now！

李延安

苟日新，日日新，又日新

——国培感悟

2014 年 10 月 13 日—23 日，我有幸参加了教育部"国培计划（2014）"——培训团队研修项目华东师范大学县级教师培训机构培训管理者班。10 天的培训已然结束，但我仍然心潮澎湃，回味无穷。按捺不住心中的激动，故而将培训期间撰写的一些感悟集结起来与大家分享，希望得到诸位的批评指正。

其一：对着教科书怎能学会骑自行车。

做干部教师培训工作已经 20 多年的时间了。开始是一名新兵，跟着做管理服务，也就是组织点点名什么的，当然有时也根据要求讲过计算机操作技术之类的内容；后来是学着做培训的规划设计工作，负责策划一些培训班。不管怎样总觉得这是一件费力不讨好的事。你收费吧，人家觉得你在挣钱，成了买卖关系；不收费吧，那也是花国家的，谁也不会领情。最恼人的是起草方案，反复汇报；邀请专家，精心准备；现场组织，劳心费力。培训结束，大家却有许多不满意。有人说利用休息时间搞培训（双休日、寒暑假）是侵犯教师权益；有人说正常时间搞培训，教学一线人手很紧，一个萝卜一个坑，教学工作谁能耽误得起？完不成教学任务不还得教师自己补吗？一人难称百人心，众口难调。

一段时间以来，自己反复思考：干部教师培训是必须的吗？为什么大家参加的积极性不高，参与的主动性不强？问题症结在哪里？后来自己就订阅了一些这方面的杂志，阅读一些培训理论书籍，尝试着搞一些培训的创新，比如：引入互动交流，组织网络研修，等等。效果却总是不尽如人意。

经过一段时间的准备，安排好工作，带着心中许多的困惑，我风尘仆仆地来到了仰慕已久的华东师范大学参加国培。以前自己是培训组织者，现在成为了一名规规矩矩的学习者，感觉真是不一样。

10 月 14 日上午，闫寒冰教授的讲座很是让我过瘾。她帮助我们梳理了和干部教师培训工作相关的政策、文件和热词。尤其是关于培训模式改革创新的内容让我深受启发。困惑已久的一些问题得到了启示。培训学习再也不能像过去那样随便划拉一些专家来作作报告，就万事大吉了。而是需要认真做些规划，研究专家的讲课与我们的培训目标是否相符？更多地让老师参与到培训中，不要让他们单纯地被动地当听众。参与式培训最有效。一个人对着说明书无法炒出可口饭菜；一个人看着教科书不可能学会骑自行车。一线教师需要教育理论，更需要有效的指导教学实践。

改变从现在开始。

其二：原来我们的心中仍然充满童趣。

在以往的培训中，研讨环节总显得很沉闷，互动交流不起来。大家都觉得自己已经老气横秋了，谁也不愿意做个出风头的人。10 月 14 日下午的"破冰之旅"，让我结识周围许多同龄人，也学会了组织互动参与的新方法。

本次培训的组织者特别负责任，做了详细的安排。报到前，我收到的通知里注明了需要完成的任务，比如带一份案例、做一份调查问卷、准备生活照等。特别是那份详细的报到路线图，把我从人头攒动的虹桥火车站顺利地引领到了华东师范大学。刚踏进逸夫楼大厅时，就有老师笑脸相迎，给我介绍培训的安排、注意事项，现场照相，让我"宾至如归"，有种到家的感觉。

"破冰之旅"主要由杨老师、王老师组织，虽然她们都很年轻但是非常老练，一看就是行家里手。按照她们的要求，我们每个人先把自己最想说的一句话填写到一张即时贴上，然后把它粘到自己的生活照旁边（原来报到时交的生活照已经贴到教室后面的墙上了）。随后，大家就纷纷站起来去欣赏墙壁上的照片和留言。

接下来，两位老师要求我们每个人把自己的左手画在培训手册的扉页上。有人说："这不是让我们像幼儿园的小孩子一样做游戏吗？"她们并不多做解释，而是让我们在自己"左手画像"的大拇指上填写自己的名字，拿着这张"签名画"去找自己最想认识的人去签名。谁得到的签名多就给谁奖励一枚小小的钥匙扣。这让我们童心迸发，教室里沸腾起来。

初相识的我们又分成男女两组报数，从 1 报到 6，循环往复，数码相同的人分在一组，由此，全班同学被顺利分成了 6 个学习小组。从教室的前面开始各组按顺序围坐在一起，组内自我介绍，互相认识，选举出本小组的组长。大家觉得都熟悉以后就站起来向全班同学介绍自己并介绍自己的组员。然后再选举班委，毛遂自荐，他人推荐，热闹非凡。来自 14 个省份的 48 名学员成了一个"班集体"。

半天的"破冰之旅"让陌生的人们熟络起来，也展示出了真实的自我。培训这份福利大餐让我们变得年轻！

其三："我想在上海安个家"。

培训工作饱受诟病的主要原因是人们常说的针对性不强，效果不佳。那么，如何改进我们的工作呢？培训工作者首先想到的恐怕是通过发放培训调查问卷、召开座谈会等方式了解培训对象的需求，力争实施按需培训。问题解决了吗？似乎还没有取得令人满意的效果。有没有更好的方法？

华师大开放教育学院李峰老师关于需求分析的讲座给我们带来了新思路。教师参加培训需求的调研除了关注学员的需要还要关注国家的需求。教师是拿国家俸禄的人，国家就必然要提出这样那样的要求。只有合格的教师才能拿到国家的钱。什么样的教师是合格的？什么样的教师是优秀的？这里就有个标准。目前国家关于中小学教师的专业标准已经出台了。干部教师培训不能忽略这些问题。仅仅发个调查问卷或者搞个访谈什么的，了解到的很可能局限在教师本人的需求层面。这种需求分析显然是不完整的。不仅如此，在调研的过程中你会发现大家的需求是五花八门的，众口难调。比如，当班主任老师问到我们这些学员时，有人就开玩笑说："我想在上海安个家。"哄堂大笑之后。我们应该思考这些需求的合理性。需求必须满足吗？当然不可能。怎么办？李峰老师教给我们如何做调研数据的分析，从数据看到背后的深层次东西，筛选出关键要素，得出共性需求。这就是培训的着力点。

现代社会人们更加关注自我的成长。培训工作除了提供大众化的"营养品"之外还需要了解每位学员的基础是什么？他们已经学会了什么？为学员提供个性化的培训。这需要培训者提供"套餐"。培训工作从按要求培训走向按需求培训，更要从关注"共性"走向关注"个性"。这对培训的组织方提出了更高的要求。

培训工作只有更好没有最好。

其四：拼盘式培训是不受欢迎的。

培训工作有一些是临时受命，时间紧任务重，只得拼凑一些专家讲一讲，效果无法保障。有一些是缺乏充分的前期调研，准备不足，导致费力不讨好。怎样才能做好一个培训班呢？

闫寒冰教授用一天半的时间给我们做了详细的讲解，介绍了一些国际国内先进的做法，让我们眼前一亮。她的讲座从接到培训任务讲起至培训效果评估结束，涵盖了一个培训班的整体流程。比如：了解成年人学习的特点，做好培训调研、开研讨会、编制培训内容、邀请专家，怎样做效果评估。其中，DACUM法、ASK法、全任务法、经验萃取法等都是我第一次接触的。如果运用这些方法搞培训，不但可以做出精致的培训，开发出一些培训课程，更会在培训结束后结出一些果实，让培训者和学习者都得到可以物化的收获。

更让我们受益的是她提供了案例，让我们按小组讨论，然后写出来、画出来、讲出来、展示出来，一一做点评。这些智慧的碰撞，让学习者不再是被动的听讲者，而是活动的体验者、参与者，没有人可以游离于培训之外。这种培训方式让学习者手脑并用、脑力和体力都调动起来，学得很累，但很充实，不知不觉就下课了。

从一个培训方案做起，让我看到了与外地同行的差距，看到了与先进理念的距离。学习是一件永无止境的事。不学习，我们就陷入自我陶醉中，感觉良好，故步自封，妄自尊大。出来一看，原来世界已经是"这样"，而我们还是"那样"。

其五：技术改变培训。

不管是"技术改变生活"还是"技术改变教育"，已经成为时下大家的一句口头禅。华东师大开放教育学院吴昭老师的讲座《信息技术支持的培训管理》让我们看到了教育技术在培训活动中的强大魅力。

吴老师首先给我们列举了一个培训班的完整过程：需求调研、方案设计、项目实施、质量评估、培训总结。然后分阶段介绍哪些软件可以帮我们做些工作。在每一个阶段，信息技术都将为我们的工作带来便捷，并且有力地增强培训的实效性、针对性，让我们对培训班的效果有一个清晰的分析。吴老师先给我们介绍了如何利用问卷星做调研问卷。它强大的功能使以往调研后大量烦琐的数据统计与分析变得十分简洁清楚。关于Mindmanger、微信、Publisher等软件更是无须赘述了。

记得我们开班的第一天，班主任杨星星老师就让我们扫一扫培训手册、学员证、学习资料云盘三个二维码，扫描完成后发现大家的互动学习不仅可以利用电脑完成，更可以便捷地利用手机来进行，真是方便得很，也觉得很神奇。吴老师的讲座让我恍然大悟，原来有些内容利用教育软件很容易做到的。

在思想上，我以前是有些排斥像QQ、飞信、微信等工具的，总觉得费时费力且容易"跑偏"。这一次培训，改变了我的认识，也让我看到差距在哪里。

其六：世界咖啡。

这是我在本次培训班上听到的众多新名词之一。全国上下似乎都在提创新，各行各业都要求创新，可是创新并不是一件容易实现的事。人们在紧张、面临各种压力的时候是很难创新的。创新往往产生于轻松愉悦及与其他人的智慧碰撞中。别人不经意的一句话可能会给你久思不得其解的问题一个灵感。"世界咖啡"就是让我们在与他人的分享中碰撞出智慧之花的一种培训方式。

本次培训班来自全国的同行，有从事培训工作十年以上的，也有刚刚加入这支队伍的；有经费充裕的地区（福建晋江每年有 1300 万元），也有资金捉襟见肘的地区；有发达的江浙地区，也有一些偏远地区；有言谈幽默的发言者，也有沉稳含蓄的倾听者；背景不同、风格各异，大家对同一个问题往往会有不同的看法。大家分成六个小组，既讨论本地区的做法也就老师给予的案例做互动；每一组再推选代表参加全班的交流。这种广泛参与的模式让每个人都参与其中，得到了或多或少的收益。

而来自广东佛山市南海区教师进修学校的周展鹏副校长关于《走向专业·走向校本·走向教师——校本培训的理论解读与实战案例的解析》既是长达两个多小时的报告，更是基于实践的分享。他的关于"校本培训是教师专业发展的根"的见解引发了很多共鸣。他讲到的西药与中药的区别让大家进一步搞清楚了培训的目的是要治标还是要治本，哪些培训才能治本的问题。他将校本培训当作一个课题、一个项目做深度开发的思考与实践为我们提供一条新的路径。

十天的集中培训中，有一整天的同行经验交流，有半天的南海区经验展示。其实我们每天都在课上课下做着各种互动。这让大家不再是旁观者而是参与者、体验者、分享者、倾听者，每个人的收获都是深层次的，深入骨髓的。

其七：大处着眼小处着手。

一个环岛，种植着花草树木赏心悦目，有人却决定把它拆掉，理由很充分，不容置疑；后来的人又要将其恢复原貌，也是理直气壮。在我们周围这种建了拆、拆了再建的事很多。拉链式公路是怎么回事？系统开发反复修改又是怎么回事？

在干部教师培训活动中上述现象也是屡见不鲜。头疼医头，脚疼医脚，病急乱投医都是缺乏长远眼光的表现。闫寒冰教授讲授的《教师培训项目管理》让我们对出现以上问题的原因有了初步的认识。这是缺乏系统设计和长远规划造成的。一个完整的培训项目至少应该包含了解项目，启动项目，做可行性分析；提出规划，确认各项任务；执行项目，不断监控调整；以及最后的效果评价、总结反馈等环节。责权利统一、学会授权、科学分工、明确任务包、团队人员的选择等关键因素是项目科学实施，顺利进行的关键。她讲到的 WBS 法、SWORT 法、甘特图等都让看似"复杂无形"、没有切入点的项目变得"有骨头有肉"，容易实施。

到嘉定区教师进修学院的参观学习更印证了闫教授"项目管理在教师培训中起到关键作用"的观点。凤光宇院长给我们详细介绍了他们"研训一体"的工作模式；"合作与发展、求真创新协作服务"的工作理念；教科研人员"三力"（研究力、指导力、培训力）工作目标；"研"为前提，"训"是途径，"教"为目的的方式方法，都给我们留下了深刻的印象。

同为培训工作者，我们做着相同的工作，却因为理念的差异，条件的不同，产生的效益也是各有千秋。当听到凤院长对"教师培训经费问题"的回答是：不要谈钱，培训经费足够用，一个教研人员一年可以有三次机会去外国访学，教科研人员出书经费由单位报销（一次 10 万元）时；当看到他们藏书丰富、布置幽雅的资料中心时，我们除了羡慕还是羡慕。不过，我们也更应当思考一下，如何"取人之长补己之短"的问题，毕竟临渊羡鱼不如退而结网。

其八：见"微"知著。

微课程、微视频、翻转课堂、慕课、可汗学院等新概念在教育界的影响越来越大，它们之间到底是一种什么关系？区别是什么？它们真的能够带来教育变革吗？这些名词和问题自去年底在潍坊参加山东省教师教育学会年会时我便听说并产生了。当时，回到单位我查阅了一些资料也写了一篇文章《慕课来了，我们准备好了吗》，并把它们介绍给我们区的老师。但是很多东西还是一知半解，甚至不知所云。

今天的讲座让我有种拨云见日的感觉。刘名卓老师的专题《微课程的设计与应用》层次清晰、逻辑关系强，更喜欢抛出问题来让大家讨论、争论。真理是越辩越明的。微视频是一种资源。微课程是有着完整教学目标、内容、活动、测试和评价的小课程。微课程聚焦知识点、技能点，可帮助学生反复学习重难点。而微视频却不必承担这些任务。它就是一段视频而已，不拘泥于教育内容。翻转课堂是利用微课程实现教育变革的一种教学模式。慕课则是一些教育机构或个人推出来供大家学习的一系列教学视频、讲座的统称。微课程一般控制在

10分钟以内。慕课的教学内容则不一定受这个限制。至于可汗学院嘛，就是一个承担推介教学视频的平台。教育机构或个人推介的课程、讲座需要传到一个平台上，那就是可汗学院这样的网站了。

《微课程设计与制作》这个题目让很多年龄大、计算机操作水平差的同志望而生畏。然而杜龙辉老师幽默风趣的语言、简洁明快的操作、举重若轻的介绍打消了许多人的畏难情绪，让我们感到这些东西可学、易学、好上手。尤其那些精彩的微视频案例，让大家兴趣大增，跃跃欲试。用手机、家用相机都可以拍摄微视频。不过拍摄的过程中要注意光线、背景环境等因素哦。杜老师讲到的 Office 2010 和 Camtasia Otudio 这些软件，我在暑假远程研修期间已经学了一些，所以并不陌生。但是，杜老师用的这些软件简直是如"魔术"一般制作出精美的微课程，这是我所没有达到的境界。用 iPad 自带的 Vittle、Story Maker 来制作微课程则是第一次见到，真是神奇。以前我对这个玩具似的东西没有好感，认为不过是有些人消磨时光、哄孩子的玩具而已，甚至觉得可能导致玩物丧志。这些东西到了杜老师手里成了强大的"教具"。可见，我们冤枉了网络、通信软件、手机等现代化的元素，它们本身无所谓好坏，关键是什么人用，怎么用。

两位老师讲课的口音都带有山东味儿，刘老师更偏胶东味儿。这让我们山东来的几位学员很感兴趣，课间一问，才知他们二位果然都是潍坊的，一位来自诸城，一位来自坊子区。大家就兴致极浓地与老师合影。在上海遇到了老乡还真是让人激动。

学无止境，果然如此。

其九：真心参与，真诚融入。

培训也罢，论坛也罢，交流互动也罢，沙龙也罢，每个人的真正参与是取得成功的关键。我们曾经经历过许多的类似活动，大家总是放不下包袱，导致现场冷冷淡淡，各说各话；台上大讲，台下小讲，站起来不讲，下课又议论纷纷。造成这种现象的原因很多。这里仅结合李宝敏老师的讲座《参与式培训的设计策略与实施》谈些个人见解。

李老师义是一位山东老乡。算上前面的两位老师，在华东师大开放教育学院已经有三位来自山东的老师给我们上课了，真是倍感亲切。

李老师的讲座涉及到了参与式培训的六大问题：基本概念、理念、特征、关键要素、原则、操作方法等。她设计了很多的活动让每一位学员动起来、参与进来。她的讲座启示我们，每一名受训者的知识经验都是宝贵的，都值得尊重；为了让大家真正参与，我们的培训必须为大家提供支架、支持；培训的收获是多元的，个性化的，不可能期盼每一位都获得长足的进步，发生巨大变化；学了是否用得上，用到什么程度，这些都与参训者本人融入吸纳的程度、知识背景有着密切关系。

作为国培项目的参训者，我感到机会非常珍贵。参加工作这么多年来，尤其是做培训组织管理工作以来，总觉得自己一直是摸着石头过河，在工作中边干边学。这次全面系统地接受了培训理念、政策、方式方法的系统教育，算是有点儿科班出身了。在学习过程中，我认真聆听专家的讲座，每天撰写学习体会，共撰写博文十篇；虚心向全国各地的同行讨教，学到了好多实用的方法；积极参与班内、组内讨论，发表自己的见解；参与班级简报制作，用智慧交换智慧。

十天的培训结业了，我感到自己充足了电，收获满满，在拿到优秀学员证书时，在领取结业证书时，在浏览班级简报和大家的博文时，在培训结业交流展示时……心潮澎湃的何止我一个人呢？真正参与进去，全身心地投入进去，收获的何止是知识技能呢？态度决定一切。华东师大老师们尽职尽责的态度，细致周到的安排，认真敬业的精神，严谨的学术作风，值得我终身学习。

谢谢华东师大，谢谢国培！

其十：告别华师大，告别国培。

为期十天的国培行将结束，明天我将踏上归途，向魅力无穷的华东师大，向心仪已久的国培说再见。是什么让我恋恋不舍？

不是丹桂飘香的华师校园，
也不是碧波荡漾的丽娃河；
不是校园八大景，
也不是丽虹桥；
不是荷花池，
也不是校园林间小道；
不是亭台楼阁
也不是罗汉松；
不是晨练的行人
也不是河边垂钓者；

不是绿树如茵，
也不是芳草萋萋。

是华东师大求实创造为人师表的校训，
更是国培项目的先进理念；
是无微不至的生活安排，
更是细致入微的教学设计；
是精心谋划的学习内容，
更是体验式参与式的培训模式；
是老师们严谨的教风，
更是他们尽职敬业的作风；
是科学合理的分工，
更是团结协作的团队；
是朝气蓬勃的精神，
更是锐意进取的事业心；
是层次分明的逻辑关系，
更是幽默风趣兼容并蓄的学术态度；
是全国同行的宝贵经验，
更是五湖四海皆朋友。

再见了华东师大，再见了国培！

李延安

绽放初心

人间多风雨，磨尽了棱角，削平了凸凹，模糊了界限，泯灭了激情，让我们不再壮怀激烈，更不敢豪言壮语，包裹了初心，城府变深，性情变温，处世更妥帖，言语更得当，性格日益成熟稳当，心如止水，波澜不惊。现实的"你"无法辨认刚入职的"你"，因为你已经忘记了当初为何"出发"？

记得去年参加国培，高等学府，审慎策划，精心安排，小组合作，参与式讨论，又是写又是画，还要站起来发言，禁不住"忽悠"的人立马变得像学生一般，竞选班干部，争当"好学生"。那些定力极强的人，忽悠，再忽悠，也忽悠不起来。他们还要说："像对待大学生、中小学生那样对待我们，没意思，我们就是来玩玩的，都这把年纪了，还学什么！"心已经板结硬化了，浇多少"水"也无济于事。心死了，一切无从谈起。这就是许多培训班面临的现状。任你声嘶力竭，受训者不领情，不"感冒"，他们有自己的一套。死猪还怕开水烫，因为培训没有触动他们的"心"。

而这一次，在天津，和31名青年朋友一起，开启了一次照见内心的"旅程"。

两度"抽签"现锋芒

2015年11月23日，泰城的天已经阴沉数日，在办公室忙乎完，已经上午十点半，我匆忙回家，把电动车搬进楼道，以防雨雪。中饭后，来不及午休，我匆忙赶往高铁站。因为下午2点19分，我要和31名青年教师一起赶往天津参加培训。这是泰山杏坛·青年教师提高培养项目启动来的首次集中培训。

其实，这个项目自2014年底就开始起草方案了，其间几易其稿，经历了个人申报、学校海选、师德、工作实绩、课堂教学考核等环节，最终从357人选出42名教师作为培养对象，真可谓凤毛麟角。对这些承担着大家许多"期盼"的青年教师开展"量体裁衣"式培训，帮助他们迅速成为泰山区教育的"台柱子"是我们所面临的一个重大课题。

2015年9月，经过精心策划，培训项目正式启动了。这一次封闭式培训是针对他们设计的，这与以前的培训班不同，每名培训对象都是"实名制"，具有不可替代性。为了让它落地，按照区教育局、教科研中心主要领导的要求，我至少与中育教育发展中心的何老师电话沟通了十几次，电子邮件发了六个来回，从最终的"蓝图"勾勒到专家聘请、培训内容、组织形式、培训地点、培训时间等细节——对接落实。这里面凝聚了大家的心血，汇聚了许多的智慧，当然也受到教育局及学校领导的高度关注。区教科研中心刘主任对我说："必须组织好，这是项目启动以来的第一次大行动，大家都看着呢！"参训的都是青年骨干，学校真的很需要他们。来回四天，时间不短啊。如果大家学无所获，可就太不应该了。必须办好，压力"山"大啊！

泰安高铁站，31人齐聚，年轻的心充满了畅想，散发着青春的阳光，虽寒风拂面，天气预报说天津已经下过今冬第一场雪，比我们这还要冷，但无法阻挡我们的求学脚步！我们无所畏惧，向着梦想出发！

火车越过山东地界，大概到了河北沧州吧？窗外白雪皑皑，满目荒疏。这个季节，天公不作美啊。原计划的42名培养对象，有11人请假，理由都十分充分，其中一人的车票都买了，也突发意外，去不了。我的心里除了遗憾还是遗憾，默默祈祷这次培训能够成功。

列车抵津，天寒地冻，据说气温已经低至零下十几摄氏度，就连那些路灯也似乎瑟瑟发抖，摇曳出淡淡的、冰冷的光。大巴司机师傅说，路太滑了，通往天津市红桥区教育中心的路太窄，两侧还停了许多车，请大家下车步行前往吧。脚踩在积雪上，咯吱咯吱响，大家相互扶持互相提醒，以防滑倒，前方的路透着光明。雪让我们靠得更近了。时间已是晚上近七点。让我们感动的是红桥区教育中心的老师们已经在路边、在寒风中等候我们多时了。他们也该着急了吧？

这是一个拥有11名天津市特级教师，集教研、科研、教育技术、教师培训于一体的"充电站"。特别是徐长青工作室及简约教学法在国内美名远扬，我们慕名而来，求取"真经"，希冀为自己的成长汲取滋养。走进暖意融融的会议室，聆听徐校长热情洋溢的讲话，冬日的严寒一扫而光，学习的热情立即点燃。用徐校长的一句话：一场瑞雪开启了"百花齐放、百家争鸣"思想绽放的四天历程。

31名教师，谁来上课？谁来做"我的教学主张"专题交流？刘主任出了一个主意：抽签。这个方法既有利于每个人的充分"热身"，不会把自己置于培训之外，也将体现公平的原则，更将考验这些青年教师的才智。

首先，大家按照中小学和学科分成四个组。组内，每个人先做自我介绍，然后推选出本组的小组长。虽已经不是“恰同学少年”可谁能挡“谁与争锋”的豪情。更刺激的是每组还要推出一名班长候选人，参加全班的竞选。这都是没有预设的，全靠大家的即席发言，更看每个人的“临场经验”。四名候选人真是青年才俊啊，令人刮目相看。站起来的帅哥出口成章，是英雄就敢亮剑。讲起来的美女毫不造作，岂止是妇女能当半边天，却原来是“巾帼不让须眉”！他们的表现如此优秀，让我这个主持人竟有些措手不及，出乎预料，顿感压力巨大。自古英雄出少年，果然不假。带好这个培训班还真是要费点脑子了。

当晚，第一次抽签结束，四位讲课人横空出世！好靓！大家摩拳擦掌，争取露一手，震一批了。11 月 25 日晚上，组内“我的教学主张”成长交流。每个人情绪高涨，再次抽签，每组两位，共 8 位，将在专家面前亮相！看我青年，强不强？！

三次“碰撞”展风采

尽管天津是个集美食、游玩于一体的大都市，徐校长也顺便向我们介绍了许多天津的特产和景点，但这都与我们无关，因为这是一个纯“学习团”。

11 月 24 日上午，我们聆听了天津教育科学研究院王毓珣教授题为《中国当代教育新常态的理论思考》的讲座。王教授用理性的思想和诙谐幽默的语言为我们解读了中国教育的新背景、新常态、新特征和新举措。下午，北京海淀区中关村三小的李虹霞老师为我们做了题为《重建教室　重整课程》的报告。李老师诗情画意的讲座处处体现出她对学生的爱。她博大精深的文学功底和灵活多变的教育机智深深地感染着每一位老师。李老师引用了其师父于永正老师的一句话：“看一个老师，应该看他的教室和他教的孩子。”她创建的幸福课堂没有冰冷的讲台和课桌、没有枯燥的作业和练习、没有紧张的考试和测验……取而代之的是学生展示的星光舞台、众多的彩色书柜、丰富的经典书籍……她用独特的教育方式点燃了学生阅读的热情、激发了学生展示自我的自信心。在她的幸福教室里，学生是幸福的，老师也是幸福的。

巧了！两位主讲人都是山东人。王教授曾就读于山东师范大学，在曲师大、山农大（泰安）任过职。李虹霞老师则曾在淄博、潍坊等地教学，从体制内跳到体制外，又从体制外进入了北京的体制内。这都是教育界的“大侠”啊！他们的报告让时间转瞬即逝，也将让我的总结略显苍白。怎么办？灵机一动，计上心来，我身边不是藏龙卧虎吗？让他们上台。坐在我身后的吴真老师来自东岳中学，昨晚的竞选班长环节，她就十分抢眼，第一个上台的就是她了！吴老师果然不负众望，临危受命，上台即讲，更为可贵的是她还带着两个问题要与王教授探讨。与教授"碰撞"上了！

或许是李虹霞老师的报告太感人了吧？孙兆航副主任临时起意，做了精彩点评。这就如同在干柴中扔进了一把烈火。青年教师们似乎按捺不住内心的激动了，纷纷上台发表自己的见解。我大概统计了一下，不少于 14 位老师参与其中了。他们或抒发对李虹霞的钦佩，或阐述对王教授讲座的看法。当六中刘延昊老师结合"慕课、翻转课堂"等现代课堂教学模式谈自己的认识时，泰安第一实验学校的王文博老师立即站起来与他进行了辩论。学员之间又"碰撞"上了！

泰山实验中学的王秀芳老师对古诗文教学有自己的看法，她讲的专业知识让我这位外行很受启发。她和六中的刘延昊都是研究生毕业，讲出来的问题有思想深度。当她建议小学里应该如何做时，泰安第一实验学校的杨燕老师马上站起来介绍自己学校的做法，王文博老师给予了赞同，发出了自己的"声音"。三个学员再次"碰撞"上了！

无需多言，这样的唇舌相见，在培训班上太难得了！这难道不是我们所需要的吗？多少次，我们似乎对交流研讨无计可施，大家要么做闷葫芦，金口难开；要么顾虑重重，谨言慎行；唱赞歌，空洞无味。这一次真见识了青年教师的风采。晚上，在泰山区青年教师"n+1"微信群里，我发出这样的感言：到今天，方知长江后浪推前浪，一代新人胜新人！此言不虚。

也曾有些人认为青年人"嫩"，难当大任。甚至有人悲观地说新生代是"垮掉的一代""最没责任心的一代"。时至今日，我觉得对他们要充分相信、大胆使用、任务磨砺，必有所成！未来终究是他们的。用不了 10 年吧？

八节"课堂"见功夫

如果把教师比作一位长袖善舞的"舞蹈家"，那么教师的舞台在哪里？在课堂。如何让青年教师站稳讲台是我们开展培训的首要出发点。不会上课的老师，上不好课的老师，都不可能成为一名好老师。徐长青校长说："不搞教学过不好日子，不搞教研过不上好日子，不搞科研好日子过不长。"这样的欢迎词一下子击中了问题的本质，也让我们对天津教师的课充满了期待。

11月25日是红桥区与泰山区教师"华山论剑",切磋功夫的一天。

上午,天津市特级教师、红桥区小学语文教研员孙晓军,红桥区特级教师、天津师范附小教导主任叶鸿琳,红桥区名师纪巍和高超四位专家为参训学员上了示范课。四位老师教学功底扎实,教学语言鲜活,教学风格鲜明,教学效果高效,让参训教师钦佩不已。课后大家立即开展了研讨交流,他们毫无保留地讲,心底无私地评,热情洋溢地教。倾囊相助的真诚让每个人眼前又开了一扇窗,投进许多的光亮。到此时方知:天下教育一家亲不是一句空言。

下午,泰安市第一实验小学杨燕、李国强,东岳中学吴真,省庄一中胡伟四位老师上了展示课。从11月23日晚抽签确定上课人到11月25日下午1:30正式上课。时间短得吓人!这期间还有11月24日全天的报告和讨论,晚上的小组交流,11月25日上午的听课互动。教材是自带的,学生是全新的。这样的课,没两把刷子,谁敢上?这可真全凭平日的积累啊。四位老师没有胆怯,没有退缩,勇敢地上了,上得还很成功。他们呈现出的教学素养、教学功底、教学能力和组织能力得到了天津市教育同仁的高度赞赏。更为可贵的是,他们谦虚谨慎的学习态度,让大家折服。紧接下来的评课环节,没有往日的思想负担,大家开诚布公,坦诚交流。问题找得准,方向指得正,路径给得妙。每个人都从中窥见了教学的真谛。

学习已深入骨髓,穿透心底。功夫得到升华。大家纷纷感慨,果然不虚此行啊!

一个"主张"知路遥

转眼间,培训班即将闭幕,可是大家似乎还没学够、吃饱,学习热情丝毫不减,争分夺秒地汲取着天津教育的营养,似乎忘记了回家。

11月26日上午8时许,大家早早来到会场,先是聆听了天津市红桥区教育中心教育技术应用部主任、全国中小学教师国培计划专家讲师杜永刚主任对于教育前沿的解读——专题报告《移动环境下的适性学习》,接着积极参与了红桥区教育中心杨奕老师的"助力学习 助力国学修养提升"和刘蓓主任的"组织移动,让评价有据可循"两个主题体验活动。

当身着长裙、剪着齐耳短发的杨老师潇洒飘逸地朗诵古文的时候,她营造的古典的美震撼了我们。这是一个普通的小学教研员还是林徽因再世?她邀请我们的老师登台朗诵《枫桥夜泊》。我好担心啊,我们的老师别不敢上,冷了场；也别技不如人，差距太大。思忖之间，王文博老师已自动请缨手持 iPad 开始现场朗诵了。吐字清晰？字正腔圆？感情充沛？……我竟想不起用哪个词来形容。掌声响起来！

泰山区的青年教师果然不负众望！

时间转瞬即逝，已经接近上午 10 点。8 位青年教师又要闪亮登场了。四年来，青年教师们适逢"n+1"培训的大好机遇，经历了诸多风雨，在不断"生长"。但是，恐怕大家还没有真正坐下来思考一下自己过往的成长经历，认真梳理总结一下成长的烦恼和喜悦。这一次，"我的教学主张"专业成长分享，就是给他们一个回顾反思的机会，帮助他们审视一下过去，更好地走向未来。不仅如此，他们对教学的主张还将得到天津教育名流的指点。这样的机会谁也不会放过！

有幸获得这次机遇的是泰安六中刘延昊、穆花，泰山实验中学王秀芳，泰安市第一实验学校彭莉，仓库路小学张婷，南关小学张义慧，大白峪小学韩小赟，省庄一中韦良美，可谓是八仙过海各显神通啊！他们的成长经历真实丰盈，血肉丰满，骨骼健壮，他们的主张发轫于内心，磨砺于实践，具有草根气息，富有原生态的珍贵价值。

再看一下，是谁来为青年教师们提供指导？他们是：徐长青（小学数学国家级骨干教师，中学高级教师、小学特级教师，天津市红桥区教师进修学校副校长，"徐长青工作室"领衔人，"简约教学"思想创始人）；刘英（红桥区教研员，教研办主任，中学高级教师，天津市教育学会小学语文研究会会员，红桥区小学语文研究会副理事长，红桥区首届学科带头人称号、红桥区名师）；王茂强（红桥区教研员，中学高级教师，天津市教育学会小学数学研究会会员，红桥区小学数学研究会理事长，红桥区学科带头人、红桥区名师）；杜永刚（红桥区教育技术应用部主任，高中信息技术教研员，中学高级教师；全国中小学教师国培计划专家讲师，天津市人民政府教育督导室督导评估专家，天津市"未来教育家奠基工程"培养对象，天津市红桥区名教师、学科带头人）。

天津教育专家的点评入木三分，直入骨髓，既有充分的激励与欣赏，更具指导与鞭策，还对青年教师下一步的专业发展提出了宝贵建议，对如何生发"教学主张"，历练教学风格，提供了路径。

英特尔公司首席执行官克瑞格·贝瑞特博士说："信息技术不是什么神奇的魔法，而教师才是真正的魔法师。"在教育技术日趋普及，教育综合改革洪流涌动的大潮中，青年教师更应当思考一下教育的未来，未来的教育。没有个人主张的教师不会成为弄潮儿，只能随波逐流。

　　时钟已经指向了 12 点，交流与总结还在热烈进行中。徐长青校长说："一枝红杏出墙来，之所以墙里开花墙外香，不光是花的光耀更是盆的光耀，正是这片肥沃的土壤培养了我们。"泰山区青年教师"n+1"培养不正是一方教育热土吗？这些青年教师在这里生根发芽，必将成为泰山区教育的一张名片，一道最亮丽的风景线！孙兆航主任还嘱托大家，像一名家长对自己的孩子般倾诉肺腑之言，殷殷期望，挂心、挂怀。

　　也许现在让大家谈教学主张还为时尚早，还很不成熟，也很不完整，但是，就是这样一个主张的提炼，让我们看到了青年教师浓厚的发展欲望，厘清了下一步的发展方向。"路漫漫其修远兮，吾将上下而求索。"

　　《华严经》中的名言"不忘初心，方得始终"，曾一度因被乔布斯推崇而风靡，而今我们的青年教师说："这次培训让我们重新找回了刚参加工作时的激情，遇见了当初的自己，那不是单纯幼稚，而是高尚纯洁；那不是莽撞简单，而是豪情满怀；那不是少年轻狂，而是初生牛犊不怕虎；那不是少年不识愁滋味，而是'指点江山、激扬文字，数风流人物还看今朝'！"

李延安

教育必须是开放式的

由于工作关系，笔者对教育领域以外的培训活动是如何组织实施的十分关心。暑假期间，我怀着研究学习的心态，参加了两次社会上的培训活动，很受启发。

一是心理咨询讲座。授课的教授幽默风趣，成竹在胸，娓娓道来，从心理咨询的操作技术层面讲到注意事项、实施原则，其间穿插了很多生动鲜活的案例，有效吸引了听众的眼球。整个上午秩序良好，感觉时间过得很快。

二是保险产品推介会。讲课者通过生动的图片、视频、音效抓住了听众的心，为加深印象又加以互动问答，答对者有奖。奖品微不足道，关键是让大家参与进来。更为深入人心的是跟进式服务。每几名听众跟前都有一名类似于"托"的业务人员进行跟进式服务，及时为大家解疑释惑，并配以笔记本电脑的演示操作。这些"骨干分子"一"掺和"，整个课堂就活起来了，时间虽短，但印象深刻。

这类讲座听起来轻松，引发听众共鸣与深思，回去后能用，效果显著。看来"山外有山，人外有人"的古谚语是正确的。如果我们光靠在"校园"里翻来覆去地做些精雕细琢的工作，虽有可能在细节上有所突破，但终究是低层次徘徊，难有大作为。教育系统千万不能不自觉地与其他系统隔绝开来。

因此，笔者以为：

其一，教育培训必须是开放的。

南宋大诗人陆游曾告诫他的儿子说："汝果欲学诗，功夫在诗外。"大意是，初学作诗者只知道在辞藻、技巧、形式上下功夫，到中年才领悟到这种做法不对，诗应该注重内容、意境，应该反映人民的要求和喜怒哀乐。诗人应当到生活中广泛涉猎，开阔眼界。同样，教师培训的内容也绝不能仅仅局限于课堂教学，天天围绕着所谓的"课堂教学技能"打转转，虽美其名曰"贴近课堂、贴近实际、经济实用"，实则是鼠目寸光、急功近利。

不知诸位注意到没有，不论是在上海世博园还是在泰山脚下的方特欢乐世界，最受欢迎的项目都是让大家参与其中的项目。在这类项目里，游客亲身体验到的乐趣是非常难忘的。再如，近几年社会上盛行的拓展训练、心理辅导游戏、体验式的互动项目等都摒弃了说教式的内容，让参与人员在不知不觉中"敞开了心扉"，得到充分的压力释放，取得难以言表、润物细无声的效果。教育培训也应当借鉴一二，让大家学得轻松，收获多多。

其二，教育工作者必须进行开放式学习。

不论是教师还是学校管理者的学习，近年来都是发言必说苏霍姆林斯基、陶行知、魏书生、李镇西等人的教育思想。好像教育从业者不学这些教育名家的专著就不算学习似的，然而，学习绝不仅仅是坐在书桌前读专业著作。俗语云："世事洞明皆学问，人情练达即文章。"教育工作者的学习也应当来点"不务正业"的"课外读物"。"两耳不闻窗外事、一心只读圣贤书"是不行的。

眼睛能看多远是"视力"，眼睛无法企及的是"眼光"。教育工作者应当有超越自己小圈子的大视野，就教育谈教育是没有多大出息的。教育工作者应当站得高远些，有胸怀天下的大气魄，敞开大门办教育，孤陋寡闻必自毙。

其三，教育系统必须面向社会开放。

最近大家都在关注绩效工资。但是，何谓绩效呢？其实这就是从商业、企业领域借用过来的名词。简单地说，绩效是一个组织或个人在一定时期内的投入产出情况，投入指的是人力、物力、时间等物质资源，产出指的是工作任务在数量、质量及效率方面的完成情况。它讲求的是以最少的投入获得最大的产出。因此细心的教育界同仁也许可以看到，在商界、企业界有很多的管理办法和激励口号都是非常实用和可操作的。在这些领域，不需要什么花拳绣腿，需要的是真功夫，他们要的是立竿见影的效果。拿此标准来衡量教育界的投入与产出，会有什么答案呢？恐怕许多"华而不实"的课堂都应当取缔。

虽然他山之石可以攻玉，但是教育有其自身的系统特点，不能完全采取拿来主义的态度照搬照抄人家的方式方法和经验，如何面向社会面向未来办开放式的教育还有很多要研究的问题，这里仅仅是提出一种想法与教育界同仁商榷。

李延安

学生，也是老师生命中的贵人

  阳春三月，春暖花开，泰山杏坛卓越教师齐聚泰安六中新校区厚德楼，这是我经历的第一次培训盛典，规格之高，绝无前例。区委常委、宣传部长安丽同志莅临会场，与中育教育发展研究中心常青主任为"泰山杏坛"揭牌，分管教育的副区长刘伟同志致辞，区人大、政协的领导同志出席会议，教育局邹局长主持会议。这代表着泰山区委、区政府乃至全区群众对优质教育的强烈呼唤，对优秀教师的殷切期望，让我们顿觉责任重大，不可懈怠。

  自去年历经个人申报、单位选拔推荐、理论考试、课堂教学、交验个人证书材料等一系列近乎过五关斩六将的"磨砺"之后，我和其他100余名教师站到了泰山区教师队伍的"首席之列"。这不仅是一份荣誉，更多的是一份责任。从那天起我就思考如何成为卓越的自己。3月31日—4月1日，上级领导为我们精心选择的3位教育专家为我们带来了精彩的报告，让我们沉浸在浓浓的学习、激励、提升的氛围之中，经历着一波又一波心灵的洗礼、精神的升华，让我们在这播种的季节产生了成长的萌动，破土而出的拔节欲望！报告似春雨、讲座如春雷，滋润着每位教师的心田，催促我们幸福快乐地成长！

  正如专家所言：教师的成长主要包含专业成长和精神成长，精神成长是专业成长的根基和动力。没有精神的成长，专业成长不可能有太大的突破。教师培训首先关注教师的精神成长，这是教师成长的原动力。我认为这次培训是对教师精神成长一次很好的引领。

  金忠明教授的"五三教学策略"对一线老师来说非常实用。他把激励策略放在首位，情感动力放在首条，让我深有同感。因为教育教学的艺术不仅仅在于传授，更在于激励、唤醒、鼓舞起学生自己内心求知的欲望，这欲望一旦被点燃，星星之火，可以燎原。情感动力虽看不见摸不着，但这却是影响学习的内驱力。另外，目标定位和自我分析这两条不仅仅适用学生，同样对教师具有指导意义。回顾自己的从教历程，存在着目标定位单调浅薄，自我分析、自我认知和反省意识淡薄的问题。金教授的报告引发了我对"自我"的叩问、反思和剖析。自己都不是一个心中有目标、脚下有行动的老师，怎么去做学生的引路人？更不必提做学生生命中的贵人了！

现在回想起高老师的报告，印象最深的是其间的掌声不断，笑声迭起。一位年近65岁的老太太，我们感受到的却是一个充满精神活力、有着阳光心态、富有现代教育气息、终身学习的老师形象。她深深地吸引了会场所有教师的眼球，那时，无人抱怨时间怎么过得这么慢，没人惦念怎么还不结束。高老师以其独特的魅力，牢牢地抓住了每一位听众的心。听高老师的报告，既像聆听相声大师的表演，又像在听评书，一点儿也不感觉累，幽默、风趣、智慧是这个报告成功的主要因素。一个个幽默的小笑话，让大家笑得前仰后合，但笑过之后，留下的是思索；一个小小的魔术，让大家为之倾倒，内心油然升起敬佩之感。听了高老师的报告，我不禁反思我的课堂教学。试问：我的课堂教学，也是如此的精彩吗？我的课堂教学，是否也能够引起所有学生的注意？我们很多老师只是一味地抱怨、牢骚，可是大家有没有想过，我们以爱的名义所发出的指责、说教、愤怒、批评，学生愿意接受吗？扪心自问，我们心中又有几个"教育故事"可以信手拈来地讲给学生听呢？

高老师叮嘱我们，必须把学生看作拥有一切人的尊严的完整的生命体来对待。用生命影响生命，用尊重赢得尊重。如果你把学生看作天使，你就生活在天堂；如果你把学生看作魔鬼，你就生活在地狱。这都取决于老师自己。为师者要有一个阳光心态，要有管理好自己情绪的能力。不能改变环境你就适应环境，不能改变别人你就改变自己，不能改变事情你就改变对事情的态度。

人能走多远？这话不是要问两脚，而是要问志向。人能攀多高？这事不是要问双手，而是要问意志。你若知道自己的方向，世界都会为你让路！高老师像一棵长在悬崖上的松树顽强向上，插队时因不忘认真学习而高考榜上有名，想上中文系的她偏偏被物理系录取了……命运的百转千回都被她顽强的学习精神所战胜。高老师的睿智人生就是一个有力的见证，一个精彩的回答。

张利平老师从五个方面分析了她的成长历程，在管理中成长、在课堂中成长、在科研中成长、在读书中成长、在生活中成长。无论是哪一方面的成长细细想来都与读书有着密不可分的关系。管理中的睿智、课堂中的策略、科研中的思路都离不开书的支撑。读书是一种生活方式；读书是一种超越凡俗的精神享受；在读书的"三境"中羽化，从中感受到书的力量。

学习不一定能改变一个人，但读书一定能改变一个人。没有几十年如一日地读书，就没有今天的张利平。张老师读书，是主动的、是痴迷的、是内心的需求和渴望，是她生命的本色，她不仅仅读书，而且还有思考，不间断的写作，在教学中反思和实践。她不仅仅读书，还善读无字书，向生活读书，向周围的人和事读书，向成功和失败读书，读书就是她的存在方式。

人生来是学而知之的。这是人人皆知的道理，但并不是任何人都会用一生的时间学习，很多人把自己的人生很明显地分为学生阶段和工作阶段，一旦参加了工作，单纯地工作，学习从此不再，而自己从此也就平庸一生。为什么我们比不上名师？就是因为文化底蕴。他们教学的设计，课堂上的机智，滔滔不绝的讲座，都是因为他们有丰厚的底蕴。平时的我们忙于上课，疲于应付各种事务性的工作，难以每天静下心来看书、学习理论知识，所以我们大多数人的课上得缺乏韵味。对照名师，他们是用学习充实了自己的业余时间，所以他们充实地成长了起来。"操千曲而后晓声，观千剑而后识器"，教师自身积淀厚了，识理多了，视野宽了，立足点高了，既能宏观把握，又能微观深入，教育教学能力自然高人一筹。

爱因斯坦曾经说过，"使学生对教师尊敬的唯一源泉在于教师的德和才"。"没有爱的班级，管理就没有灵魂，爱的背后要有智慧"，这是张利平老师的总结，很好地体现了她的德才兼备，也给了我一个启示：学生不缺乏"爱"，缺的是"智慧的爱"。

张利平还是一个善于思考的人。通过多年的教学实践，她认定，教学本没有什么模式可言，任何一种教学方式只能服务于一个目标——让师生在一种充满兴趣和激情的氛围中，进行生命的对话。她认为，让学生充满兴趣，让教师满怀激情，让教学迸发智慧的火花，这样的课堂必然活力四射；而教育的最高境界，就是生命之间的平等对话。

从张利平老师的成长中，我感悟到了三个关键词：读书、坚持、接受。相信命运给你的是最好的，用最好的态度接受它，于是你就拥有了好运。

聆听三位专家的报告，我时而捕捉到湮没在内心已久的拔节的声音，时而想起自己也曾产生的和专家的理念强烈共鸣的火花，然而这些都昙花一现，稍纵即逝了。为什么我没有保留住这些宝贵的思想火焰？专家的报告如一面面镜子，让我照见了自己的不足与差距，再一次听到了内心渴望成长的呐喊，再一次拥有了初为人师渴望成长的意愿！更重要的是，我找到了自己的差距：

第一，目标模糊，读书太少。刚参加工作时的教育激情随着时光流逝了，目标越来越低，随遇而安，多年徘徊在教书匠的层次，找不到方向，而越不读书，尤其是不读专业书籍，就越不知道心迷失在何方。更重要的是读书不与工作实际相联系，不善于将书中的理论应用到教学实践中。

第二，教学思想缺失，不善反思。思想是一个人的灵魂。没有思考，哪有思想。做一个有思想的教师，应该积极进行反思。雨果说过，"思考就是劳动，思考就是行动"。"思考着往前走"，是教师成长的写照，也是教师成长的必要途径。然而，种种原因让我找到了可以原谅自己思考肤浅，尤其不能将教育生活中的点滴反思记录下来的理由，从而停滞了前进的脚步。

第三，借口太多，安于现状。在一成不变面前，在改变的痛苦面前，在付出的艰苦面前，我习惯为自己找出一大堆理由，纵容自己沉寂在一劳永逸之中。这些年，不再求变，产生了习得性无助，安然于自己的"高原期"，仿佛成为名师是年轻时的一个不可实现的"梦"。

第四，信心不足，缺少坚持。乡村学校物质条件不足，生源条件差，专业成长支持系统不足，让我在专业提升方面变得越来越没有信心。改变、成长、进步在基层学校更加艰难。久而久之，因为缺少一种坚定持久、毫不动摇的意志力，没能让自己的潜能得到充分挖掘。现在想来，和名师相比，我就是没有毅力，做事的过程，或半途而废、或只有量的变化而没有质的飞跃，常处于后悔和不安的一种心理状态；干事情忽冷忽热，让一次一次的成长机遇擦肩而过了。

三天的报告，让我更加坚信只有埋头耕耘，摒弃外在利益的诱惑，心平气和地、坚忍不拔地、义无反顾地去行动，才能成为一个"最好的自己"。每个人内心都有一个沉睡的巨人，教育就是要唤醒内心，发现自己内在的力量，做自己生命的主人。一旦学习与改变的意识唤醒后，成长就成为一种自然的生命常态，从而激发生命的潜能，发展自己、成就自己。学生如此，教师亦如此。语文特级教师于漪曾说：一个教师真正的成长就在于内心生出的觉醒。觉醒，来自内心的自我颠覆程度。教师个人一旦有了个人发展的动力，就能创造一间幸福教室，滋养学生，做学生生命中的贵人，学生同时也就成为了老师生命中的贵人，生活就能踏着生命的鼓点，绽放出绚丽的色彩。

王玲

路在脚下，只顾风雨兼程

岁月匆匆，22年的教学时光已悄然流逝。蓦然回首，有多少激情和喜悦被轻掩在平淡中，有多少迷惘和痛苦混合着汗水被深埋在心底，……那不经意的回头一瞥，一路走来留下的深深浅浅的脚印，深深触动着我。

我是怎样一路奔跑过来的呀，我又该怎样一路奔跑下去呀！

驻足回望，路上风起，思绪在记忆的天空中飞舞……

泰山杏坛让我坚信：选择上路是对的

走上工作岗位，执拗的我心中就有了一种追求：当一名优秀教师！什么样的教师才是优秀的教师？我想，学生喜欢、家长信任、领导认可的老师就是优秀教师。风雨兼程22年，我先后获得了泰安市优秀教师、泰山区优秀教师、泰山区师德标兵、泰安市学科带头人、泰安市优质课、泰安市课程与教学工作先进个人、课程改革工作先进个人等荣誉，在泰安市人才递进工程中，我从教学新星、教坛英才递进到了泰山名师。这些年来，教学的需要，始终像一条无形的鞭子，驱赶着我，使我充实，使我进步。学习和工作几乎成了我生活的全部内容，我也乐此不疲。我没有聪颖过人的头脑，但坚信"勤能补拙"，一直在全身心地跋涉和奔跑，一步一个脚印地向目标迈进，向远方进发。一路走来，我深深地体会到，学习是发展的原动力。学习，使我拥有了职业生涯中立足与成长的精神源泉，使我形成了从知识修养到专业智慧的日臻成熟、日渐强大的支持系统。

可是人到中年，职业倦怠，职称的曲曲折折让我心灰意冷，是从此就这样混下去，还是挑战自己，继续攀登教学的高峰呢？经过一段时间的思考，在百般纠结中，又历经个人申报、单位选拔推荐、理论考试、课堂教学、交验个人证书材料等一系列近乎过五关斩六将的"磨砺"之后，纠结迷茫的我和全区百余名教师站到了泰山杏坛走向卓越的队伍中。果然是无限风光在险峰……

正如专家所言：教师的成长主要包含专业成长和精神成长，精神成长是专业成长的根基和动力。没有精神的成长，专业成长不可能有大的突破。教师培训首先关注教师的精神成长，这是教师成长的原动力。我认为这次培训首先是对教师精神成长一次很好的引领。

领导为我们精心打造培训营养大餐，有教育专家精彩的报告，更有名师来为我们做一线课堂的诊断。让我深切感到学习不是福利，而是一种投资！学习不是接受，而是一种分享！学习不是谋生，而是一种信仰！学习不是负担，而是一种力量！高金英老师那句"人能走多远？这话不是要问两脚，而是要问志向。人能攀多高？这事不是要问双手，而是要问意志。你若知道自己的方向，世界都会为你让路！"时常回荡在耳边，敲打着我的心灵，激励着我的意志，坚定着我的脚步。

张利平老师是普通的一线老师，如果没有十几年如一日坚持不懈地读书、思考、写作的积累和锤炼，就没有她今天的成绩和高度。

听了徐长青老师的课和讲座，学习到了很多东西，特别是他一些经典的话，很是有趣，同时又很有智慧。他丰富的语言透露出的睿智、大气、生动、精彩，让我感到了与名师实实在在的差距。

半年多来我沉浸在浓浓的学习、激励、提升的氛围之中，经历着一波又一波心灵的洗礼、精神的升华，让我在这播种的季节产生了成长的萌动，破土而出的拔节欲望！培训犹如春雷，击打着我开始沉醉在思考中……

本着学习的态度、实践的精神，我认真地写下体会，深刻剖析自己与名师的差距。并主动承担区级公开课，开讲座，引领学校、办事处的数学老师一起踏上幸福的研究之路，最感自豪的是我在今年泰安市创新课评选中，荣获泰安市一等奖的好成绩。

踏上了泰山杏坛——这只是开始，对于自己的挑战，我才刚刚上路！

泰山杏坛让我再次沉醉书海

德国教育家第斯多惠在《德国教师指南》中曾说过："凡是不能自我发展、自我培养和自我教育的人，也就不能发展、培养和教育别人。"每个教育者都应该从这句话里找到自己时时要面对的挑战和自身发展的需求。

要想做学生喜欢的老师，优秀的老师，就要特别呼唤自身的精神成长，而读书是促进教师精神成长重要的一条途径。

按理说，教师本是一个很执着的读书群体，然而在应试教育的今天，他们不得不只强调分数、成绩，而对于生命中的阅读，却逐渐淡化了。教师应把自己的读书，作为生活的一种方式，生命的一种状态，生存的一种需要。诚如毕淑敏说过的："日子要一天一天地走，书要一页一页地读，清风朗月水滴石穿、一年几年一辈子地读下去。书就像微波，从内到外震荡着我们的心，徐徐地加热，精神分子的结构就改变了、成熟了，书的效力就凸显出来了。"所以，爱书，永远没有商量。要读书，优秀的人都是读出来的。

读书是为心灵抚慰，是为精神按摩，是为灵魂沐浴，是为智慧点灯，是为生命起舞，是为人生导航，是对苍穹的膜拜，是对无形上帝的敬畏，因而读书需要宁静，需要远离世俗，需要淡泊功利，需要剔去浮华与浮躁。

我想，教育是培育一个又一个生命成长的过程，也是提升一个又一个生命价值的过程。只有教师幸福了，优秀了，成功了，才能培育优秀的学生，才能真正提升教育的品质，点化生命的美丽。

读书是快乐的事，是自己的事，是一个人精神成长的事。有人问吴非老师：教师读书需要坚守，您坚守的力量来自哪里？他说："我不认为自己是在'坚守'。'坚守'给人的感觉是一种对痛苦的忍受，很悲壮，何乐之有？其实，读书的时候，我很快乐。读书之于我，像吃饭一样是一种需要——一种精神的需要。"

我以为，有一种阅读生活，就能延伸生命的长度，增加生命的宽度，拓展生命的厚度。书读得越多，生命就越丰盈，人生就越丰满！

泰山杏坛促我思考：教育的目的是什么

这半年的研修经历，使我获得了许许多多触及思想和灵魂深处的东西，在理论素养方面有了质的提升，我有了一种"脱胎换骨"的感觉。我曾无数次问自己，教育的目的究竟是什么？教育的目的仅仅是为了学会知识吗？教育的终极目的是人，当我们把好学生定义为成绩优秀、循规蹈矩、遵守纪律、老实听话时，教育就离"人"越来越远了。

"学然后知不足"。专家教授的报告和讲座常常让我陷入反思：我的每一节教学设计都是最佳的吗？我走入每个学生的心灵了吗？……思考常常陷入困惑，困惑又一次触发思考。这种震撼是前所未有过的，是刻骨铭心的，促使我重新审视自己的教学观、学生观、数学观，许多重要的观念深深楔入了我的头脑，我把目光放得更远了。

芬兰是公认的全球教育最好的国家，这次又有一个数据调查芬兰还是排第一。为什么芬兰的教育全世界那么领先，原因就在于芬兰的教育观念非常的先进。有一本书叫《芬兰教育全球第一的秘密》，书后面有这样一段话，"教育不是赢在起跑线的百米赛，而是一场与自己赛跑的马拉松。学习不是为了争冠军，而是为了培养终身学习的能力和习惯。"芬兰把教育看成是非常长的一个跑马拉松，不在乎谁先跑一会儿谁后跑一会儿，没关系，因为路程太长了，你抢不抢跑都没关系。由此来看，"不要让孩子输在起跑线上"是多么的肤浅和短视。

华东师大的博导张华教授说，"不仅需要在知识学习上走得快，更需要在人生道路上走得远。'让人走得远'的教学不把传授系统知识视为教学的本质，而是创造条件，让人在知识探究中产生自己的思想、体验和理解。"

好的教育就是帮助学生成为自己。什么是成为自己？有专家给出了这样的标准：成为自己的人不过分关注他人对自己的评价，把价值感建立在自己身上；不容易被他人的负面情绪感染，也不轻易被别人的激情所煽动；对事物和人有自己的判断，不从众；当被赋予选择权时，不惊慌失措，知道自己该选择什么、为什么选择……

奔跑在加速，耳畔书声琅琅，美景历历在目……目标还在远方。

泰山杏坛让我明晰：今天我们应该怎样做教师

让学生成为自己，成为自己生命的主人，其前提是教育者能成为自己，寻找真实的自己，成为自己生命的主人。美国教育家吉诺特说："身为教师，我具有极大的力量，能够让孩子过得愉快，也能让他们过得悲惨。我可以是制造痛苦的工具，也可以是启发灵感的媒介；我能让人丢脸，也能叫人开心；能伤人，也可以救人。"

但如果一个教师都不懂得关注自己的精神生活和心灵健康，那么他又能给予学生什么样的人格教育呢？一个没有使命和梦想的教师如何去激发学生的梦想与使命？一个自己的生命都没有绽放的教师如何去引领学生？一个抱怨、指责、消极、委屈的教师怎么能够培养出正能量的学生？教师是什么？教师是点燃者、激励者、唤醒者、开发者，甚至是学生学习、生活、成长的"条件"和"环境"，让学生成为"他自己"才是真正地爱他！教师靠什么去点燃、激励、唤醒学生？靠信念、靠人格、靠精神，而不仅仅是执迷于调整课堂结构、发明一套模式、争执谁少讲多讲、研究考点难点。

教师角色不再是知识灌输者，而是生命的点燃者和与学生共同成长的人。高金英老师叮嘱我们，必须把学生看作拥有一切人的尊严的完整的生命体来对待。用生命影响生命，用尊重赢得尊重。高金英老师说，如果你把学生看作天使，你就生活在天堂，如果你把学生看作魔鬼，你就生活在地狱。这都取决于教师自己。为师者要有一个阳光心态，要有管理好自己情绪的能力。不能改变环境你就适应环境，不能改变别人你就改变自己，不能改变事情你就改变对事情的态度。

其实，教育就是让每一个鲜活的生命，按照规律，借助土壤、空气、阳光和水，以其独特的方式生长。作为教育工作者，应该守住一颗朴素的教育心，帮助孩子自然成长、幸福成长、健康成长。

正如徐长青老师所说："每天改变一点点，我们便会一点点改变！"简约而不简单，希望我们踏着徐长青老师前进的脚步，每天改变一点点，最终使我们的学生也能在我们的数学课堂上感受到它绽放的魅力！

鸡蛋，从外打破是食物，从内破壳是生命。人亦如此，从外打破是毁灭，是压力；从内打破是动力，是成长。身为人师，在时代浪潮和教育洪流面前，更要具有重塑自我的勇气和魄力。一切教学资源和教学活动都应围绕学生作为人的发展，而非仅围绕完成学科知识的传递任务而存在。教师需要在业务上学而不厌，日日精进。

为了心灵的邀约，永远的目标，我愿意在数学教学研究的漫漫征途上，不懈求索，永不倦怠地奔跑在教育的幸福之路上。

路在脚下，便只顾风雨兼程！

王玲

走进北师大 收获别样红

——我的培训感言

准备—告别—报到

之前我参加过很多次培训，基本上都是教学方面的，参加管理方面的培训尚属首次，非常荣幸自己能有这样的一个机会，也非常感恩学校领导给予的支持和信任。

为了安心投入为期一个月的培训学习，我做了以下准备：一是学生，二是家长，三是代课老师。学生方面，主要是进行思想沟通和学习方法、作业等方面的指导。家长方面，我专门召开了家长会，给家长介绍了我所做的细致安排，让他们放心，同时指出家长需要做的工作，主要是及时关注孩子的学习状态，重点观察孩子的家庭作业的书写和态度，还有借助老师的批阅，及时了解每天家庭作业的完成质量。另外，遇到解决不了的问题，和我及时联系。对代课老师及其教学内容，也做了极其细致的安排。精心选择了有四、五年级教学经验的老师来代课。我拍下了所有需要教学的电子课本的图片和《同步》相关的作业，细致划分了每节课需要完成的教学任务，具体到教材的页数衔接，具体到人。老师们倒都很痛快，但是一看如此细致，惹得有的老师说："给你代课，真是压力山大啊！"我心里想：毕竟代课老师太多了，细致安排是很有必要的。老师们的工作都很忙，如果上课前就清楚地知道任务，提前备好课，这样上课效率就相对很高。

今天是 2019 年 11 月 12 日，按照要求属于全天报到时间，我算计着下午 5 点左右到了就行，再晚，我一个女生赶夜路也是不方便的。因为是下午 1 点半的高铁，我打算上午到学校先上两节数学课。一大早来到学校，按照计划很顺利教了一个新知识点，临下课时，我布置完作业，就说孩子们要好好听话。学生恋恋不舍地都争着和我说：王老师，再见！有的声音几乎要哭了，有的还念叨，一个月太长了，王老师想你怎么办？每个人的小脸上都充满了不舍，一刹那，我的眼泪也想涌出来……我忍着，用微笑和孩子们说再见，快速走出了教室……

乘坐高铁的路上，我一直在和倩倩主任、露露老师、级部主任小丁老师就教学、跳绳比赛和级部管理等方面内容不停地交流、沟通、叮嘱。下了高铁，转地铁，再转公交。天哪，还有一个天桥，我几乎要哭了，大大的行李箱真的是超出了我的能力范围，不过，好在首都人民都很热情，只要想求助，就会有志愿者出现，一路都有好人相助，辗转几个小时我顺利来到了北师大。时间已近下午5点半了。

来到教育部小学校长培训中心的一楼，看到墙面上写着：秉承"卓越、仁爱、和谐、有为"的院风，致力将学院建设成教育管理干部、校长、教师专业成长的家园，使学院成为卓越管理者和名师名校长成长的摇篮，教育知识生产与转化的孵化器，中国教育干部专业发展与培训政策的智库，教育培训理论研究与实践的创新者，教育管理智慧共享及中外教育交流的平台，世界知名、国际一流的职后教育管理人才培养机构的联合体。我心中肃然起敬。

来到宿舍，打开门的一瞬间，不得不说，是有点蒙圈，狭小的空间，简陋的设施，热水需要到外面提，有点小小的意外。晚上，我简单吃过饭，出去散步，整个校园光线比较弱，好像所有的光都是从教学楼里映出来的。因为一路奔波，我已经没有了方向感，害怕找不到宿舍，我不敢走远。校园里一片宁静，宿舍楼里也很宁静，尽管校长们陆陆续续来报到，除了开门声，还有窗外呼呼的寒风，没有一点儿杂音。躺在倾斜的床上，我翻看学员研修手册，了解接下来的研修任务，还加入了研修群，知道还有来自新疆、云南、青海、西藏等这些遥远地区的学伴，对学习充满了期待……

第一周之开启

出发前，有三个人叮嘱我要好好学习，一个是令人敬重的李校长，一个是我近80岁的爸爸，最后一个是我志同道合彼此支持的知音伙伴李延安同志。对于他们的嘱托，我谨记在心，不敢松懈一点儿！尽管心中有万千思绪，身已在万众学子仰慕的师范最高学府，我要重启学生时代的幸福生活。

早上，还是按照原来的生物钟习惯，不到六点就醒了，因为降温很多，风也很大，我穿着厚外套去吃早餐。在餐厅，有幸结识了西安市一位美丽的校长姐姐，简单交流了几句，感觉她像教语文的，声音如同人一样，甜美、亲切、可人。我又等到了同宿舍漂亮的年轻的唯一来自北京的80后校长，刚当校长一年多，东北人，老家是山东烟台的。8点集合，我们相约一起到京师广场合影，顺序是我们105期先合影，然后是105和106期大合影，最后是106期合影。虽然120多人，但整个照相过程大家都安静、谦和、有序，心有灵犀一样，很顺利、很迅速地完成了合影任务！我深刻体会到了校长的素质，不愧是管理者，果然都是好样的！

接下来，我们进行了简短朴素的开班仪式。坐在主席台上的两位领导，徐志勇副主任和曹婧副主任都是非常年轻的85后。他们不但青春靓丽，而且讲起话来颇有学者的风范。大会的第一个程序，升国旗，奏国歌。令我没想到的是，全场不约而同地唱起了国歌，那种庄严肃穆直抵我的内心，颇受震撼和洗礼，激动的泪水瞬间湿润了我的双眼。

国家项目部副主任、班主任曹婧老师主持开班仪式。培训中心副主任、年轻博学的徐志勇主任在开班仪式上致辞。他明确了我们来这里培训的目的、级别、意义价值！他说："你们是带着国家的嘱托来到这里，你们是国家队员，你们肩负着国家的责任。这里有名校，有专家，有名师，你们在这里将会有四方面的收获，一是深入洞察的思维方式；二是实践前沿的教育发展信息；三是不骄不躁的教育风范和风格；四是促进今后的工作的同学情、朋友情。"同时，徐主任提出了五个问题："为什么来到这里？""这里是个什么所在？""北师大又是什么所在？""你能得到什么？""怎么得到？"最后希望大家尽快静下心来，调整心态，转变角色，听从教诲，深研理论为我所用，勤于反思勤于笔耕，打破原有的认知结构，重新组合，且行且思且写作，特别是学习用新的话语体系写作。徐主任的讲话语重心长、深刻隽永，令人如沐春风，为我们明确了学习方向，提出了学习目标，指出了学习方法。我暗暗下决心珍惜这弥足珍贵的学习机会，且行且思，决不枉度静心学习的好时光，并决心做到以下三点：空杯一点，安宁一点，勤勉一点，在高山仰止的名校开启一段难忘的问学之路。

在这寸土寸金的北三环，全国小学校长的精神家园培训，能够和非常卓越的专家学者，资深的名校长面对面地学习交流，是何等的幸事！这里有着世界级的资源供我们学习、共享！真可谓"大学之大不在于大楼在于大师"。

开班仪式后，我们听取了于洪霞教授所做的专题讲座《如何撰写学校管理案例》。于教授外表极其普通，但是一开口，佩服、仰慕、敬重之情油然升起，我想，这就是大师，名校中的大师风范吧！于教授娓娓道来，先从"案例"谈起，阐释了"管理案例"的要素、特性，重点就管理案例的编写、案例写作过程中的注意事项、标题的拟定等方面做了详细的指导。于教授分别从评价性表述和以"情节"展开的案例性表述两个维度，借助实例，让我们去感受区别案例的作用，深入浅出，效果立竿见影！让我佩服得五体投地。教育案例的主题从以下方面来选择和聚焦：最主要的特点，最突出的矛盾，最打动人心的地方……案例写作过程中的注意事项：（1）突出特色；（2）全面把握重点；（3）体现教育理念，如行知教育理念；（4）体现国家的教育方向：立德树人、学科素养、科学教育、劳动教育；（5）体现管理思想。最后，于教授给我们介绍了中国传统文化中蕴含的管理思想，其中老子的《道德经》中曾讲道：太上，不知有之；其次，亲而誉之；其次，畏之；其次，侮之。让我颇受启发。于教授的讲座"干货"满满，指导性强，值得一提的是她还善用比喻：于教授将案例的结构喻为"骨"；主线比作"筋"；情节称为"肉"；文笔化作"皮"；思想称作"魂"。

于教授的讲座，也让我想到我们的李校长经常说的学校应该是有故事的地方，故事里有人，故事里有理，故事里有情……学校是"人"汇聚的地方，有"人"的地方一定有故事。校长用心办学、视校如家的故事；老师的爱岗敬业、爱生如子的故事；学生的勤奋好学、互帮互助的故事；家长的理解支持、积极参与的故事……学校文化其实就是一个个故事，就是一个个故事的点缀与串联，一个个故事的演绎与呈现，一个个故事的生成与积淀。这让我想起了我们的学校：我们拥有钢铁般意志和教育情怀的领导班子，想起了我的老师们，我的学生……为了学校千头万绪的工作，很多老师两头不见太阳，早来晚走，一进学校，就一心扑在学生身上，晨读、作业、辅导、备课、教研活动、听课评课、课后服务，脚不沾地忙得不亦乐乎！

看到学校群里忙得热火朝天，习惯了和同事们并肩战斗的日子，一想到没法和老师们一起在学校里共同承担事务，心里有些遗憾！我想只有把遗憾化作认真努力学习、不辜负每一个当下，心里才会踏实很多！

下午，在明明老师的组织下进行了"破冰行动"。"好—很好—非常好"的班级应和口号得到了校长们呼喊如雷的响应。然后大家手牵手围成一个圈做"春去秋来"的游戏，把彼此陌生的手儿自然地牵起来了！我们忽然觉得我们是一家人了，是兄弟姐妹了！接下来的游戏更有意思，大家通过你给我、我给你揉揉肩、捶捶背、捏捏腰的活动，更是无拘无束，和谐共处了。通过活动，同学们逐渐放松，通过团队合作大家逐渐相识。接下来62位校长们或普通话流利、或操着浓浓的乡音的自我介绍把团队建设推向了高潮。由于地域、性格、语言表达、人格魅力、自身素养的迥异，校长们的介绍也是各有千秋，不论是幽默诙谐的、温文尔雅的，还是谨言慎行的、文采飞扬的、都会赢得阵阵掌声，或引发阵阵会心的开怀大笑！团队磨合到此，明明老师给每人下发了一份单子，让校长们离开座位寻找那个不同风格、不同特长的"他"签名，又一次增进了同学之间的相互交流、相互了解，加深了印象！每人至少找到 16 个同学愿意为你签字，倒数两个要惩罚表演节目的。

这些活动的组织与开展，让我们不禁反思日常的学校管理、班级管理，我们是不是恰恰忽视了教师与教师之间、学生与学生之间乃至家长与家长之间的这种相互了解，相互交流，相互信任，相互包容，相互扶持，相互感恩的引领呢？我们给他们搭建这样的平台，促进交流合作也未尝不可！和谐共处的同事关系、同学关系、家长关系，真的同样需要得到管理者的重视和积极营造！

当然，活力无限，笑声爆棚的当属最后的临时小组汇报展示了！不得不佩服，各位校长中真的是藏龙卧虎、人才济济，三十分钟的准备，仓促的临时组合，大家集思广益取队名、定队徽、唱队歌……"觉悟社""红枫队""阳光队""华山论剑""牵着你的手温暖我的心"，亮点频现、创意无限，同学们化身侠客、舞者、歌手，赢得笑声连连、掌声阵阵。

明明老师的"破冰行动"结束了，效果太好了！同学们再见时，彼此熟悉亲切了很多，一天的紧张学习结束了，不知道怎么回事，晚上很累，很早就睡着了……

第一周之讨教

11 月 14 日上午，聆听了北师大原副书记，现教育部社科中心主任王炳林教授为同学们带来的一堂极其精彩的讲座——《习近平新时代中国特色社会主义思想解读》。本次讲座王教授围绕"思想形成依据""思想科学内涵""思想重大意义"三方面展开，重点就"科学内涵"作了翔实的解读，王教授旁征博引、由浅入深、贴切而深刻，论述精辟、引人深思，同学们对理论思想有了更明了、更深刻的理解，让我再一次深刻体会到党之伟大、国之伟大！

下午 2：30，全体同学在明明老师的带领下来到北京师范大学形象陈列馆参观学习。同学们满怀向往地走进充满光荣与梦想的校史展览馆，顿觉浓厚的文化气息扑面而来，百年名校，承载着厚重的历史，也发扬着与时俱进的精神。

"学为人师，行为世范""爱国进步、诚信质朴、求真创新、为人师表""治学修身，兼济天下""不负今日"等形象概观，既浓缩了北师大光荣而悠久的办学传统，又氤氲了我们当下鼎新的时代气质。参观过程中，同学们始终充满敬仰之情，大家都表示应以此作为自己品德行为的典范和准则，为师者，方能与之无愧。

报到那天，听说还有一位来自山东烟台的宫海燕校长后，我马上百度了一下，发现宫校长是齐鲁名校长，在白天遇见，简单聊了几句，真是缘分啊！竟然聊到了深度学习，聊到了崔成林教授，我说，崔教授正在我们学校讲座呢……晚上，吃完饭，我就迫不及待地去宿舍里找宫校长促膝长谈，请教深度学习，还有同宿舍黑龙江鸡西的孔校长，我们交流学校课程改革、师资队伍、家长引导、学生习惯……我和宫校长交流得太入迷了，竟然没注意孔校长把我们的谈话录了下来……把视频发给了她的班子团队，互动交流，迫不及待地把学习资源分享出去，直到晚上 11 点多，真是秉烛夜谈的节奏啊！我担心会累到宫校长，尽管我还饶有兴趣，恋恋不舍地回去了，躺在床上，翻来覆去地睡不着，反思自己读的教育理论的书籍实在是太少太少了……在家里，爱人非常支持我的工作，是我重视的倾听者和指导者，他会很耐心地经常听我讲一个又一个教育故事，和学生的，和老师的，和团队的，这些故事曾经无数次地打动他，他总是鼓励我记录下来，多看些理论书籍，而我，总是以没有时间的理由搪塞了过去，而今天晚上，和宫校长的一场谈话，让我惭愧不已，我的时间都去哪儿了？

第　周之"我和我的学校"交流

11 月 15 日上午，徐梓教授的讲座《如何在中小学开展传统文化教育》为大家厘清了许多似是而非的概念，譬如将传统文化教育功利化、把儿童的关键期绝对化、教学形式的仪式化和复杂化，等等，给同学们作了正确的指引。徐教授的讲座从三方面展开——明确传统文化教育的目的；了解传统文化教育的内容；注重传统文化教育的形式。徐教授不急不缓、娓娓道来，颇具传统文化格调与气质，他告诫我们不要让孩子们过早读经，要保卫童心、保卫童趣、保卫童真、保卫童梦；要正确理解精华与糟粕，以辩证的思想处理两者之间的关系。

下午，期盼已久的班委在叶海峰校长的带领下集体亮相，个个高颜值、高水平，完全有理由相信我们的班委重情义、重担当，是一个坚强、有战斗力的领导团队。随后按照班主任分成的学习小组开始交流，各组成员畅谈"我和我的学校"。三天来，同学们都还是有点小小的拘束，但是讲起自己和自己的学校，不管是大城市还是偏远的边疆，都能感到校长们都有一颗热烈又朴素的教育情怀，讲成绩、说烦恼，同学真诚的发言不时引来大家的共鸣，气氛热烈和谐。

一、李晓东（云南省德宏傣族景颇族自治州芒市第六小学）

学校临近缅甸，是一所集团办学的分校，学校年轻人多，平均年龄仅32岁，是一支充满阳光与活力的队伍。可初入教育行业的这些孩子，专业知识虽扎实，但业务能力和课堂教育机智较弱。如何促进他们的专业成长，成为了制约学校发展的最大绊脚石，也是我最揪心的事。为了适应年轻人的性格特点，我尽一切所能为老师们减负，让他们把有效的时间投入到教育教学改革之中去。我对年轻教师的真诚关心，使他们一改涣散的思想和懒惰的作风，在轻松愉快中构建起了家的温馨。

二、夏伟龙（浙江省舟山第一小学）

"人得放下自己，端着太重。"这是我对人生和工作的一点点理解，因此我更喜欢给老师们营造一种轻松的环境，和大家一起快乐地生活、开心地工作。本人一直坚持在一线进行语文教学，从教30年来，从未间断，并乐在其中，每周的5节课也成了我最幸福的时光。市教研员的经历，更是让我放弃了研究，喜欢上了课堂，并孜孜不倦地耕耘着。

从市教研员到学校校长，只有3年的时间，但感觉有些干不下去了，因为这份工作不纯粹，杂七杂八的事情太多，终日应接不暇，苦不堪言。学校正处于快速的发展之中，2017年3所学校合并至今，现有32个教学班，1407名学生，90名在职在编教师。学校建筑以独特的"？"外形呈现，空中鸟瞰，甚是炫酷，但每个教室的不规则空间造型也是让人哭笑不得。

三、王丽萍（新疆乌鲁木齐八一中学）

历史光辉。乌鲁木齐八一中学是新疆维吾尔自治区教育厅直属的一所省级重点中学，1947年5月由国家原副主席王震将军亲手创建于山西省离石县杨家会村的一座破庙里，原名"贺龙子弟学校"，1949年底学校随军进疆，后改名为"新疆军区子女学校"，1964年10月学校由新疆军区移交地方，隶属于自治区教育厅，定名为"乌鲁木齐八一中学"。

办学概况。学校占地面积12万平方米，全校教师370名，其中小学教师

100 名，有 5 名教师于南疆支教一年，1 名教师北疆支教三年。学校隶属自治区教育厅直管，相对地一些事务性工作较少，但维稳工作的压力相当大，全天候 24 小时值班，以及一对一家访工作，让老师心灵承受巨大的压力。学校天天都有来自四面八方的团队进校园参观，进教室听课，这无形中给老师们增加了压力。学校有自主的人事权，可以直招直免教师，这也给学校的发展奠定了坚实的基础。

四、苏强松（西藏林芝察隅县察瓦龙小学）

我是一名僜人，全族群有 3000 多人，以前出行极为不方便，因为身份证没有民族的界定，2018 年后，国家承认了我们的族群，我们的生活更加幸福了。

林芝是西藏的小江南，海拔 1800 多米，地广人稀，全镇仅有户籍人口 7000 多人。学校始建于 1979 年，学生均为少数民族，家长文化程度普遍不高，更多是先辈多代都从未受过教育的家庭，世代以农牧为业，家庭和孩子上学的积极性都不高。我要一家一家地去做工作，日日不得息，在全体教师多年辛苦努力下，现有学生 550 多名，90%为住宿生，学生全部享受三免一补等优惠政策。学校共有教师 36 名，平均年龄 26 岁，全部由教育局分配到此工作，由于条件极为艰苦，留不住教师，工作两年的老师，几乎全部想办法调走，这就造成教学传承的断代和课程改革的原地踏步。现在通过与深圳等发达地区开展牵手行动，学校正在全力打造有效课堂，以提升教育教学质量。

五、王树坤（四川省广元市利州区白朝小学）

广元市利州区白朝小学，位于利州区西部边陲的白朝乡境内，覆盖全乡 13 个村社 146.25 平方公里。学校现有教学班 10 个，学生 97 人，教师 30 名。为突破农村教育瓶颈，将农村微型学校的"小而弱"转变成"小而优""小而美"，破解困扰农村学校发展的"密码"，我校与利州区 15 所微小学校抱团取暖，共谋发展，成立了全国第一个"微型学校发展联盟"，并参研四川省重点课题"农村微型学校联盟发展实践研究"，努力走出了一条有特色、有成效的微型学校发展新路。

晚上，累得我头疼，回想紧张的三天学习，太充实了。只是每天校园临近天黑，就会有成群的乌鸦，让人觉得怪怪的，整得我懒得出门，在屋里整理学习笔记，发现工作量还挺大的，北京也来过 5 次了，景点也没有特别想去的，周末那就待在屋里，继续整理笔记、休息放松、洗洗衣服吧。

第二周之参观考察

今天，天气格外的寒冷，寒风凛冽，吹在脸上让人不胜寒意，可是如此寒冷却依然阻挡不住学习的热情，早8点，就踏上了赴中关村一小参观学习的路程了。果然，深刻体验了北京的"早堵"。9点整，我们准时到达了学校，来到会议室，已经坐满了一部分老师，听说是齐齐哈尔和银川来的老师。我们一坐下，会议就开始了。先是有两位老师分别展示了语文和数学的说课，两节说课的时间都是十几分钟，集中凸显了大单元主题备课，而且对不同版本中对本节知识的教学目标、重难点、情景创设等方面进行了对比，沟通其之间的联系。备课采用了深度学习的表格表达式，主要分为三大块：教学问题、学生活动和嵌入评价。说实话，这样的说课对我来说刚开始听是有点蒙圈，学习的压力陡然升高。然后出去观摩了升旗仪式，风呼呼地刮着，师生们的仪式感丝毫没有减弱一点，准备非常充分，也非常规范。升旗仪式内容丰富，内涵深刻，意境高远，以人为本。通过孩子们自己的演绎，形成的触动心灵、以俭养德、以俭为荣的思想信念肯定会种植在每一名学生的心田。

中关村一小几乎是目之所及处皆文化皆熏陶，每一面墙壁都会说话，特别是楼梯，几乎利用了所有的空间。学校文化犹如空气，无色无味，无处不在，不知不觉中塑造、激励并浸透着每一个生命体，为儿童成长提供积极的文化氛围、强大的精神支撑和细腻的生命体验。在隐性文化建设上，中关村一小以"做最好的我"为核心价值选择，以葵花精神为校园精神。以"自主发展，主动适应，自我超越"为办学理念，以"会学习、懂生活、敢负责、能担当"为学生培养目标，以"品德成人，学习成才，做事成功"为学生文化。每个孩子都在尽情汲取能量，努力超越自己，实现最好的"我"。

10点，分管教学的胡主任进行了一个业务讲座——《探寻数学单元设计路径 促进教师专业素养提升》，虽然只能听懂一点儿，但是值得所有人在那一直静静地听一个小时。随后的问答互动环节，也是非常精彩，看得出来，老师们非常感兴趣，同时也有自己的思考，问了几个比较有价值的问题：考试情况、备课情况等。由此可见，同仁们都对这个深度学习比较感兴趣。中关村一小"新学堂"自主教学的一个标准：一节好课的标准就是让学生动起来、学进去、感兴趣。四个关注：关注每一天的课堂质量，关注每一学科的课堂教学常规的建立，关注每一名学生习惯的培养，关注每一名学生学业质量的提高。六个"还给"：把学习时间还给学生，把主动权还给学生，把选择权还给学生，把体验权还给学生，把话语权还给学生，把评价权还给学生。

出来学习交流，真有点脑洞大开，可是似乎有些名词还是有些陌生，消化不了……中午，立即从网上买了关于深度学习的两本书，邮寄到北师大的培训中心。学习什么时候开始也不晚！

下午，我们105期校长培训班的学员们在中心一层第一教室由班委主持，进行了主题为"分享办学经验与特色互助提高办学治校能力"的微讲坛。首先是来自浙江省慈溪市第二实验小学的叶海峰校长分享了如何办一所"童心飞扬"的新样态学校。云南省德宏傣族景颇族自治州芒市第六小学的李晓东校长介绍了学校的现状，她希望校长们多为学校发展提宝贵意见和建议。张强校长分享的主题是校园安全工作。他主抓安全工作，安全是学校的生命线，把安全工作放在首位。广西南宁市滨湖路小学的谢小燕校长汇报的主题为追梦的天空分外蓝。最后河北省遵化市东旧寨镇梁屯中心小学的赵红印校长汇报了主题为"立足学校实际，办芬芳教育"的办学理念。以上五位校长的主题报告，让我们对特色教育有了更深层次的理解和感悟。一下午的时间，大家一起学习、思考；一起交流、碰撞；一起收获、成长。

第二周之依法治校

下午，北京市教育学院人事处谢志东处长站在国家法律法规的高度，语重心长地为我们做了《学校依法治校与学生安全的保护》专题讲座。

谢处长以唠嗑儿、拉家常的方式，紧密联系全国各地近年来与校园安全有关的案例，从校内到校外，从课堂到课间，从学生到家长，从老师到学校临时聘用人员，从校内变态分子到马路杀手……让我们每个人都深切地感受到，校园安全事故随时随地都有可能发生！学校管理者的确应该提升运用法治思维和法治方式，全面促进依法治校的能力！谢处长从法治和依法管理、依法治校的基本要求、学校在依法管理中应注意的问题、学校应当依法保护学生的合法权益、学生安全的保护、校园欺凌的学校安全防护等六个大的方面，做了详细、全面、翔实、具体的讲述。

谢处长以大姐姐的身份不厌其烦地告诫在座的各位校长：一定要运用法治思维，在法治之下想问题、做决策、办事情。做校长的一定要做到心中有道，手中有术！面对校园突发事件一定要及时救治。及时就是做到及时做出判断，及时采取措施，及时告知监护人；救治处置要与病情伤情相应，要留存证据。当我们对突发事件判断不清时千万不能轻举妄动。作为校长一定要用法律武器保护自己，要让人人都参与管理，推进依法治校人人有责！

校长依法治校的基本要求是做到守法依规尽责。她还告诫我们，学校面对突发事件时的舆情要做到的原则是：快讲事实，慎讲原因，慎下结论！她建议学校要做到：及时汇报，请示口径；了解实情，心中有数；公开信息，统一口径；及时收集有力证据！就保护学生的合法权益看，我们原来那么多的惩戒竟然是违规或者违法的！联系到学生安全的保护，就设施设备、公共卫生安全等方面，我们听完不由得提心吊胆！校园安全真的要把没事当有事对待了。针对校园欺凌，谢处长再次列举事例，告诫我们学校应该做到建立早期预警机制，事中处理和事后预防补救措施。近三个小时的讲座，谢处长联系实际，结合法律法规，举事实讲道理，深入浅出，通俗易懂地告诫我们：安全教育务必做到防患于未然！校长一定要学会用法律武器保护自己！要梳理所有的安全管理职责，建章立制，把责任分解到每个人身上！坚持依法治校，规范学校办学行为，提升校长应对校园安全管理水平，构建法治校园、平安校园、和谐校园势在必行！

从课间校长们热切地围着谢处长问这问那的热情劲儿可知:推进依法治校，确保师生校园安全，的确是校长们依法办学很关键、很令人头疼的事儿！安全重于泰山！呵护每一个生命个体，让孩子们度过一个幸福祥和健康平安的小学生活，是每一位校长、教师以及广大家长所最为追求和向往的！

为了更多地实现资源共享，促进各个地域不同特色、不同方式的办学特色、办学理念、办学规模、办学经验得到更好地交流、碰撞、互融，从今天开始将陆续推出由参与培训的校长们做主持、介绍的 20 分钟的校长微讲座。

第二周之教育现代化与经典

11 月 20 日上午，我们山东曲阜师范大学的优秀学子代表武法提（现为北京师范大学教授、博士生导师、教育技术学院院长）分享了基础教育信息化发展的历程、趋势和挑战，让我们认识到教育的现代化必须是教育的信息化。在教育信息化发展历程上，国家从 2001 年起，先后发布 10 多个文件予以推进，虽然在网络平台建设，大数据积累等方面发展迅速，但在资源利用上还比较欠缺，教师信息素养亟待提升，教育信息化工作的推进任重道远。结束后，几位校长围着武教授说这问那，吐槽电教馆提供的学习资源不招老师们的喜欢，原因在哪儿？老师们迫切需要的又是一些什么，包括硬件和软件，聊得很带劲儿。武教授说非常希望听到一线老师们的心声，为一线老师解决实际困难，这让我们都很感动。

北京的初冬，前两天还北风呼啸，寒气袭人，今天却阳光普照，暖意融融。北京师范大学教育学部国际与比较教育学院教授、博士生导师、全国比较教育学会苏霍姆林斯基研究会秘书长——肖甦老师主讲《"让经典说话"读书会》。11月20日下午，在北师大校长培训楼，来自祖国四面八方的校长随着肖甦教授对苏霍姆林斯基教育思想的娓娓讲述，心境恬然，思想驰骋，犹如置身于现场般与大师进行了一场对话，甘之如饴，濡润身心，回味悠长。

这可是学习研究苏霍姆林斯基绝佳的时机，据班主任曹婧主任介绍，肖博士可以说是中国研究苏霍姆林斯基的第一人！可以想到与会者是多么荣幸了！肖甦教授是乌克兰国家级教育奖项"苏霍姆林斯基奖章"获得者，她以《走进"活的"教育学——苏霍姆林斯基和谐发展》向我们介绍了从"鲜活的人——教育学就是人学""鲜活理论和实践鲜活""教育的活水常读常新""鲜活的生命力穿越时空"四个方面解读了苏霍姆林斯基的教育思想，引领着我们一步一步走进苏霍姆林斯基的教育教学世界，让我们在短时间内对苏霍姆林斯基这位享誉世界的大教育家，普普通通，平凡而伟大的校长、世界上教育著述最高产的普通学校的校长有了清晰和全新的认识。

关于苏霍姆林斯基给教师的一百条建议曾在十多年前我就读过的，这些年曾推荐给青年教师读读的。说实在的，他的一些话语早已忘得一干二净了。记得当年读过之后，只觉得他是那个时代特有的产物！他的对教育执着的追求和博大的情怀，的确令人怦然心动！他的以儿童为出发点的对所有儿童的博大的爱，也曾与我的教育人生价值观是那么相似！细细想来，这二十多年来，自己在教育教学中的许多做法和想法还是蛮和苏不谋而合的！（牛皮吹得有点大，其实只是略懂皮毛而已）当然啦，毕竟自己的局限性还是非常大的，尤其是缺乏他睿智的思想认识和高度凝练了的教育思想！然而今天，当听了肖博士的介绍，相信我们每一个与会者都对苏霍姆林斯基有了新的认识，或者提升到新的高度！

诚如把教育学看作是人的教育；教育必须培养人性、培养德行！教育必须关注人的和谐发展！教育必须重视人的非智力因素；和谐发展是一朵花，德智体美劳各育同是其上的花瓣，任何一个花瓣的损坏，这朵花就不再美丽！和谐发展的人必须是物质和精神财富的创造者、享用者、鉴赏者和保护者、参与社会活动的公民、新家庭的建立者（未来的父亲和母亲）！要给学生一杯水，教师就要开凿一个泉眼！……这许许多多的教育智慧哲理性的语言，在今天看来，句句经典，处处新鲜！

就我个人而言，我觉得在苏霍姆林斯基的身上我们需要学习和践行的有两点。

首先是思想上，要体会到的是他博大的爱！把对教育、对学生深沉的爱、真挚的爱、热烈的爱表现在教育教学和管理的方方面面！他把尊重、呵护、唤醒每一个学生生命个体作为教师最起码的道德准则！因为有了爱学生这样的基础，所以他的所有教育思想、教育行为都是用心灵唤醒心灵，用灵魂塑造灵魂！所以我觉得，我们首先要学习他做一个人类灵魂的塑造者！那如何尊重学生，呵护学生，唤醒学生，因材施教，有教无类，将是为师者今后及很长一段时间必须做的功课了！

再次，我认为他是一个学者型专家型的教育践行者。我们读苏霍姆林斯基的专著和话语，往往能感受到，他的每一句话都是源于实践的，都是对教育教学和学校管理的思考、探索、分析、判断和改进。他从教二十多年，教学不止，笔耕不辍，探索不停！他在不断地思索，研究，实践，反思，总结，再实践，再总结完善……就在这经年累月、周而复始的教育教学中，不断地更新和完善着自己的做法和教育思想。从他的身上，我们需要学习的就是这种坚持、这种毅力、这种从实践中来又到实践中去的工作作风和工作精神！也就是要做思想和行动的巨人！学习他，更重要的是要付诸实践，以自己对教育的那种爱，用自己坚持不懈的努力，让苏霍姆林斯基的教育思想落地！只有落地，方能生根、发芽、开花、结果！

在今后的教育教学实践中，我一定要学习、践行苏霍姆林斯基"活的教育学"思想，做一个有爱、有情怀的教育人，做一个为孩子终身全面健康、和谐发展奠基的引领者，做一个促进学校、教师、学生共同发展的积极促进者和践行者！同时，我也将带领和组织老师们学习苏霍姆林斯基的教育思想、教育行为，努力做学习型、研究型、学者型的教师！以细节为抓手，从大处着眼、小处入手，引领全校师生和广大家长，积极打造师生和谐共处、共同发展、幸福美好的精神家园！

最后，引用苏霍姆林斯基的两句话做一总结：要成为孩子的真正的教育者，就要把自己的心奉献给他们！教师的最高艺术就是善于引导孩子把自己的精神力量用来为他人创造欢乐。

第二周之遇见大咖

——站在教育的终点看起点 教育就是教孩子怎样做人

上午，张教授以丰厚的学科素养，灵动的授课方式，诙谐幽默的语言魅力，为我们奉献了一场非常精彩的接地气的精神盛宴。教授的演讲一改大讲堂的古板和高冷，将难懂的名词术语、原理、原则融于丰富多彩的活动中，在琅琅的笑声中感悟，在专注的神情中思考：如何做一个智慧的校长，提升我们的领导力、行动力、管理能力以及自我心理调适和高效沟通力。一个个生动的教育案例展现了别样的课堂，诠释了理论与实践相融合的教育智慧，这是学习以来很放松很愉悦的一上午。

下午，在第六教室倾听了北师大十佳名师钱志亮教授的讲座——《教育的逻辑起点——人性善与恶的视角》。他是北京师范大学十佳教授之一，曾经给国家领导人讲过课！今天有幸能听到钱教授的讲座，真是三生有幸！正如他说的，说不定你们这一辈子都没有可能再听到我的课了！那级别我想地球人都懂吧！这是我迄今为止听到的最精彩的一节课。一位大学教授站着讲了三个多小时，而且讲课期间没喝一口水。最打动人的是130余人听课的教室，他能走到教室中央去讲，关注后面的学员，互动都是躬下身来和坐着的学员校长们对话。

钱教授渊博的学识，旁征博引，把古今中外的文明史穿成一串，严谨的逻辑思维，巧妙地从古今文明的善恶中，推导出教育的起点在哪儿。他从人性善恶假设出发，结合人类历史上文明的兴与亡，找寻教育在"中国梦""依法治国""深化改革"等时代大背景中的正确定位，以澄清教育的使命。

课堂上时而爆发出雷鸣般的掌声，时而所有人都在思考，时而钱老师和我们积极互动，或回答问题或击掌祝贺。听到动情处，我的眼角都湿润了。听完他的讲座，我深深感到作为一个教育人，我们承担的是国家兴亡的使命，要真正发挥教育在新时代中国梦中的作用。少年强，则国强；少年智，则国智。教育就是要扬善弃恶，培养合格的建设者和接班人。

钱教授指出，既然人性善恶兼有，教育应该怎么做？教育可以教孩子辨善恶、知对错、明荣辱、懂廉耻。教育可以通过约定俗成、规则规范、纪律法规去限制人性中的恶！教育可以通过人文关怀、精神传递、德育养成来弘扬人性中的善！因此利用有限的学校教育时间，教下一代一些只有面对面时才能习得的东西：道德、情感、态度、价值观。这就是文以载道、文道合一、以文化人、文而化之。这就是现代学校教育定位。这样的定位恰好解决了习近平总书记在2018年9月10日全国教育大会上提出的，为谁培养人，怎样培养人，培养什么人的问题。教育必须传给下一代的是普适道德：真诚、善良、勤奋、谦逊、正直、廉洁、仗义、秩序、节俭、有度、认真、果敢、冷静、礼貌、仁慈、博爱、守信、自强不息、坚韧不拔——上善若水，厚德载物。这些也正体现在社会主义核心价值观：富强、民主、文明、和谐；自由、平等、公正、法治；爱国、敬业、诚信、友善当中。

听到这些，心里真是五味杂陈，感慨万千，不能不让我们思考，片面地追求分数，缺失道德的教育是失败的教育，高分数低道德的人，对社会造成的危害会更大啊！才的不足可以由德来弥补，德若有伤，才越高、害越广。"教"的目的是"育"，"教"是技术层面的，"育"则是价值层面的，后者赋予前者以意义。当把"育"从教育中抽掉之后，"教育"也就不折不扣地沦落为训练与操作了。由此可见，缺少了"育"的教育，不是教育，只是完成技术层面的训练，孩子们就成了迎接考试的机器。学校就成了批量生产的工厂。我们完全忘记了人的成长需求，忘了对孩子一生负责的教育追求，听了这节课大家都会有一个重新的思考。

两千多年前的曾子在《礼记·大学》就提出：大学之道，在明明德；在亲民，在止于至善。时到如今，我们是否还能听到先贤的声音。习近平总书记在北师大讲话时，提到管子的名句，国有四维，一维绝则倾，二维绝则危，三维绝则覆，四维绝则灭。党的十九大报告指出教育的根本任务是立德树人，简单地说我们是要教孩子们怎么做人。最后他站在国家教育定位的高度，联系几代中国领导人的治国方略，结合国家领导人对人性善与恶的认识发展史，非常明确地指出，教育一定是扬善抑恶乃至去恶，教师不能做经师，更不能做业师，一定要做人师！教育务必是人的教育！而对人性中善与恶的教育务必要以文化之，文而化之！

的确，听着钱教授慷慨激昂、义正词严、激情澎湃的演讲，每一位听众都从内心深处不停地打着激灵！我们也在不停地叩问着自己的教育教学和管理方式！我们的教学有没有把扬善抑恶作为教学的最终目标呢？我们有没有紧紧围绕国家新出台的教育发展改革纲要关于人才培养目标的要求和标准去落实呢？我们所培养的是社会主义事业的建设者和接班人吗？我们有没有重视德智体美劳的全面发展呢？我们教育教学的根本任务是不是真的做到了立德树人呢？……

教授PPT的第一页就写着"国家培训用的是人民的血汗钱"。这样一句话，更让我感到此次培训弥足珍贵，他还说只有国培才会请到他来讲课。难得的学习机会，让我不能不思考，不能不反思，从理论到实践再到理论，做校长真是要不停地学习，理论结合实际的高度要提高，理性化梳理总结，用人类学观察研究的方法去研究，不断提升办学能力。

整个讲座过程中笑声、掌声此起彼伏，不绝于耳！无论是课间休息还是讲座结束，学员们争相合影的场面，无不令人感动！把这几天的培训学习推向了高潮！

第三周之核心素养

上午，我们105、106期的校长们在第六教室聆听了国家督学、北京开放大学校长、博士生导师褚宏启教授做的主题为"学生核心素养及其培育——教育发展方式的转变"的专题报告。

褚教授先从我国国民素质的短板谈起，接着解析课程为什么要关注核心素养，然后围绕如何确定学生核心素养的框架，聚焦成两个核心素养，最后围绕培养什么人、怎样培养人的问题，详细讲述了如何培养学生的核心素养。

他的讲座，既高屋建瓴又能和老师们的教育教学现状相契合，让我们对学生核心素养的概念、内涵，相互间的关系、操作策略等更加明晰，也对核心素养的落实有了更进一步的认识。

褚教授首先从"核心素养是什么？我国大中小学生最缺的是什么？我国国民素质的短板是什么？"这三个问题入手，重点围绕我国国民素质的短板问题，告诫我们，依靠渺小的个人是不能完成伟大事业的！而渺小的个人是缺乏主体性的人民。现代社会的典型特征是人的主体性！人的主体性又表现为人的积极性、自主性、创造性！

褚教授以诺贝尔奖为例，以科技创新能力为例，让我们不仅感慨万千：韩国、日本、德国的创造力排在世界前三位！而中国排在22位！中国自然科学类诺贝尔奖只出了一个屠呦呦，而日本从 2000—2016 年就出了 25 人，其中科技类 22 人！

天哪，这是怎样的差距！我们不得不感到我国教育质量所面临的严峻挑战！我们国家的学生发展太片面了，和韩国，日本，德国等国家相比，尽管我们的分数上差别不大，但从能力上却相差甚远。创新能力的确从根本上影响甚至决定国家和民族的前途命运！不然，国家怎么会迫切地呼唤培养高素质的、具有创新精神和实践能力的人呢！

在明确指出我国国民素质的短板是创新能力的严重缺失后，褚教授举例说苹果手机尽管写着中国制造，但分红却是美国等国，中国只拿到百分之四左右！让我们再次意识到知识经济时代的国家竞争本质是创新之战！他呼吁校长们在学校改革中用一用减法甚至除法，千万别自己整自己！落实好国家课程、地方课程的校本化！

就如何确定学生的核心素养问题，褚教授站在时代的高度，国民核心素养的高度，根据国家核心素养先是提炼出六类素养：创新能力，批判性思维，公民素养，合作与交流能力，自我发展素养，信息素养。他把这六类素养称为 21 世纪的"新六艺"！

核心素养是行为素养，行为能力，是知识、技能、态度的整个超越！他认为核心素养是面向人人的国民核心素养，是重要的且高级的共同素养。他提出六种核心要素，然后对比中国核心素养，将其凝练为三种素养，分别是创新能力，批判性思维，合作的能力。最后再浓缩为两个素养，那就是创新+合作，被称为两大"超级素养"。培养学生的创新能力就是培养学生的智商，让孩子有一个聪明的头脑；培养学生的合作能力，就是关注孩子的情商，让孩子拥有一颗温暖的心。同时，我们的学校教育还要关注孩子的身体健康，让他们保持一个健康的身。而核心素养的关键、核心则是创新的能力。

他强调根据目前教育现状，我们的教育要紧跟时代的要求和呼唤，实现工作重心的转移，着力培养学生的社会责任感、创新精神和实践能力。当明确了核心素养的高级素养后，褚教授就如何培养学生的核心素养做了详尽的论述。他围绕培养什么样的人，怎样培养人，提出：一是围绕核心素养开发课程体系；二是围绕核心素养改进教学方法；三是教师素质提升是培育学生核心素养的关键；四是通过评价推进学生核心素养的培育。在这方面，作为校长，一是要定方向，做灯塔；二是要明确我们学校要培养什么人，这尤为重要！因此，他呼唤校长们一定要与大时代融为一体，做一个具有现代精神的现代校长！学校课程越准越好，一定要把国家课程地方化。

他指出，课程的原意是跑道，要和核心素养对接。我们必须改变教法，首先改变教师，改变评价。教学方法必须使用启发式、探究式、讨论式、参与式教学，引导学生学会独立思考、自由探索、勇于创新，进而转变学生的学习方式为发现学习、合作学习、自主学习。他指出，培养核心素养，教法比教材更重要！

要实现教育方式的转变，就必须实现学的方式、教的方式、管的方式的转换。针对我们学生评价、教师评价的误区，他指出，我们过去把听话的、成绩好的学生看作是好学生。因此导致了中国的教育是最不宽容、最不包容的教育。根据核心素养和时代要求，他提出目前我们对好学生的标准，好学生一定要能创新，有一个聪明的大脑；聪明，就能取得好成绩。好学生一定要善于合作，有一颗温暖的心。善于合作的孩子，一定会听话、守规矩。教育评价应倡导绿色教育、绿色分数。让学生乐学、会学、学好；让教师乐教、会教、教好；让管理者乐管、会管、管好！

就教育管理改革，他谈了很多，而一个核心的理念就是：民主和自由！就教育的民主管理，他指出自由是创新的基础。人在被动状态下是缺乏活力的！而我国的教育缺少的就是自由和自主！包括针对学生学习的自由权、教师的教学自由权、学校的办学自主权。

他指出，没有选择就没有自由。选择是为了满足其兴趣和爱好，只有基于浓厚兴趣的人，他的智力水平才有可能达到智力的极限！而激励和利诱、威胁等，则是不能激发人的潜能的！学校教育一定要给孩子提供丰富多彩的课程，给学生留下自主的时间和空间，给学生更多的教育选择权！作为学校领导者，一定要充分激发和调动教师的爱心、热情、智慧和勇气！而这一切正是办好一所学校最重要的资源！过去的办学，在很大程度上，没有一个宽松的环境，没有一种尊重的氛围，没有一种民主自由的体制和机制做保障。学校最重要的资源就是精神资源！过去是考得好、管得严是好学校；目前已经不是这样了，一所充满活力的、能调动师生潜能的学校才是好学校！

是的，教育最重要的价值，就是点燃学生的生命之火！而要点燃学生的火，就必须首先得点燃学生的培育者——教师热爱教育的生命之火！让学生乐学、会学、学会、学好。教师乐教、会教、教会、教好。管理者必须乐管、会管、管好！只有把人当人看，营造自由、民主的管理机制，才能有效助推学生核心素养的提升，学校教育教学方式的转变，积极培养学生的创新精神和实践能力，使他们具有聪明的脑、温暖的心、健康的身、勇敢的心！目标是明确的，道路是光明的，前景是美好的，然而要实践起来还是会糊里糊涂，说不定要走许多弯路的！

最后用罗曼·罗兰的一句话作为结语：世界上只有一种英雄主义，那就是在认清生活的真相后依然热爱生活！

下午是学员毛笔、硬笔书法交流，尽管我满嘴溃疡、疼痛难忍，但是我依然认认真真地交上了硬笔作业，多谢广东的黄校长借给我一支钢笔，写得还比较满意。

每天晚上都整理到 11 点多，今天就到这里吧，吃药洗漱睡觉。

第三周之课程

在学校工作，天天都在和课程打交道，老师教的是课程，学生学的是课程。那什么是课程呢？今天听付宜红教授带来的讲座《以课程建设引领学校内涵发展》，我才觉得把课程真正搞清楚了。

国家课程体系分为三部分，分别是国家课程、地方课程和校本课程。国家课程又分为学科课程和综合实践课程。

把课程体系理清楚后，随着付宜红教授的讲解，我又厘清了下面这些内容。

一是在基层学校，我们经常感到非常困惑，一周的课时总数是固定的，但教育行政部门要求法治教育、禁毒教育、安全教育等进课堂，哪里有这么多的课时来安排这些课呢？今天明白了，地方课程、学校课程占课程总数的 16%～20%，学校在实施这些课程时，应该灵活操作，既可以每周都上，也可以集中到期末一起上，最后算总账。

二是在创卫工作检查时，要求学校开设健康教育课。这门课的归属、由谁来上，也是一直困扰学校的问题。通过今天的学习，清楚了这门课程应该整合在体育课程中，体育教师要在体育课教学中渗透健康教育，室内体育课中可对学生进行健康意识和健康习惯的养成。

三是对课程的开发和整合的理解更加到位了。学校开发一门课程不是随意的，不是说随随便便就可以把任何一项活动称之为课程。是课程，必须要做到"六有"，即有课程实施纲要、育人目标、教学内容、课时安排、课程评价、课程管理。学校对课程的整合，不是为了赶时髦、追热闹，需要从课程整合的目的出发，做到"一加一大于二"。

四是对综合实践活动课的认识更加明晰了。综合实践课是国家课程，一定要开好上好。我们所说的研学旅行和劳动教育都属于综合实践活动的一部分。实践活动课程一定要放开让学生自主地去学习、去探究。而学科中的综合实践活动课要突出学科特点。比如同为书法教育的内容，语文课程中的书法课，重在指导学生书写正确、规范，而美术教学中则要求书写具有艺术美，它们的教学内容和目标是不一样的。

第三周之感想

弗兰克尔说："生活不是像弗洛伊德所说是追求快乐，也不是像阿德勒所说是追求权力，而是追求意义，意义来自有用的工作、爱，以及艰难时刻的勇气！"参加2019年教育部小学骨干校长高级研修班，让我对这句话不仅有了更加深刻的理解，而且通过这些天的学习和相处，专家教授、班主任、同学们都用自己的行动把这句话做到了最好的诠释！

精心安排：教育部小学校长培训中心精挑细选，邀请来的专家教授个个不同凡响，专家讲座如春雷似醍醐灌顶，让我们收获颇丰，脑洞大开。为我们梳理了目前学校工作如课程建设、核心素养、学校文化、学生安全、精细化管理的实操，家校沟通等方面面临的诸多困难和困扰；同时，从中华民族的历史中去追寻教育的起点到底在哪里，教育的未来指向又在哪里，专家教授带给我们深深的震撼和思考，并一一给我们做了详尽的回答，引领我们以更加坚定饱满的教育情怀和坚定的方向付诸教育实践当中。

明明老师每天的叮咛和关心，犹如冬日的暖阳，柔柔地照进心间，暖及全身。每天一句励志的人生感悟，给予我们满满的正能量，让我们遇见更好的自己。还给我们及时提供便利，参与北师大丰富多彩的学生活动，大学生辩论赛，附中学生的话剧表演，让我们体验和重温了一把学生的幸福，充分领略了首都当代大学生和中学生的风采！

静心学习：北京是个古老又现代的大都市，但我却无心流连于美景美色。我沉浸在所仰慕的浓厚的大学文化氛围里，每日每夜地潜心沉思、整理积淀成了我这一个月的轨迹，周末泡国家图书馆成了我最愉悦的事儿，这次培训我是如此的安宁。因为培训规格高级，安排组织严密，教授水平非凡、思想内涵前沿、态度谦虚认真，同学中高手如云，因为我们代表的是国家级队员。这次培训让我享受到了顶尖级教育文化的盛宴，为我打开了一扇窗，呼吸到了更多的新鲜空气，看到了从未看到过的世界……兄弟学校，不论是不足 100 人的小学校，还是几千人的大学校，不论是经济发达还是祖国最偏远的地区，不分工资高低，不分条件差别，"苔花如米小，也学牡丹开"，各位校长同学都怀揣着一份浓浓的炽烈的教育情怀，竭尽全力地把自己的学校工作做得有声有色，把每天的培训学习生活过得争分夺秒，挑灯夜战，不辱使命，不负一个个当下。

团队活动积极参与、主动交流，学员分享各美其美、美美与共，小组沙龙敞开心扉、真诚探讨，课余时互帮互学，生活上点滴照顾……同学们一路走来，收获了知识，增长了能力，建立了深厚的友谊！

敬重感恩：非常感谢教育部小学校长培训中心的精心安排，倾情付出。为我们诚心邀请到了钱志亮、王炳林、褚宏启、洪成文、毛振民、赵春明等国家级大师，他们丰厚渊博的知识建构、高屋建瓴的思想意识、治学严谨的学术风范，甚至一颦一笑一投足，形成了独有的人格魅力，很好地诠释了"学为人师、行为世范"的北师大校训，我不仅领略了大师们专业的深度、宽度和高度，更让我们从他们潜心治学、为人做事的举手投足间感到了大师的温度和人格的魅力，让人不得不敬仰和赞叹！引领我们更好地担当起新时代的教育重任。

同学群里藏龙卧虎，人才济济，或多才多艺，或意气风发，或勤奋踏实，或默默担当，或分享智慧，或热心相助，或指点江山，或激扬文字，激励我更加勤奋刻苦地学习和工作！

一颗狭小的心，有浩浩荡荡的学子，有多情的土地，有伟大的祖国，胸怀就会无限宽广。生活在这个时代是我们的幸运，能在这个时代做着自己内心喜欢的教育工作是一种幸福，不为名，不为利，我们每天的工作就是为了能够更好地去安放我们的教育灵魂！大学之道，在明明德，在亲民，在止于至善。专家对我们的影响，犹如蓝天下的阳光，和煦春风般潜移默化，"随风潜入夜，润物细无声"。作为学校的掌舵人，我们必须要对学校教育的终极目标"培养什么样的人，为谁培养人以及怎样培养人，由什么样的人来培养人"等问题有充分的理解，学善于思，学贵于用，回去后一定要用自己的实际行动向深爱的祖国、亲爱的党和人民，交出一份合格的答卷！

王玲

第二编　教师成长四计之"思"

教师是实践者，更需要在实践中不断思考，总结反思教学，关注育人困惑，回应教育热点，成为一根有思想的"芦苇"。

他不仅会教书

近日，我阅读了李镇西老师的《重读陶行知》一书，其中的两篇文章让我不禁想起了我上初中时的一位老师。

李老师在《看他开花，看他成熟》中写道：

2018年8月，应学生的要求，我为他们上了一堂退休前的"最后一课"，不同年级的学生都来了。从几年前毕业的"关门弟子"，到已经年过半百的第一批学生……180个座位的阶梯教室，挤了400余人。

一位好教师对孩子的影响是终身的，是令人难以忘怀的。

在《要想学生学好，必须先生好学》一文中，李老师描写了三位学历不高却饱读诗书、学养厚实的教师：钱梦龙、黄玉峰、马小平。他们为学生打开了通往知识殿堂的大门，帮学生找到了通向外面世界的道路，启发了孩子的心灵，让他们知道了学术的广博、思想的高深值得终身追随。

其实，我也有这样一位令人难以忘怀的好老师。那时候，我在家乡一所联中上初中。所谓联中估计就是几个村联合举办的初中学校吧。记忆中只有两到三排平房，还有几个乒乓球案子加上一个不大的夯实了的黄土操场。那时候老师的学历也似乎都不高，几个中师毕业的教师就算高学历了，还有相当多的民办教师。戚汝润老师应该便是其中一位民办教师吧。但是他给我的印象却是最有学问的一个，也是最值得敬重的一个，让我至今想起来感激不尽。

大约是刚开始学习几何证明题时，我常常膜拜地看着戚老师从一本颜色发黄的习题集中找出一道题目来写在黑板上，让我们做。他神神秘秘的样子让我感觉就像面前摆着一个巨大的"猪头肉"，非常有诱惑力，张大嘴却又难以下口，有时候抓耳挠腮半天，也觉得这些题目看起来几乎没有办法证明，于是简单一句话安慰自己：这道题目错了！每当有人能脑洞大开，给出了答案，大家立即崇拜到五体投地，仰视他，然后恍然大悟：哦，原来如此！当大家都无法完成时，戚老师就会启发我们在哪个地方做条辅助线，回忆一下某个知识点，或者某个曾经做过的题目……于是我们就手忙脚乱地在纸上画图。看似无解，经过这样一番努力竟然迎刃而解了！这些极具挑战性的题目让我觉得几何这门学科真是太神秘了，太有意思了。我曾经以为这是戚老师手中的一个百宝箱，就像街上变戏法的那样，随时拿出来吸引人的。再就是书里面的题目肯定有现成的答案，要不他怎么看起来那么胸有成竹？有一次当他在身边坐下辅导时，我趁机拿过来瞧了一眼，发现什么也没有，就是一些各式各样的题目和图形，大失所望之余就更加觉得老师了不起！因为这些题目从来没难住他。他在数学方面真是得心应手了。

不过，戚老师可不是只会教数学的。他还教我们植物课、动物课（那时候没有生物这门课，动植物分开学）。最重要的是他不是像有些老师那样照本宣科地读教材，而是给我们讲解其中的原理，像什么"目"、什么"属"、什么"纲"这类的知识，让我知道了这些花花草草、牛羊猪马竟然有这么多说法。他是不是有时候也利用仅有的那点实验器材给我们做些演示实验？这个记不清楚了，只记得老师的知识很广博，很全面。每当有国际国内的大事发生，学校里就会组织学生到操场里听形势报告，这时候最佳的主讲人就是他！从《参考消息》讲到世界大局，从《人民日报》讲到国内形势。这样的机会不多，这些新鲜事我们也很少能知道，所以每次逢上这样的机会，我就瞪大眼睛，竖起耳朵，盯着戚老师，生怕漏过一个词一句话。原来世界上这么大，这么复杂，有这么多有趣的人和事，有这么广大的天地需要我们去探索、去认识、去作为。

每当放学的时候，我就期盼着和老师一起步行回家。那一段步行的路程上老师会讲些课本上没有的知识，课堂内听不到的观点，从国内到国际，从当下到未来，从同学到人生……这些我们的父母不知道，其他老师也未曾讲起的知识，给我们打开了一扇又一扇通向未来的门，让我们仰望到一座又一座殿堂。记忆最深的事是放暑假的时候到戚老师家中漫谈。夏天的夜晚，有时候也许是秋天的晚上，好像那时候秋天也放两周的假期，借着月光或者星光，我们几个学生围坐在他家的院子里，谈天说地。师母常常沏了茶，边干农活边在一旁插话，听到感兴趣之处，她就会说："别听你们老师瞎说！"我们想帮她干点活时，她就会坚决拒绝，要我们好好听老师讲话。现在，我也想不起老师都给我们讲了些哪方面的内容，但是却依然难忘那一个又一个夏夜秋晚。聊着聊着，夜就深了，我们几个走出老师的家，觉得眼前的路特别的亮，通向遥远的未来。我们也经常说："咱们这样来闲谈，会不会耽误老师干农活，下次还是别来了！"但是，过一段时间，我们又不由自主地再去拜访戚老师。他就像百科全书，让我们知道了世界是个万花筒，新奇又生动；他就像收音机，让我们感知到外面的世界；他就像宣讲员，给我们讲了许多做人做事的道理；他就像人生导师，帮我们解决了许多心中的疙瘩；他就像播种机，给我们心中种下了许多希望的种子……

　　韩愈说："师者，所以传道授业解惑也。"戚老师就是不但能教书更会启迪学生的人师。他对我的教育终生难忘。借用郑燮的一首诗来表达对老人家的敬意！

　　新竹高于旧竹枝，

　　全凭老干为扶持。

　　下年再有新生者，

　　十丈龙孙绕凤池。

　　等有机会，盼望再次听戚老师"上课"！同学们准备好了吗？

李延安

是谁忽悠了她

我家楼下就是一间理发店。老板娘嘴甜，手艺不错，人缘也很好，所以自从我搬过来居住就在她的店里理发，时至今日已经近 20 年了。她的丈夫起先开出租车，后来觉得很辛苦就把车租出去了，自己又找了一家单位当司机。这样加起来，她们一家的收入应该可以，但也不是特别富裕那种。

记得大约是 2008 年，她的孩子要上小学了。我去理发时，她咨询我去哪所小学好些？我根据她的经济情况和家庭住址推荐了附近一所小学。但是，她们两口子觉得孩子教育是一件大事情，必须得重视，必须得把孩子送到名校去读书，接受最好的教育。于是，经过千方百计的努力，估计也花了钱，终于把孩子送到一家著名的小学。当我再次去理发时，她很骄傲地告诉我，孩子去了××名校。看那样子，她很自豪，觉得特别有面子，也觉得自己孩子的身价倍增。我无语。

一年后的一天，她就非常焦虑地告诉我，因为她丈夫很忙，她自己在店里招呼不过来，就让孩子天天自己乘公交车上下学，中午在小饭桌，下午回到理发店写作业。孩子根本无法安心学习，所以成绩不行，跟不上趟，经常被老师批评。她询问我如何让孩子认真完成作业，如何提高成绩？我看着她那间狭小的理发店说."孩子需要一个安静的学习间，在这里不行！""那能去哪里呢？他自己回家也不行，家里没人，不放心！"这是个问题啊，于是我就安慰她别着急，现在才上二年级，慢慢来吧。

再后来，我去理发时，就多次听她讲孩子成绩差、写字不认真之类的话。她利用假期和周末给孩子报了这样那样的补习班，效果也不行。本来经济条件不宽裕，现在是多花了不少冤枉钱，却没有什么作用。进名校和学习成绩好，岂能画等号？而且，名校里面好多学生的家长重视程度高，像她这种忙于生计的家长不能有效地配合，孩子就面临更大的压力，容易遭受挫败。但是这个道理，我怎么讲她是不听的，虽然孩子成绩不好，但她还是觉得名校好！呜呼！

转眼间，她儿子小学毕业了。再次面临着上哪所初中的问题。虽然她对我的话是听不进去的，我说了也等于白说，但是她还是问我的意见。我也搞不懂她是什么心理。听我发表完"高见"后，她说："××中学去孩子班里宣传了，它们是本城最好的学校！而且他们学校早上6：30就要求学生到校上课，中午可以在学校吃饭，晚上还有晚自习！孩子回来说了，他要去这所最好的初中。人家还得入学考试呢！可不是谁想进就能进的！"我再次哑然。

大约到了这一年的8月底，她兴奋地告诉我："李哥，你想不到吧？咱儿子考上了！"我立即表示祝贺！我怎么能打击她的热情呢，而且让孩子去名校读书是人家全家的希望啊！她接着说："虽然民办学校收费高，但是咱可不能因为这点儿钱耽误了孩子的前程！你说对吧？"我点头称是，给她竖大拇指，为她宁可自己"吃糠咽菜，也要把孩子托进名校"的大无畏牺牲精神点赞。

如我所料，她儿子的成绩也不如意，又让她多花了四年的学费。一年按照一万八左右计算的话，大约是七万二千元。她得剪多少个头啊！而且，更令人失望的是，孩子的中考成绩也不行，没有达到普通高中的录取分数线。她们两口子很焦急！对孩子也是恶言恶语，十分不满，认为他不争气，不努力，从小学到现在初中毕业浪费了家长的钱！辜负了家长的期盼！我表示同情，劝她别着急，树大自直，三百六十行，行行出状元！后来，我得知他们两口子不惜重金把孩子送到了市外一所民办高中，一年的费用要两三万元，三年高中又得十几万元吧。这种中国式家长，为了孩子敢于砸锅卖铁的英雄气概，让人嘘唏感慨。

前几天，我又去理发，她告诉我："孩子上完了高中，考了个职业技术学院，学了个计算机专业，也即将毕业，从春节前就开始自己打工了，疫情的原因工作不好找，所以又花了两万多元打了眼睛（视力矫正手术），准备去当兵了！"我表示赞同，因为我知道她就是向我倾诉一下。通过这十四五年与她打交道，我知道我的意见她是听不进去的。她现在既盼着孩子能入伍去部队锻炼锻炼，成熟些，将来找个好工作，又担心孩子离家远，在外面吃苦受罪。她说："这孩子打小娇生惯养惯了，真怕他在外面受人欺负。他根本不懂人情世故，不会讨人欢心，忒憨！"她的眼神很复杂。我的心情也很复杂，找不到好词好句来安慰她。

作为一名从教近三十年的教师，我忽然感到自己很无力，其实我早就有这种感觉，只是今天更强烈。为什么当我劝家长根据自己的情况选择就近上学的时候，他们往往认为我无能，没有能力帮他们把孩子送进"名校"。有时候我废了好多口舌，他们也不认同我的意见，反倒露出不屑一顾的神情。为什么当我建议他们不要花冤枉钱去给孩子报补习班的时候,他们对我的建议嗤之以鼻,他们总认为钱没有白花的,为了让孩子学业有成,花钱不能含糊!为什么我说不要给孩子买太多的复习资料、习题集的时候,他们总是认可这样那样的"金点子""百题通",以为水多了自然能泡倒墙……他们总说大家都这样,随大流不会错,义无反顾地追逐着名师名校,追逐着所谓的重点高中,总让人觉得他们是那样的不接地气,不自量力。一向讲求务实,不见棺材不落泪的家长们,为了孩子简直有点浮在空中、不着边际的疯狂。是谁让他们如此?

李延安

不要把自己活成孩子心目中的"名词"

五年前的农历十一月，天寒地冻，我的二伯父死了，我哭得鼻涕一把眼泪一把，非常痛心。一边哭一边想起小时候他教我们认字、写字，计算生辰八字、推算十二生肖的样子，还记得他给我们讲故事的场景，有时候他高兴的时候也会教我们唱几句现代京剧，还能给我们读报讲纸、讲些国家大事。后来听母亲说，他年轻时很时髦，是四邻八乡里的名人，曾担当《沙家浜》《红灯记》等名戏中的主角，我二大娘就是这样看上他的。他也能唱豫剧《朝阳沟》《穆桂英挂帅》之类的戏曲，还差点儿要跑到河南找常香玉拜师学艺呢。确实如此，那时我感觉他在本村是学问最大的、知识面最广的，我至今记得夏天的时候，他拿了一把扇子就像诸葛亮一样摇头晃脑，嘴中念道：扇子有风，拿在手中，别人来借，不中不中。样子滑稽又可爱。

三年前，我大娘去世了，按理说，我也应当哭泣至少也应该做做样子吧。但是，我实在做不到多么悲痛。印象中，我对她的记忆也不深刻。一年前她的二儿子也病故了，凌晨五点多我听到噩耗时当即痛哭流涕，立即请假回家处理丧事。我一边开车一边忍不住地流泪，回想起我们共同经历的点点滴滴。

为什么，同样是身边人，有的人病故了，我十分难受，久久不能忘怀，有的人却无法在我心中激起涟漪？最近，读到了韩少功写的《孩子你为什么不哭》一文，解答了我心中的疑问。文中讲道：

多多的妈妈得了癌症，但"癌症"一词并未让多多面色大变，他甚至目光游移，挠了挠鼻子，揉了揉衣角，不一会儿就去看他的卡通书，在那边"咯咯咯"地笑得拍床打椅。几个月后，多多的母亲治疗无效，死了。多多并没有表现出任何的悲伤。他的爸爸怒斥道：这小王八蛋居然没有为母亲之死流下一滴泪，真是邪了！周边人也都认为他是个没有良心的孩子。后来，大家发现他并不是一个冷血的孩子。多多在给同学的一封邮件中这样写道："我真想像别人一样爱我的妈妈，对我妈妈的死表示悲痛，但我怎么也做不到，我想了种种办法还是做不到，我怎么办啊……"家里一只小狗病死的时候，他伤心落泪，整整一天不想吃饭。家里的菲律宾女佣兰蒂离开时，他失魂落魄的，三天两头就要给兰蒂阿姨打电话，甚至偷了父母的钱去公用电话亭打。

原因是什么呢？虽然他有父母，但是父亲只是每个月为他支付生活费的人，是衣橱里陌生男人的领带和桌子上的肮脏的烟灰碟，除此之外就只是一个没有踪迹的空空的概念；母亲也是一个忙于股票和药厂生意的陌生人，特别是把他送回内地托人看护之后更是变成了一个经常托人捎来大堆玩具、零食、衣物的"她人"。孩子是一心一意要悲痛的，只是"爸爸"和"妈妈"的这两个名词于他来讲毫无感情色彩，无法让他悲痛。

《小王子》中，狐狸对小王子说："对我来说，你还只是一个小男孩，就像其他千万个小男孩一样。我不需要你。你也同样用不着我。对你来说，我也不过是一只狐狸，和其他千万只狐狸一样。但是，如果你驯服了我，我们就互相不可缺少了。对我来说，你就是世界上唯一的了；我对你来说，也是世界上唯一的了。"孩子对爸爸妈妈的感觉来自一个眼神，一声呼唤，一次爱抚，一次野炊，一次游戏，一次生病时的照料，甚至是一句恨铁不成钢的痛骂，一次孩子犯错时的惩罚，一次考试失利后的唠叨……爸爸、妈妈与孩子的链接就是在这样一次次的陪伴中、辛勤养育中逐渐血浓于水的，成为了彼此人生中不可或缺的重要他人。

"你为你的玫瑰花耗费了这么多时间，这才使你的玫瑰花如此重要。"[1]这或许也能解释我们经常看到，有些人对自己的宠物豪掷千金，却对身边的穷苦人无动于衷吧？没有链接，没有情感交互，没有惺惺相惜的彼此"驯养"，即便是父母也成为孩子心中的陌生人，一个叫作"爸爸""妈妈"的概念而已，况路人乎？

在校园里师生之间又是怎样的关系呢？常听到有的教师抱怨学生不懂事，不知道感恩。忘记了是哪一年的教师节，一位班主任就跟我说："这个班的熊孩子不懂事，都是白眼狼，不知道教师节向老师表达……"后来，不知过了多少年，这些已经毕业成人的孩子请客，约了几位任课老师，唯独没有约这位班主任。我很无语。1924年12月，陶行知在《教育与人生》杂志上发表了一篇题为《南京安徽公学办学旨趣》的文章。先生写道："我们最注重师生接近，最注重以人教人。教职员和学生愿意共生活，共甘苦……我们深信这种共学、共事、共修养的方法，是真正的教育。师生有了共甘苦的生活，就能渐渐地发生相亲相爱的关系。"在1926年12月发表的《我之学校观》中，陶行知再次强调师生这种亦师亦友的关系："学校是师生共同生活的处所。他们必须共甘苦。甘苦共尝才能得到精神的沟通，感情的融洽。国家大事，世界大势，亦必须师生共同关心。学校里师生应当相依为命，不能生隔阂，更不能分阶级。"我们的校园里师生之间能够真的相亲相爱吗？能够相依为命吗？好像不能。对此李镇西老师感慨道：一句"学校里师生应当相依为命"，实在是打动了我的心——该有怎样的大爱，陶行知对学生才会有这样的情感？[2]

师爱的"信息"一定要抵达学生的内心，引起心灵触动，才会成为"爱"。这种爱是必然是真诚的，发自内心的，来不得半点虚假。这种爱需要在师生之间一次一次往返互动，相互回馈，彼此温暖，绝不是仅靠单向输出就可以实现的，一定要确保渠道畅通，能收到、可感知。对方收不到的"爱"无法成为"真爱"。这种爱绝不是停留在语言层面的，既需要眼神"发射"，更需要动作"送达"，还需要真心地付出，体现在一节节课堂上，一次次作业批改中，一场场活动里。当我们真正"驯养"了学生，我们就成为了他们生活中不可或缺的重要他人，而不仅仅是一个叫作"老师"的名词。

李镇西老师提醒我们说："那么，每一个老师都应该想想，我给孩子们的未来留下怎样的生命记忆？我给同事们留下怎样美好的回忆？"[3]

李延安

注释：

[1]小王子

[2]《重读陶行知》之"学校里师生应当相依为命"

[3]李镇西.爱心与教育

我们是从什么时候起看不起劳动了

忘记了是什么时间？十多年前吧？S省的高考好像要考一门综合素质课程。某日，我在楼道里捡到了一本书，竟然就是该省当年高考的综合素质教材，感觉到很可惜就捡起来等候丢失这本书的人，蓦然间我想到了四楼邻居的孩子刚参加完高考，就给他送过去了。那孩子一脸的不屑说："叔，这书没有用了，考完了！这里面全是些没有用的东西，扔了吧！"

后来，不知道过了多长时间，听说该省取消了这门课的考试，隐隐约约听说这本书考试的内容对农村孩子不适用，造成了不公平。这本书里所谓的综合素质无非就是些音乐、美术、体育等方面的内容。好像一个人琴棋书画都会了就是素质全面的人了。而恰恰忽视了和生活相关的劳动技术。难道人是生活在空气里的吗？那些如何种庄稼，如何垒房子，如何修桥梁，如何饲养动物……都不是素质？难道不是这些劳动技能在支撑着我们的生活吗？马克思告诉我们，经济基础决定上层建筑。没有生产劳动哪里来的经济基础？我们是不是本末倒置了？

我想起了大约初中时代发生的故事。当时，我刚刚学到了物理课上关于电的知识，什么串联电路啊、并联电路啊、电压等知识让我很感兴趣。一天，父亲说要在院子里接上一个电灯泡，这样的话就可以利用晚上的时间在院子里做些农活儿了。于是，我便自告奋勇地表示要完成这个任务。于是，我去供销社购买了黄色和红色绞在一起的那种俗称"花线"的电线开始施工。初中物理课本上说电流有正负极，且正负极不能接反，必须是正极接正极，负极接负极，电灯泡才会亮起来。我搭上梯子爬到位于房梁的那个电道闸那儿，拧下白色的绝缘部分，却怎么也辨别不出哪是正极、负极，抓耳挠腮琢磨半天，搞了个灰头土脸，汗都顺着脸颊流下来了。这可咋办？最后索性来个不管三七二十一，直接搭上电线再说，然后就记下了黄色的那一根线接在了我认定的"正极"上，红色的接在了"负极"上，顺着这根线又一点一点地将到电拉盒上，电灯泡上，终于把这灯泡给弄亮了。整根电线也因为我是从头到脚捋下来的，全被房梁上的灰烬弄脏了。不管怎样，灯亮了，父亲母亲晚上不用在院子里摸黑干活了，我还是挺自豪的。父亲发现我干得很辛苦，很费劲，就觉得很奇怪，哪个地方不对劲儿，但他也不懂，就问一位邻居。邻居说好像不用区分什么正负极，直接接上电就行。我当时书呆子气十足，犟嘴道："书上就是这么说的！"邻居也不是内行，也说不清对错，只知道我比村里的"电工"干得笨拙。

等我读到了高中，知道了我们生活中的电是交流电，在实际应用中不用区分正负极，只区分火线和零线、地线就行。初中时学到的只是直流电，需要区分正负极。这才恍然大悟，感到有些脸红了。书读得越多，我感觉自己离实际的生活就越来越远了，不知道什么时候起就开始觉得安装电源之类的活计是下层人的低层次的劳动，甚至开始瞧不起这类的事，觉得自己是个大学生了、知识分子了，对这样的粗活脏活更不屑一顾了。其实，这时候，我虽然贵为"大学生"，物理知识也学了不少，甚至连什么量子力学也懂些了，却连个灯泡也接不好了。最尴尬的是这样一次，因为家中的储藏室里没有插座，无法给电瓶车充电，夫人希望我能接上一个插座。我当然不能示弱，结果一接上电，就导致家里跳闸，全家停电，甚至还冒火花。没办法，只好请了一个最高学历是初中的电工也是小时候的同学来帮忙。他手到病除，很轻松地完成了这个事。物理老师接不了电灯泡是普遍现象吗？

结婚了，有孩子了，家里的水啊，电啊，自行车啊……无一不会出问题，你总不能动不动就找人维修吧？这不光是花钱的事啊，关键时候还耽误事。维修师傅可不是随叫随到的。于是，我就开始自己动手了，对着说明书一点儿一点儿地摸索着干。这些我曾经鄙视过的"本事"如今成了家中男人的必备技艺！我在一本书上读到德国男人都有自己的一个工具箱，电工、瓦工、木工、管道工等都能自己干。好像还有一篇报道讲，某位国家领导人年轻时竟然可以自己做家具。这样我信心倍增，自己也开始添置了一些工具。2019年房子装修的时候，从网上购置的橱柜都是我自己动手一点儿一点儿地组装的。手脚并用，手脑并用的事还真是锻炼人。

最近，读到吴非老师的一篇文章，讲了这样的故事：

南京江浦县五里村行知小学校长杨瑞清，践行陶行知的平民教育理念，在乡村小学工作了30年。某次有位"专家"对我说："杨瑞清的那个学校学生考试成绩不行，他教学生辨识各种作物的苗，考试会考那个吗？"我当然不同意他的话，可是我记住了他说话时不屑的神态。

我想的是：同样做教师，职业境界为什么会有那么大的差异？这种差异会以什么样的方式体现在学生的未来？都市学生学习条件好，考试成绩有可能会略高一点；可是，如果乡村教育不培育学生的劳动意识，不培养他们对土地的情感，他们又能"剩下"什么呢？一些来自农村的青年教师曾坦言，上学时不但从不参加田间劳动，考出来后连回乡探亲都不大愿意；更极端的，有些大学生甚至不愿意提到"家在农村"。这样的教育，"剩下的"只会是可怕的东西。

我们的孩子不可能都去研究原子弹，做高科技吧？更不可能都当大老板吧？那么，我们为什么只用文化课这一把尺子丈量千差万别的学生呢？吴非老师指出，应当是怀特海说的：当一个人把在学校学到的知识忘掉，剩下的就是教育。那么我们的教育到底能给孩子留下什么呢？

苏霍姆林斯基说：当我们讲到劳动的时候，也应当像讲述战场上的功绩那样充满高尚的激情。劳动创造了生活中的一切，劳动不但让我们丰衣足食，更让我们心灵丰满，塑造一个完整的人。李镇西老师在《重读苏霍姆林斯基》一书中连续用七篇文章书写了"劳动之光"，可见他对劳动教育的重视程度了。

2020 年 3 月 20 日颁布的《中共中央、国务院关于全面加强新时代大中小学劳动教育的意见》在谈到劳动教育的"重大意义"时，是这样表述的：

劳动教育是中国特色社会主义教育制度的重要内容，直接决定社会主义建设者和接班人的劳动精神面貌、劳动价值取向和劳动技能水平。长期以来，各地区和学校坚持教育与生产劳动相结合，在实践育人方面取得了一定成效。同时也要看到，近年来一些青少年中出现了不珍惜劳动成果、不想劳动、不会劳动的现象，劳动的独特育人价值在一定程度上被忽视，劳动教育正被淡化、弱化。

我们是否需要像重视"分数"那样重视"劳动"的价值呢？我们又依据什么否定劳动的重要性，瞧不起劳动呢？四体不勤、五谷不分的人都去搞上层建筑了。那么上层建筑的地基在哪里，是浮在空中吗？

李延安

做孩子最好的"起跑线"

——送给家长朋友们

"不能让孩子输在起跑线上"或者"让孩子赢在起跑线"之类的话语大行其道，导致虎妈狼爸们竞相"鸡娃"，剧场效应日渐严重，内卷之势头愈演愈烈。冷静的教育专家及家长开始质疑这个观点。李镇西老师说："如果我们对'起跑线'赋予新的内涵，这话是站得住脚的。"[1]他认为，父母是孩子最好的"起跑线"。

苏霍姆林斯基认为，父亲和母亲是同教师一样的教育者，他们不亚于教师、是富有智慧的人类创造者、因为孩子的智慧，在他还未降生到人间的时候，就从父母的根上伸展出来。人的教育是从胎教开始的。"[2]他提醒道："尊敬的年轻的家长们要记住、你孩子的身体的和智力的发育全决定于你。记住，创造人，这不只是简单的生物行为即可完事的。人与动物的区别在于，他认清了自己的活动目的，其中包括在孩子身上再现自己。"[3]

我知道身边许多年轻的父母开始重视胎教，不惜重金开发孩子的智力，认真贯彻落实了教育要从娃娃抓起。他们是不是受了苏霍姆林斯基的影响，不敢确定，但是有一点可以肯定地说：只注重孩子智力的发育，而忽视了人格、品德、情绪等非智力因素的培养肯定是不行的，周围这种只注重学业的家长朋友不少。人，不是一个装知识的容器，而是一个有血有肉，有感情的生物，他不仅接受输入他还要输出，而输出什么才显示了他作为人的质量。

因为大家对智力因素的重视已经达成了高度一致，家长、教师在这一点上几乎是不谋而合了，自然不需要赘言。需要费点笔墨的是非智力因素。这方面专家说得很多，需要说的也不少。仅择一二供大家思考。

家长首先是孩子"品德"的起跑线。我们看到有的孩子从小就喜欢打架骂人，而且能做到脏话"出口成章"，有时令父母很尴尬。"谁教的他呢？"家长朋友需要自我检视一下。孟子的母亲发现孩子学了一些不好的东西，就决定搬家，而且史传她至少搬了三次家。这一点是否值得我们学习呢？请注意，孟母不是择学区房，而是择良好的社区环境。有利于孩子成长的环境不在于是否高档，不在于周边邻居是否有钱，而在于人群素养。我估计她孤儿寡母的，也没钱住高档小区。再说了，有钱和有素质是两码事。这个道理大家都清楚。穷人家的孩子如果跟着富人子弟沾染上那些"声色犬马"的习气，也不是什么好事，更不利于良好品德的养成。

其次，家长应该是孩子"性格"的起跑线。最近，听一位朋友讲起她表姐的孩子得了精神类疾病，不得不入院治疗。小时候挺好的一个孩子，如今二十多岁了，反而不正常了，成了全家人永远无法放下的"痛"。是啊，家中有这么一个孩子，恐怕这一生都不轻松了。什么原因呢？朋友说，她这位表姐对孩子从小就是一个要求，只要学习好，怎么做都行！有时候打人骂人，用手掐妈妈的脸，妈妈也坚持要求孩子坐在学习桌前。多次反抗无效的孩子，估计厌学到了极点，简直要疯掉了。可是妈妈对此却毫无觉察，仍旧却丝毫不放松，不让孩子有个喘息的机会。最后，孩子从初中就开始异常了，到了高中更加严重了。家长此时不再要求孩子学习成绩了，只要求孩子能像个正常人就行，可惜已经不可逆了。朋友们，孩子是个人啊，他需要伙伴，需要大千世界，怎么能天天从这个学习班到那个培训班呢？怎么能一心一意只读圣贤书呢？他需要学会与人打交道，与大自然打交道，需要学会生活。

再次，家长应该是孩子"体格"的起跑线。我们小时候，虽然吃不好，但是绝对玩得好，锻炼得好，那时候每家都有好几个孩子，父母亲光为了把这几张嘴填饱就忙得不亦乐乎了，哪有时间管我们啊。于是，放学后满大街跑，满院子上蹿下跳，高可以爬树，低可以钻洞，下河可以游泳，到田野里可以逮虫子抓刺猬……所以很多孩子都是身体倍儿棒，吃嘛嘛香。现在，孩子少了，娇气了，饭来也不张口，身体素质直线下降，小眼镜满校园都是。一位新任校长告诉我（她以前在机关工作），她第一次参加学校的升国旗仪式时，突然听到砰的一声，吓了一跳，回过头一看，一个孩子倒在地上了。她赶紧跑过去查看情况，紧张得不行。其他老师就说："校长，别紧张，这很正常！一会儿就好了！"她后来得知，孩子是因为没吃早饭体力不支才晕倒的。不要说升国旗，还有军训，上体育课，开运动会时等，都有因体力不支晕倒的情况。小孩子们的身体素质太差了！一位班主任说，现在的孩子连晒太阳的时间都没有，在楼梯上摔倒了都能骨折，为什么？因为他们的骨密度太低了，糠了！然而，有多少家长舍得让孩子吃苦锻炼呢？有的家长连孩子参加个短跑、长跑都反对，一是怕摔着磕着，伤不起，二是疼孩子，怕孩子吃苦受罪。因为校园安全受到大家过度的关注，现在老师上个体育课都十分谨慎，更不要说组织孩子参加外出拉练、登山、旅游了。朋友们，温室里的花朵怎么能经得起风吹雨打？

最后和大家交流的一点是：父母是孩子"土壤"的起跑线。孩子的成长肯定需要他们个人的拼搏，这是内因，谁也替不了他。一个拒绝成长的人，谁也帮不到他。然而，一颗种子落在了什么样的土壤上，将决定他生长的高度和难易程度。大海航行靠舵手，万物生长靠太阳，如果没有合适的外部资源，孩子也很难"小鬼当家"。家长应该用自己的奋斗去丰厚孩子成长的土壤，而不是仅仅种下一颗种子，让它自己去扎根发芽，还期盼他长成参天大树。这就像那个故事讲的，条条大路通罗马，而有的人却生在了罗马，我奋斗了一生就是为了和你坐在一起喝咖啡。家长努力的模样将是孩子最重要的精神底色。家长能把整个家庭带入到什么样的物质高度、精神层面，建立起何种人文环境，孩子就会得到什么样的"土壤"起跑线。努力吧，家长朋友们！

孩子最终是家庭的支柱，社会的栋梁，民族的希望。不管怎么样，我们国家的未来、家庭的未来都需要他们扛起来。因此，对孩子的教育没有最好，只有更好。我们需要思考的是如何能做到最好。

李延安

注释：

[1]李镇西.重读陶行知.159

[2]苏霍姆林斯基.家长教育学[M].杜志英等译.北京：中国妇女出版社，1982：45

[3]苏霍姆林斯基.家长教育学[M].杜志英等译.北京：中国妇女出版社，1982：47

家教四问

据传闻，本城某名校，两名高一的学生自杀了，一个跳楼，一个跳水。能升入此名校的孩子应当是优秀的，毕竟在本地只有大约 50% 的学生能升入普通高中，升入高中名校自然更不容易。这些孩子为什么在大好年华选择了这样的路？令人不得不反思。

前几天，听一位专家做报告，他联系胡鑫宇事件，分析现在学生抑郁症频发的原因。他讲到了一个观点，抑郁症是孩子向家长、教师及身边人发出的求救信号，如果我们能尽早发现，进行及时干预和治疗，也许能帮他渡过难关，然而令人扼腕叹息的是他呈现出来的这些讯息，很多人接收不到，忽略掉了，甚而有的家长、教师即便看到或者听到了也不以为意，有的还要进行一番"批评教育"。这不但无助于孩子病情的治疗反而起了推波助澜的作用，加速、加重了症状，进而导致极端事件发生。

痛心啊，后悔啊，捶胸顿足，以泪洗面也无法挽回了。那么，该如何避免再次出现这样的悲剧呢？这恐怕是我们在痛定思痛之后应当考虑的问题。

第一问：我们爱到孩子了吗？

如果说哪位家长不爱孩子，这肯定要遭到大家的激烈反对。如果说教师不爱学生，这也必然遭到大多数教师的批驳。

一位朋友告诉我，周末他去看望老人，母亲向他倾诉当年的含辛茹苦，希望他不要忘记父母的养育之恩。他感觉到了压力，自己所作的显然没能达到她心中期望的"孝顺"，至少程度不够吧。为什么他自己已经觉得十分尽力去回报父母了，老人还有这么多的"不满"？原因何在？他很困惑，自己该怎么做呢？

我给他讲了这样的故事来劝他。一位母亲哭诉，现在女儿上初中了，正处于逆反期，她很无力，就报了一个心理咨询方面的培训，试图找到一些灵丹妙药，却弄巧成拙。女儿当着她的面哭诉妈妈不理解她，给她太多的压力。孩子边哭边说，鼻涕一把泪一把，几乎用尽了一包纸巾。女儿直接告诉她："如果你是因为我而学习心理学，那你就别去花这个冤枉钱了！"这真是好心当了驴肝肺啊！妈妈很痛心！很自责！为什么孩子不理解爸爸妈妈的良苦用心呢？

为什么我们自以为已经很努力了，孩子、老人却不领情呢？因为我们不在一个频道上，没和他们共情。我们不要以自己的感觉为主，认为自己这么做就是为了老人好，为了孩子好，而是以老人、孩子的需要为主，他们不需要的，我们做得再多也效果不佳。也就是说，我们是爱对方的，我们双方也是互有需要的，大家都希望对方能理解到自己，懂自己，但是我们都是以自己的方式爱对方，这种爱未必是对方需要的。

家长输出了很多爱，也以爱的名义做了很多事，同时也附加了各种各样的要求，但是这些输出未必是孩子需要的，也未必是适合孩子的。单向的输出不一定能变成孩子的"输入"，反而让孩子倒了胃口，惨遭拒收。

第二问：你喜欢比较吗？

2023年研究生初试成绩刚刚公布那几天，周围几个家庭的孩子就开始互相打探分数，了解是否进入了复试范围，当然是几家欢喜几家愁。一位同学的孩子已经是第二次参加研究生考试了，成绩一公布，全家面无喜色，孩子则出现了不好的倾向，不得不去了医院心理科就诊。孩子压力很大啊，去年没考上就自惭形秽，而今又不理想。这位同学总是说："我不管，从初中三年级时，我就不管了，完全放手了，我告诉儿子'你爱咋地就咋地吧！'"我不知道，他和孩子之间当时发生了什么样的冲突，但是他习惯于说："你看人家××的孩子！"然后一阵夸奖，"我们家那个孩子就……"一连串的否定。

我曾经用我亲戚家孩子的故事提醒过他。2018年秋季开学不久，我们正在外面吃饭，接到了噩耗，我那个亲戚的儿子在学校附近跳楼自尽了。这孩子之所以走了这样的路，我觉得与他父亲有着直接的关系。孩子从小非常听话，老子一句话他就哆嗦半天，而且老子生气教训他，要打他时，他就在那里一动不动地挨打，不知道跑，不敢跑，更不敢反抗。别人家的孩子眼看挨打早就跑没影了，甚至要和老子对着干了。这孩子只是"擎等着挨打"，这就像那个从小就习惯被拴着的小象，即便长大了，能够挣断绳子逃跑了，也不跑了，在心理学上叫得性无助。这位父亲还有一个毛病就是喜欢拿自家的孩子和别人家的孩子相比较，而且我从来没听到他表扬孩子的话。中考时，孩子考入了重点高中，本是一件喜事，他却因为孩子进不了重点班而训斥孩子："你要是再多考上30分就进重点班了，30分难考吗？一门课多做对一道题就行了！"然后以大无畏的气概向我表示，不在乎花钱，只要孩子能进重点班就行。后来孩子考上了一个二本学校，他又是那句话："再多考 20 分就可以上一本了，不努力啊！你怎么不再多使点劲儿呢？"家长永远不满意。孩子永远达不到"别人家孩子"的标准，还要遭到这样的唠叨："我们容易吗？天天汗珠摔成八瓣，起早贪黑地挣钱！现在累得是腰酸腿疼。"重压下的孩子终于离开了人世，再也不需要父母花钱供他上学了。这对 50 多岁的夫妻陷入了深深的痛苦中。其身边人这样安慰他们两口子："这孩子就是来坑人的，让你们劳碌半生，一无所获，别哭了！甭心疼他！"好像一切都是孩子的错！

借此，我去安慰我这位同学，不着急，二战失利，还有三战呢？他摇摇头说："他不是学习的料！任他去吧！现在都这样了，我也没辙了！"其实，我在想，一个从孩子上初三就表示什么都不管的父亲，是对儿子采取了何等的冷暴力啊。难道孩子不知道这是父亲对他绝望的标志吗？这样的放弃，这样的无视，岂不是让孩子陷入孤立无援的境地？

那些别人家的孩子，造成了"咱家"的孩子多少痛苦啊！这些"咱家"的家长咋就这么自信地表达对孩子的轻蔑，难道他自己是成功人士吗？他们在拿着自己的孩子与别家孩子比较时底气十足，难道没想到孩子也会拿他们和别家的家长比较吗？相比之下，他们就能完美胜出吗？

第三问：你习惯贴标签吗？

接着上个问题，在相互比较的基础上自然而然地生出一个"标签化"的问题。

我们家附近一位做装修的兄弟十分勤劳，技术也不错，他告诉我，他儿子现在上初中二年级，数学成绩特别差，他自己也不像小学时那样能够辅导他，而且现在孩子变得特别喜欢顶嘴。我虽然能给他出些主意，现在看来基本失效。因为当我听说他添了二胎，向他道贺时，他这样回答："咱闺女快两个月了，比他哥强多了！他哥就是个笨蛋！"我听了这句话十分愕然，一个连话都不会说的孩子怎么会比他哥好呢？这个结论为时过早吧？一个才上初中的小孩怎么能已经被定义为"笨蛋"呢？

我真想教育一下这位兄弟，但是犹豫了一下，还是把到嘴的话咽下去了。因为我想到了在一次报告中听到的一段话。这位专家希望在座的老师们能够尽快形成自己的教学风格，找到自己的工作优势，因为你工作七年左右别人就会给你贴标签了，人们会说××老师课堂教学好，××老师会当班主任，××老师擅长写作……是啊，我们经常这样被别人下结论，我们也经常给别人下定义。

十几岁的孩子已经成为一个父母心中的失败者，工作七年左右的老师已经被分类。这世间真让人无语！

第四问：你有多长时间没夸奖孩子了？

记得儿子出生后，刚刚牙牙学语，说对一个词，她妈妈就十分骄傲，晃着孩子的小脑瓜夸他，即便孩子说得不清楚，别人听不懂，妈妈也要自豪地翻译给别人听。从会叫爸爸妈妈到学会说一个词、一句话，从蹒跚学步到学会走路，家长的赞美始终围绕着他。大约整个小学阶段之前吧，孩子都生活在赞歌中。有时还要当众表演一首歌，背一首诗词，或者演奏一种乐器，每次都赢得满堂喝彩！上了小学，掌声就少了，上了初中溢美之词就几乎绝迹了，上了高中得到一句父母由衷的赞扬好比"难于上青天"。据我观察，类似的事在很多家庭不断上演。

我岳父则是个例外，他有四个女儿，个个都是他心中的一枝花，逢人便夸。即便他的哪个女儿获得一个微不足道的荣誉证书，或者考下了某个资格证书，这些稀松平常的事，他都兴奋得不得了，还要心满意足地将证书收藏起来，有时候还要装裱起来，供来串门的客人欣赏，搞得女儿们都不好意思了。正是他对孩子的欣赏、鼓励、认可，成为了孩子积极乐观上进的情感动力和源泉。

记不清是哪一年了，大约是我儿子升入大学之后吧？我开始学习毛笔字，到了春节的时候，我便写了一副对联张贴到他家门口，我当时并不自信。他端详半天说："好！这字好！我小时候老师就是这样写字的！"他的眼神和表情让我相信他是真心喜欢。第二年我又写了一副对联，他说："这个比去年更好了！这简直是印刷的！"这样的褒奖让我这几年一直坚持练字。

表扬自己的孩子很难吗？为什么我们在孩子成年之后吝惜赞美的话语了呢？请诸君想一想，你有多长时间没给孩子点个赞了？

李延安

站在"丈母娘"的角度评价孩子

春节期间，闲来无事看电视台的一则"比武招亲"节目。有一位丈母娘亲自登台帮女儿选择意中人。见过丈母娘在幕后为女儿的婚姻大事操心费力的，没见过丈母娘亲自登台上电视连唱带跳为女儿加油选乘龙快婿的。这位丈母娘一点也不回避自己的选婿标准：有房子有车无贷款，人品好身体健康，条件优越者年龄可以放宽。乍看起来，丈母娘的要求"忒现实"。但是如果换位思考，哪位老人都盼望自己的女儿"嫁得好"。这"嫁得好"的标准是什么呢？当然是有经济实力，人品好，身体健康了。如果套用到评价学生上，不就是德智体美全面发展吗？经济实力强，说明了女婿在激烈的市场经济大潮里能够占得一席，这就是智商高、能力强的具体体现。人品好，说明女婿的思想道德水平不赖。身体健康就更是将来做"人夫、人父"支撑一个家庭的必要条件了。所以，这位丈母娘的择婿标准是与我们的教育方针相差无几的。

那么，我们在教育实践中是否完全落实了教育方针呢？现在恐怕还是抓教学成绩甚于其他。不但家长在孩子的学习上盲目地要求高分，为孩子报各类学习班、买大量的学习资料，以爱的名义要求孩子坐到学习桌前，剥夺孩子的童年、少年乃至青年；就是在学校里，在教育界，我们也是将考试成绩作为最高的评价标准，学习好的就是"好学生"，就是老师眼里的"红人"，考高中、考大学，不都是用学习成绩这一把尺子吗？即便是到了社会上，我们的公务员招考等也是需要笔试的。学习好，考试好，成了通向成功的"独木桥"。

回忆自己当年也是抱着拼上命的学习态度刻苦攻读的，虽说腰驼了，眼睛近视了，但终于考上大学，脱离了农门，找到了一份养家糊口的工作。现在想来，似乎当年的努力还是值得的。至今，我求学时，刻苦钻研的精神还在故乡的族人里被津津乐道。我们这一代的确是这么走过来的。这些"成功的范例"是家长教育孩子的教材，是孩子们学习的榜样。况且，自古就有"万般皆下品，唯有读书高"的传统。书中自有黄金屋，书中自有颜如玉也是古往今来多少读书人追求人生成功的动力之源。

然而，我自己是十分汗颜的。现在我是不敢用这些所谓"头悬梁、锥刺股"的故事要求孩子的。在那个计划经济的年代里，城乡差别，工农差别是巨大的，拥有一个非农业户口是很多农村孩子的梦想。为了跳出农门，吃上国家粮，拼上命都似乎是值得的。那时候只要拿到大学录取通知书，就意味着拿到了人生的保障书，拿到了幸福生活的通行证。学习成绩就是最高最实用的评价标准。计划经济的时代结束了，上大学不再是人生成功的唯一途径，上了大学也不一定有工作，有了工作也不一定保障你的一生；而且，非农业户口还有多少含金量呢？市场经济时代里，文凭的价值会逐渐摊薄，变革会越来越激烈，成功将是多元化的，上大学更是随时随地可以开始的。如果再抱残守缺般地拿着计划经济时代的标准去评价孩子，进而去要求孩子则是很落后的，得不偿失的。

现在戴眼镜的孩子是越来越多了，身体素质下降似乎也是一个不争的事实。生存能力、竞争力又怎么样呢？长此以往，往远里说，往大处说，我们的祖国将无兵可用、更不要说选拔飞行员、宇航员了，国家的后劲儿就会不足，祖宗的基业将会后继无人；往近里说，往小处说，我们再也无法保证孩子学习好、考上大学一生就会有保障了。

家长、教育界、社会都要变。大家都来学习"丈母娘"的择婿标准，用更加全面多元的尺子去评价衡量孩子，根据孩子自身的兴趣爱好及自身条件去培养孩子，让他们健康快乐地成长。社会需要各方面的人才，孩子个体差异或许就是将来适合不同工作岗位的一种得天独厚的优势。能唱歌的当歌唱家，会跳舞的当舞蹈家，擅长体育的当运动员……就是当个农民、工人，随着医疗保障体系、养老体系的健全又何尝不是完美幸福的呢？

无论丈母娘择女婿还是婆婆选儿媳妇，大家都不会简单地看他（她）的"学习成绩"的。一个人到了工作单位上，成为一个"社会人"，大家都会不自觉地对他（她）进行综合评判。从娃娃抓起，让他（她）成为一个身心健康、道德高尚、生存能力强的人，就得因材施教，不拔苗助长，不搞一刀切的评价，让孩子在适合自己的活动中找到成长的快乐。

李延安

三讲三不讲的皇帝

中国古代，皇帝众多，有的开疆扩土打下一片江山，有的勤恳敬业守住祖宗家产，有的勤勉为民赢得后世称赞……不过也有的昏聩无能搞得身败名裂，也有的残杀忠良赢得骂声一片，还有的荒淫无度不得善终……后面这几类皇帝都是为人做事的失败者，为后人所唾骂，所惋惜，如果给他们画个像，那就是都有个特点："三讲三不讲。"

讲个人好恶，不讲规矩原则。典型特征是根据个人好恶肆意妄为而漠视规矩原则，以我为中心，选择性执行。

《韩非子·说难》记载了这样一个故事：

昔者弥子瑕有宠于卫君。卫国之法，窃驾君车者罪刖。弥子瑕母病，人间往夜告弥子，弥子矫驾君车以出，君闻而贤之曰："孝哉，为母之故，忘其刖罪。"异日，与君游于果园，食桃而甘，不尽，以其半啖君，君曰："爱我哉！忘其口味。"及弥子色衰爱弛，得罪于君，君曰："是固尝矫驾吾车，又尝啖我以余桃。"故弥子之行未变于初也，向以前之所以见贤，而后获罪者，爱憎之变也。

至于像商纣王那样的昏君因个人好恶，枉杀良臣名将的事就更是错上加错，罪上加罪了。

讲亲疏远近，不讲是非曲直。典型特征是团团伙伙，拉帮结派，搞裙带关系，根据谁和我走得近来判定一件事的对错，而不是根据其本来面目。任人唯亲，"近我者昌"。

在古代，皇帝掌握生杀予夺的大权，所以许多唯利是图者就千方百计地和皇帝套近乎，拉关系，而那些正直贤明的大臣却志向清高，不屑于阿谀奉承。于是乎，精于花言巧语的人走进了皇帝视野，得以升官发财。据记载，汉灵帝刘宏执政期间，搞"党锢之祸"，把大臣们排除在权力之外，却对身边的宦官宠信有加，导致宦官政治登峰造极，不仅宦官的编制名目繁多，令人眼花缭乱，而且更突破常制，一次便册封了十二位中常侍，史称"十常侍"。宦官当政直接导致了天下大乱，东汉灭亡。

至于赵高的超级迷魂汤把秦二世哄得酩酊大醉，制造了"指鹿为马"的历史笑柄；魏忠贤的献媚谗言让明熹宗晕头转向，绘就了"只知有忠贤，而不知有皇上"的荒唐画卷，就更值得后来者深思。

只讲唯命是从，不讲论功行赏。典型特征是过度强调下级对上级的无限服从，以是否"听我的"为赏罚标准，枉顾功过。私相授受，赏罚不明。

北宋年间，高俅原本是苏轼的小史（也就是小秘书一类的角色），大概是受苏学士影响吧，不仅写得一手漂亮的毛笔字，有一定的诗词歌赋的功底，且会使枪弄棒，有一定的武功基础，尤擅蹴鞠。他没有战功，就因为获宠于端王赵佶（即后来的徽宗），得到火箭式提拔，官居太尉，执掌八十万禁军。史料记载，他"恃宠营私，侵夺军营，以广私第，多占禁军，以充力役"，导致禁军"纪律废弛，军政不修"。当金人南侵时，他率领的部队不战即溃，徽、钦二宗被俘虏。这就是著名的靖康之耻。

至于像李广难封，岳飞惨死风波亭的故事则让后人痛彻心扉了。在奴才式的小人得以无功受禄时，文臣武将的心也就凉了。关键时刻人民只能用脚投票。

天下是天下人的，国家是人民的。这些"三讲三不讲"的皇帝只知道"率土之滨皆为王土"，却不知"水可以载舟也可以覆舟"的道理。当他们骑在人民头上作威作福，指手画脚，无视公平正义，胡作非为的时候，他们的末日也就不远了。"亲贤臣，远小人，此先汉所以兴隆也；亲小人，远贤臣，此后汉所以倾颓也。"

李延安

不是高明有几多而是高明在何处

这几年由于工作关系，我到省内外学校考察过几次，也聆听了一些教育专家的报告，受益匪浅，有时真有醍醐灌顶、豁然开朗之感。与多数同仁交流起来，也多有"英雄所见略同"的畅快。在交流的过程中大家也进行了很多的思考，自然而然地把外地的经验、专家的报告与自身实际联系、对照起来。但是交流的过程中也有一种现象不容我们忽视。个别同行对别人的经验做法仅仅做了一番评头论足的挑剔，有时甚至批得人家体无完肤，或者仅仅得出一个结论：他那些东西咱根本学不来，咱没那个条件。这些听起来也似乎有些道理的评论、议论不仅让专家报告、典型经验变得"黯然失色"，而且与参观考察、培训学习的初衷背道而驰。

造成上述现象的原因虽有包装宣传之嫌，更可能与我们这些参观者、聆听者的心态有关。

这就犹如听歌。我们自己虽然不会唱，或唱不好，但我们还是能听出好坏，挑出毛病来的。不过，须要提醒的是，听歌时，台上是歌唱者，我们是听众，不属一个行当，不必想一想我们自己会唱吗？听报告、参观学习时，我们都是"歌唱者"，如果觉得"台上"唱得不怎样，我们需要联想一下换了我会"怎样唱"？如果要挑毛病的话，还要思考一下我们挑的毛病准吗？经得起推敲吗？我们又能提出何种可行的建议或经验做法呢？简而言之，挑毛病谁都会，"唱好歌"就不一定了。

当然这不是说对专家的报告、名校的典型经验要照抄照搬，更不是要堵塞言路，不允许发表不同意见，而是提倡多看到人家的"亮点"，多发现别人的优点。取人之长、补己之短才是我们考察学习，听报告的初衷。

唐朝文学家韩愈感慨："今之君子则不然。其责人也详，其待己也廉。彼虽能是，其人不足称也；彼虽善是，其用不足称也。是故事修而谤兴，德高而毁来。"这类"君子"看不到人家努力探索实践的艰辛，不懂欣赏与赞美，挫伤了"干事者"的心。故而，我以为还是多发现别人的优点，多鼓励做事才好，对人家的辛勤劳作、苦苦求索多一声慰问、多一声赞美欣赏有利于和谐进步，共同发展。须知，真正实实在在做点事是不容易的，更不要说出点典型经验了。为了鼓励大家少说多做，还是要重温一下"金无足赤，人无完人"的俗语，不求人家处处高明，多研究一下人家高明在何处。

李延安

助人助己

许多天前，一位友人对我说："帮助他等于帮助你自己！"当时，我们谈及生活在农村的亲朋好友，议论他们教子无方或者无暇教子，眼看着这么优秀的孩子却因为没有良好的教育而自生自灭。我有点赌气地说："他们根本不听我们的劝告，光顾着挣钱了，对孩子放任自流，真不愿管他们的事了。"因此，她便告诫我要不遗余力地帮助仍在农村生活却无法顾及孩子教育的兄弟姐妹。现在，仔细想来这句话是很有哲理的，而且其意义可以推而广之。

第一层就是要努力帮助自己的家人，特别是有困难的。如果你不帮他们，他们永远是你的"短板"。不仅别人会觉得你这个人冷漠无情，而且你自己良心上也过不去。独树难成林，只有大家共同发展，你才会觉得自己"家底厚实，肩膀很多"，自己的家族才可能兴旺发达。所谓"打仗亲兄弟，上阵父子兵"，就是这个理。这是最低层次。

第二层就是帮助周围的人。同事、同学、战友、朋友、邻居、乡里乡亲……这些人与你的生活休戚相关，是你的人缘所在。皇亲贵族还有三个穷朋友，癞蛤蟆也有自己的小圈子，你不帮他们帮谁呢？众人拾柴火焰高，一方有难八方支援，就是这个意思。这是中等层次。

第三层即是帮助陌生人。不知是不是国人的习惯还是全人类都这样，大家对"熟人"如春天般温暖，显得宽容大度，十分友好；对"陌生人"却像冬日一般寒冷，表现得斤斤计较，万分敌对。所以，每个人到一个不熟悉的地域或者与"外人"打交道都战战兢兢，似乎周围充满"陷阱"。社会和谐，人间祥和是大家的共同追求。为什么不伸出你的手拉起我的手，大家互帮互助呢？不能雪中送炭，举手之劳总是可以的吧？"幼吾幼以及人之幼，老吾老以及人之老"，这是人间的大爱，是最高层次。

帮助家人，幸福了家族；帮助熟人，照亮了身边；帮助所有人，温暖了人间。你帮我，我帮你，大家互相帮忙，社会怎能不幸福安康？

李延安

人生幸福三要素

记得上初中时就听过一首歌《幸福在哪里》。歌中唱道："幸福在哪里，朋友呀告诉你，它不在柳荫下，也不在温室里，它在辛勤的工作中，它在艰苦的劳动里，……"那时，还是懵懂少年的我无法完全弄明白歌词大意。艰苦的劳动，辛勤的工作就能换来幸福？日出而作，日落而息的农民累弯了腰，被生活压驼了背，够辛勤的吧？哪有幸福可言？！恐怕吃"国家粮"的"城里人"也没几个奢谈幸福。

如今，物质生活水平有了大幅度的提高，老家里的兄弟姐妹也都用上了现代化的家用电器，喝上了自来水，很多人家也上了网……"幸福"这个属于上层建筑领域的名词在经济基础高度发达以后成为人们更加关注，更加有能力思考的一个时髦词。

幸福到底是什么？幸福又在哪里呢？近日读到山东大学副校长陈炎的《说幸福》，很有同感。文中写道："在我看来，一个人幸福与否，并不等同于他的生活质量，而是取决于他将事业与职业统一起来、将友谊与同事统一起来、将爱情与婚姻统一起来的程度。"一个人活得是否幸福，有很多因素，"职业、友谊、爱情"是幸福与否的三要素。

先说职业。自从头脑中有了自己的"理想"或者说有了自己的人生规划，我们就不断地在思索自己将来要从事什么职业？大学毕业前更是一腔抱负，一番宏愿，追求"专业与职业对口"。生活并非总如愿，进入职场，很难做到专业对口。即使专业对口了，理想的"丰满"与现实的"骨感"也常令人透不过气来！在不断的"纠偏矫正"的过程中，我们似乎失去了自己，忘记了当初的理想与目标，学会了随波逐流。这样的生活能幸福吗？"假如你命该扫大街，就扫得有模有样。一如米开朗琪罗在画画，一如莎士比亚在写诗，一如贝多芬在作曲。"这首源自美国的无名小诗告诉我们"做一行要爱一行，做一行要专一行"。职业生活占去了我们一天时光的大部分，换句话说，我们的生命大部分消耗在职场里。如果我们不爱这个职业，就意味着我们大部分时间在"苦熬"。我们怎么会幸福？爱岗敬业不是一句虚言，更不是一句套话，关系着我们的生

101

命质量。如果不爱，与其"痛苦地赖着"不如"离开"；如果无法"离开"那就不如试着去爱上它。况且，职业决定着我们的收入水平，必然影响我们的生活质量，我们怎能不爱她？如果你无法为自己的职业而自豪，反而自惭形秽，你岂能幸福？

再说友谊。一生中我们有过很多的朋友，真挚的友谊让我们体味人生的乐趣。隔三岔五邀几个"狐朋狗友"薄酒一杯，吹牛聊天，那种幸福感是无法言传的。落难时有挚友"拔刀相助"那才叫"感动"。我们的先人早就将"他乡遇故知"列为人生大喜事。可惜，在我们的职场生涯中，由于各种说不清道不明的原因，我们很难将同事与朋友画上等号。经常见到，很多人和远方的朋友煲电话粥，在QQ上聊得十分火热，在网络里寻找知音。我们也不无遗憾地看到有的人和身边的同事甚至亲人"老死不相往来"。这样的虚拟生活能幸福吗？如果将同事变成朋友是否会大幅度提高幸福指数呢？

最后谈谈爱情。"王菲、李亚鹏"离婚了。看来天后的婚姻也不如意。那么有钱，那么有才，那么有地位……的一些人都"离"了，你还相信爱情吗？有人说夫妻二人的爱情至多三个月，还有人说婚姻存在七年之痒，那么维系婚姻靠什么呢？靠责任！既然"相许"就应当践诺，既然"选择"就要"担当"。外面的世界很精彩，无法抗拒诱惑必然深陷痛苦，而婚姻的痛苦伤害的不仅是自己。择偶需谨慎，一诺值千金。如果自己不是一个完美的人，就不要企盼配偶是"完人"。将婚姻永远保鲜，让爱情与婚姻实现高度的统一，是一门大学问，你我他都不曾学习过，需要慢慢摸索。家中天天阴云密布，即使在外面寻欢作乐，强作欢颜，又怎会幸福？

诚如陈大伟副教授所言："事业是实现我们人生理想的途径，只有在事业中才能最大限度地呈现自我的价值；友谊是与志同道合者的精神纽带，只有在友谊中才能够全方位地感受到人间的温暖；爱情是我们愿意为之付出的情感，只有在爱情中才能够最为彻底地体验人生的美好……"如果，我们上班时和一帮志趣相投的朋友一起做心爱的事业，下班后拥有一个温暖的家，我们如何不幸福？幸福就在我们把握"三要素"的智慧里，就在身边。

李延安

靠谱的幸福

年届七旬的全国著名特级教师张化万老师在中国教育学会实验研究分会 2014 年学术论坛上讲道:"(现在的)教师承担了很多过去不需要承担的责任,'压力山大',40 多岁就失去方向,迷茫了。"此言一出,引全场共鸣。看来,很多中小学教师都活得不够幸福。

为什么?因为我们的国家已经从"有学上"跨越到了"上好学"的新时代,人们迫切希望教育是完美无缺的,赋予教育前所未有的期望;不仅如此,现在似乎每一位家长乃至每一位社会成员都能对教育进行一番"评头论足",发表一番看似很有道理的言论,提出各种各样甚至近乎苛刻的要求,摆在教师面前的是一道众口难调的教育难题。这些都成为压在教师身上的"大山"。面对"挑剔"的眼神,教师怎能不压力倍增?岂敢奢谈幸福?

怎么办? 2012 年 11 月 19 日,浙江省杭州市"江干区城市新区教师研训联盟"宣告成立。一个高学历、高智商的教师群体要主动出击,破解所谓"生源差、家长不配合、社会不理解"等教育难题,寻找属于自己的幸福生活。该联盟由江干区教育局牵头,引进浙江大学教育学院课程与教学研究所、浙江省中小学教师(教育行政干部)培训中心与江干区教师进修学校的专家资源,辐射带动起杭州市笕桥小学、彭埠第二小学、夏衍小学、天成教育集团等学校。自启动之时,联盟就形成了"高校引领、名师驻点、同伴互助、连片发展"的特质;9 位浙江省特级教师在驻点学校建立起名师工作室,与一线教师"同呼吸、共命运",引领一线教师实现幸福成长。

近两年的磨砺他们收获了什么?会呈现给我们什么可以借鉴的经验?带着这样的疑惑,我参加了他们的"教师研训共同体"实践探索论坛,感受真实鲜活的"江干经验",分享浙江同仁的大智慧。这里有大学教授、专家、博士,特级教师,教育行政官员,教研员,一线教师,还有慕名而来的"取经人",真可谓"谈笑有鸿儒,往来无白丁"。论坛是真实直率的,没有预设,抛弃了一切繁文缛节。在主持人机智、热情、幽默的引领下,参与联盟的各界人士分别在"一家之言""百家争鸣""名师名言""专家点评""发人深思"五个环节轮流登台亮相，回答听众冷不丁的"质询"。每到精彩处，音乐响起，赢得"满堂红"。"此地有崇山峻岭，茂林修竹"，更有"群贤毕至，少长咸集"悄然焕发生机的快乐课堂。

教师为什么要到课堂上寻找幸福？因为教师的职业生涯主要行走在课堂上。课堂毫无生机、枯燥乏味，学生不愿听，教师无"快感"，怎会幸福？只能说是一种煎熬。张化万老师充满激情地说："如果教师在课堂上找不到幸福，那么这位教师的幸福是不靠谱的。"试想，作为教师的我们，青春年华、黄金岁月是不是大都围绕着"课堂"转？如果课堂"食之无味"，我们能有多少真实的幸福？

朱乐平老师是国家义务教育《数学课程标准》（实验稿）研制组核心成员，浙江省基础教育课程改革专家工作组成员，浙江省小学数学教学研究会副会长，浙江省中小学名师名校长工作站小学数学工作室首席导师，杭州市小学数学教学研究会会长。他在论坛上有如此一说："只有学生的成绩上来了，教师的腰杆才能挺起来；前三分之一的学生几乎不用管他，成绩差不了；后三分之一成绩抓上来了，才是真本事。"他还说："一道数学题，教师打眼一看，初步判断20%学生会出错，考试结果出来了，果真如此，这就是教师的技术。"有此技术，学生的"疾病"一看便知症结所在，手到病除，他人不服不行。教师即可"一览众山小"，成就感倍增，幸福感顿生。

拥有这样绝活的老师还真不少。譬如王金战，敢保证高考前1个月让学生数学成绩提高30分。看他的视频讲座底气十足，很硬气。家长、学生都心悦诚服。这样的课堂上，教师潇洒自如，尽显个人魅力；学生不敢懈怠，也不愿懈怠，因为他们要捕捉教师的每一个词语、眼神、动作；看着学生那崇拜得"五体投地"的眼神，教师岂能不幸福？

但愿每一位老师都能在课堂上找到"靠谱的幸福"。

李延安

工作就是生活

最近，看了一则小故事：

一头老骡子，一头小牛终日为一老农夫工作，非常的辛苦。一日，聪明的小牛终于无法忍受这种枯燥、艰辛的劳作，对骡子说："老兄，不如我们装病吧。"憨厚的骡子摇摇头。

第二天，"生病"的小牛享用着老农为它提供的"美餐、补品"，怡然自得。骡子又下地了。

天黑了，小牛问已收工的骡子："老兄，今天耕了不少地吧？快干完了吧？"

骡子摇摇头说："还有很多呢！"

"老家伙说什么了吗？"

"没有。"

第三天，小牛继续"生病"。老骡子继续跟着老农下地。

天黑时，小牛再次问骡子："老兄，老家伙今天说什么了吗？"

"没有，他只是站在地边与屠夫讨论牛肉的价格。"

这样的结果恐怕是聪明的小牛没有想到的。

在就业压力愈来愈大，用人制度不断改革的时代里，或许我们有必要反思一下对待工作的态度问题。

现实世界里，"做一行烦一行"的人也不在少数。他们对工作很不满意，活得很累，无法在工作中寻求到乐趣。长期的"失乐"使他们收获了职业倦怠，甚至收获了一身病。得过且过、没有目标、缺乏激情与投入的滋味很难受。

作为一名教师，我们的职业压力似乎更大，且有愈来愈大的趋势，生活的幸福指数也似乎每况愈下。

又拜读了成都大学师范学院陈大伟副教授的《怎样观课议课》一书，书中讲：教育为了人。课堂上的人除了学生，还有教师。所以好的课堂不仅追求学生生活高质量，而且追求高质量的教师生活。

怎样才能获得高质量的教师生活？首先我们应当认真回答："工作为了什么？"人们常说"工作就是为了生活"，"通过工作获得报酬养家糊口"。在我们这样思考和回答问题的时候，我们忽略了一个最本质的现象：我们在工作着，同时我们也在生活着。当我在课堂上站立了 40 分钟，我的生命河流也就流淌了 40 分钟，上帝并没有因为我在课堂上工作了 40 分钟，又在我生命的时间长度上补偿 40 分钟。也就是说："工作本身就是生活。"[1]

所以，"如果只把工作看成教学生，只把工作当成谋生手段，工作就是外在的东西，我们就会感到被工作奴役和驱使，也就很难获得工作的快乐和幸福"。[2]而"当我们意识到工作是实现自己的方式，工作是生活的一部分的时候，我们将更加热爱工作，以更高的积极性投入工作，以精彩的工作为生活添彩，从而不断提高生命的质量"[3]。

我以为，工作关乎我们的生活质量。它既为我们提供了必要的经济来源，又为我们提供了展示自己的舞台。所以，需要用心对待它。

再者，我们总得有事做。比起无所事事来，有事可做可能心里更踏实。认真做事使我们不必忧虑"何日下岗"。凡事问心无愧。

再次，既然现状无法改变，与其痛苦地工作，不如坦然地接受，改变自己，顺应现实。

工作就是我们的生活，你我他都无法逃避。用高质量的工作赢得高质量的生活，吃得香睡得实。

李延安

注：[1]—[3]陈大伟.怎样观课议课.四川教育出版社，2007 年 4 月

偎炉心得

记得过去上学时，家境贫寒，到了冬天，我最惬意的读书方式就是坐在炕上拥衾而读或者坐在家中唯一的取暖炉子前偎炉而读。添一铲煤，炉子"轰"地一声旺起来，黑烟滚滚而去，暖意扑面而来，在天寒地冻的日子里身子被烘烤的感觉真爽！读书也就变得十分美妙了！

今年的寒假，由于春节来得晚了一个月，上级决定提前放假一周，而我一想到儿子尚小，娇妻与我皆属畏寒者，家中却没有暖气，心里就倍感冰冷，于是抓紧时间研究了多种取暖方式，最后觉得还是安装烧煤的采暖炉即俗语说的土暖气最为合算，而我就再次拥有了偎炉读书的便利。

烧炉子有利于培养耐心。多年不烧炉子了，对于如何让它烧得更旺，让煤燃烧得更充分、更节约，还真是要仔细揣摩，逐步摸索，认真研究总结。心急喝不了热粥！必须得沉住气，慢慢来，顺着它的规律，循循善诱它，慢慢引导它，它才会好好地奉献给你一团烈焰，否则，你上挠下钩，手忙脚乱，它就是不着！

一块煤、一根柴是烧不起炉子来的，需要合作。众人拾柴火焰高。多根木棍、多块煤共同合作，心往一处想，劲往一处使，星星之火就会变成燎原大火！做其他事也是如此。

烧炉子是个脏活累活细心活，弄得一身灰、满面黑，不过看着家中的妻儿在温暖的房间里欢快地嬉闹、学习、活动，心里还是挺满足的。妻子说："自从点上土暖气，家里热水很充足了，我的手也不裂了！"这就是最好的回报。

偎在炉边，我还有个小小的私欲得到了满足——避免了儿子的纠缠，妻子怕我闲着难受吩咐我做家务的烦恼。有事别找我，我正在忙着呢！这时，我就可以气定神闲地坐在热乎乎的炉边看书了！王金战的《英才是怎样造就的》、苏霍姆林斯基的《给教师的建议》、于丹的《于丹〈论语〉心得》、管建刚的《不做教书匠》、吴非的《不跪着教书》，都是在这时读完的。心里窃喜。

当然了，除了读书，与大师们神交，更可以看着熊熊的烈火激扬思绪。瞧！这段文字就是这么构思出来的。

李延安

神在

山东青州云门山上有一个号称全国最大的"寿"字，结构严谨，端庄大方，坐南朝北，通高 7.5 米，宽 3.7 米，仅"寿"字下面的"寸"字就高达 2.23 米。所以当地有"人无寸高""寿比南山"之说。这蜚声国内外的"寿"字引无数南来北往的游客至此瞻仰，留念。

然而，云门山游玩归来，给我印象最深的却是"寿"字旁边的"神在"二字。其一是综合自己的浅陋知识，未曾见或听过其他地域有过这两字组合在一起的词语。其二是闻其含义，深有感慨。初见"神在"一词，不解其意。回眸处，但见旭日初升，霞光万丈，云门山上一派佛家气象，有香客虔诚地跪拜叩头，不免亦燃一种崇敬心绪，忙求教于庙中"高人"，其指点说："请看这熙熙攘攘进庙烧香之人。他们进庙时一副心诚模样，出庙则做不良事。这些人其实是表面敬神却不真信神。故，有人说神不灵，其实是心不诚，仅求神的佑护，却不按照神的旨意行善。神岂能佑护言行不一致的人？神在，就是提醒人们，神在身边的意思，一定要注意自己的言行，因为神在注视着你！"原来如此。

《容斋随笔》记载了这样的故事：

齐景公有疾，梁丘据请诛祝史。晏子曰："祝有益也，诅亦有损。虽其善祝，岂能胜亿兆人之诅？"

晏子这句话的大意是说：如果祝福对人有好处，那么诅咒也会有坏处。即使祝史再善于祝福，又怎么能够胜过亿万人的诅咒呢？

晋中行寅将亡，召其太祝欲加罪。祝简对曰："今舟车饰，赋敛厚，民怨谤诅多矣。苟以为祝有益于国，则诅亦将为损。一人祝之，一国诅之，一祝不胜万诅，国亡不亦宜乎，祝其何罪？"此二语若出一口，真药石之言也。世人能不警醒？！

其实，芸芸众生，有很多时候是不能表里如一的。比如，大家都知道不能闯红灯，但是闯红灯者却大有人在。又如，身为教师者，接受了至少是表面上接纳了素质教育的理念，但是由于种种原因却不能真正地按照这些理论的要求做事。由"知"到"行"需要一段很长的路。再如，"以人为本"已经成为很多管理者的口头禅，但是实施起来却不自觉地回到"专制独裁"的老路。这些大概都是"神"不灵或者根本就不真信"神"的人士所为。

记得有一次听李希贵校长的报告。他讲到，学校中有的人出版了若干著作，是媒体关注的教育名人；但是学校却不能仅凭这些去考证一名教师的业绩。教师的主要工作是教书育人，评价教师就要看他们在教学实际中有哪些贡献。著作等身是学术水平，但不是中小学教师的主要业绩。诚然，无论政府或学校聘用教师是让他们来教育学生的，"传道授业解惑"才是本职。一名教育工作者读了很多书，却不能把其中的精华用到教育实践中，是失去了教师职业的责任，进而去沽名钓誉，追求一些证书，作为通向名利的资本，就更加差之毫厘谬之千里了。这样的人要么尚未真正弄懂"神"的教义，要么并不真正信"神"，仅把"神"当作一种装潢而已。当然，这里所说的"神"就是教育先贤及其教育思想了。

"教学做合一"，做是中心。陶行知的原话是："做是学之中心，也就是教的中心。"李镇西老师这样解说："什么意思呢？我估计，当时可能有些教育者把'教学做合一'仅仅当作理念，甚至仅仅当作口号写在学校的墙上，而行动上则根本没做……我很自然地想到了今天的校园，墙上那么多标语口号，都落实到行动上了吗？"[1]因此，李老师指出："我越来越认为，就基础教育而言，中美差异主要不是什么观念，而是行动……关键在行动，常态化的行动。"[2]

陶行知先生说教师和学生要"共造校风，共守校规"，其实就是要求教师要以身作则，要求学生做到的，教师必须首先做到。[3]正如孔子所言：其身正，不令而行；其身不正，虽令不从。李镇西老师讲了这样的故事：2006年9月，他初到武侯实验中学做校长，参加第一次升旗仪式时，发现孩子们队列整齐，表情庄严，而老师们却随意散漫，甚至交头接耳地聊天。这种现象在日常生活中常常发生。家长要求孩子放下手机好好读书写字，自己却不断"刷屏"。学校里举办读书节，营造书香校园，老师自己却以各种理由置身事外。个别人在主席台上发言时要求大家遵纪守法，廉洁自律，会下却做了许多匪夷所思的事……

最好的教育莫过于感染，最好的管理莫过于示范。[4]知和行的脱节现象，让教师无法在学生面前理直气壮，让家长在孩子面前底气不足，让个别领导干部在群众面前颜面尽失。如果这些人能到云门山一游，好好琢磨一下"神在"的本意，提醒自己"人"正在做，天在看，"神"在监督着世人言行，做到言行一致，常存敬畏之心，那么"学为人师，行为世范"又有何难？

李延安

注释：

[1]—[2]《重读陶行知》之"不是标语统一便算是统一"

[3]—[4]《重读陶行知》之"师生应该'共造校风，共守校规'"

从"刘项之争"看如何当校长

"决定学校效率的主要因素之一（如果不是唯一主要因素的话）就是校长。一个有能力组织有效集体工作，并被视为懂行和思想开放的行政主管人员，常能成功地在学校中引进重大的质量上的改进。因此，必须保证把学校托付给合格的尤其在管理方面受过特定培训的专业人才。"[1]一个好校长就会带出一所好学校。

那么，校长应当怎样做好管理工作呢？或许回眸两千多余年前那场楚汉战争，我们能得到些启示。在三年灭秦的艰苦斗争中，一代风流人物项羽脱颖而出，令当时大多数将领黯然失色。令人费解的是在楚汉相争中，威震天下、如日中天、出身名门的"西楚霸王"却由胜转败，由昌转衰，五年之间，就乌江自刎结束了其辉煌的一生。司马迁将其描述为一位大英雄，李清照为他"不肯过江东"而哀婉。最让人无法接受的是打败这位大英雄的是被称为"地痞流氓"的刘邦。项羽看不起刘邦，因为他似乎一无所长；大家都把他看作"垃圾股"，因为，此君不但出身卑微，连名字也没有，更没受过什么良好的教育，缺乏教养，一副"痞子"模样。许多人无法接受这样的结局，冥思不解。

历史人物的是非功过留待后人评说，但是刘邦揭开了"汉族""汉语"时代的大幕，创建了一个空前的王朝——汉朝，为中国在世界的地位奠了基，这个事实却是谁也无法改变的。项羽是英雄而刘邦是无赖，项羽是贵族而刘邦是流氓。项羽败给刘邦给我们什么启示呢？

启示1：夺取天下靠一个团队，绝非一人之力所能及。治理一所学校，特别是薄弱学校，校长应当造就一支队伍。

刘邦最大的长处，就是知人善用。刘邦当了皇帝以后，曾和群臣讨论项羽为什么失天下、自己为什么得天下。刘邦说，运筹帷幄之中，决胜千里之外，我不如张良；镇国家，抚百姓，供应军需，不绝粮道，我不如萧何；将百万之众，战必胜，攻必克，我不如韩信。这三个人都是天下最优秀的人才，却能为我所用，因此我得了天下。项羽只有一个范增还不能用，能不失败吗？

　　是的，刘邦麾下不但有张良、韩信、萧何这样的重量级人物，也有像随何、陆贾这样的腐儒，毒药式的陈平、彭越，纪信、周苛这样的死士，蒯通、候信这样的辩士，简而言之，什么样的奇人异士都有。项羽却从不注重人才的挖掘和培养，连唯一的范增最后都死于委屈与忿恨之中。

　　不仅如此，刘邦的队伍中还形成了较好的人才梯队。刘邦将逝，吕后问人事安排。

　　"陛下百岁以后，萧相国年岁也已大了，他死后，谁可代为相国？"

　　"可用曹参！"

　　"接下来呢？"

　　"可用王陵，只是这个人比较憨直，可用陈平作其副手。陈平智慧够，但意志力不定，难以单独负责。周勃个性坚强，文采上则较弱，不过可用之为一股安定的力量，请命之为太尉（最高军政长官）。"

　　刘邦的识人可见一斑了。这比后辈的诸葛亮还聪明。诸葛亮没有培养出可靠的团队与接班人，事必躬亲，只能鞠躬尽瘁了。而其一旦身死，蜀汉大势也就灰飞烟灭了。

　　一个合格的管理者，并不是要事事亲力亲为，事事精通。管理的根本就是如何调动各种人才，协调关系，从而圆满地完成每一件事。

　　楚汉相争的根本实质就是团队精神对决个人英雄主义。这也是刘邦之所以能在这场历史性争斗之中胜出的关键原因。

　　启示2：校长要善于发现人才，大胆起用人才。多看到手下"将士"的优点，用人之长，容人之短，不以个人好恶判断人才。校长的宽容大度，不意气用事，是吸引人才、团结人才的关键。天下哪有那么多十全十美的人呢？当我们慨叹人才短缺的时候，能否学学刘邦呢？

　　有人曾向刘邦传闲话，说陈平这个人有才无德，盗嫂受金。然而刘邦依然给予陈平以高度的信任，结果陈平在许多关键时刻都帮了他的大忙。项羽显然做不到这一点。因为他自认为是一点错误缺点都没有的人，当然也容不得别人有一点缺点错误。当年韩信在项羽手下得不到半点信任，根本的原因恐怕就在于项羽从骨子里看不起韩信。韩信确实非常贫贱。他甚至"无行，不得推择为吏"，连好歹当了个亭长的刘邦还不如，何况还曾受过胯下之辱，当然更让项羽看不起。韩信有才，项羽却看不见，只看到他的卑微。正是由于项羽的这种孤傲，让许多贫贱无行却有才干的人，都跑到"招降纳叛、藏污纳垢"的刘邦那里去了。结果刘邦成了气候，项羽则变成了"孤家寡人"。

项羽也是极其自命不凡的。在他看来，他是天下唯一的、无与伦比的盖世英雄和百胜将军。他从来就不相信自己会失败。当真失败了，也只怪时运不好（时不利兮骓不逝），自己没什么错。这恰恰正是他必然要失败的根子。世界上哪有什么从不失败的人，又哪有什么包打天下的英雄？真正的成功者，总是那些能不断反省自己的人，也总是最能团结人的人。

有些管理者往往不能容人，而且还自诩为眼里容不得沙子，胸中容不得尘埃。然而他们不知道，海洋之所以博大，恰在能容。"海纳百川，有容乃大。"流入海洋的，难道都是纯净的矿泉水？自然是泥沙俱下，鱼龙混杂。但正由于这种混杂，海洋才成其为海洋。项羽不懂这个道理，他的失败便是理所当然了。

启示3：学校发展不是一朝一夕的事，发展目标也不可能"一劳永逸"，需要不断充实修正。在事业发展进程中，校长要不惧困难，不怕挫折，意志坚定。

历史的问题经常只能放在历史当中去解读，有人多天时、地利、人和的因素掺杂在一起，但总的来说，一切的失败与胜利都是自身的选择所造成的，项羽一开始的性格就注定其胜利的短暂，而刘邦则善于笼络人心、虚怀若谷。更重要的是，刘邦始终是一个接连不断的失败者，但每一次失败都能从中吸取教训，不断修订战略目标，再一次爬起来，变得更加强大，经受住无数的挫折与失败，几度陷于逃亡和困境，但仅凭一次就获得了决定性的胜利，而项羽虽然屡战屡胜，却一步步为自己的灭亡种下祸根，到最后仅仅被击倒一次就再也爬不起来了。

刘邦在失败与困难面前及生死面前都表现了他的无畏，他的无畏的底下是一种达观。在困难或死面前，项羽同样也是无畏的，但这种无畏底下却是怨天尤人，悲观失望。

启示4：校长要善于听取合理化建议，靠集体智慧取得胜利，而不是独断专行，当然更不能优柔寡断。

楚汉相争并不是一朝一夕的事情，刘邦也不仅仅是因为运气好才成就一番伟业的。项羽最初是胜利者，却因为种种独断与专横、穷兵黩武而一步步走向失败，刘邦原本是弱小者，靠着机缘巧合与萧何等人的力捧才起兵举事，因为虚怀若谷、深有自知之明才屡屡摆脱险境，最终得以以弱胜强。刘邦最大的才能是会识人与善听，他的所有战略蓝图几乎都是听来的，他挂在嘴边不掉的话是"为之奈何？""计将安出？"别人说了，他也会听出个好坏来。

那次著名的"鸿门宴"，项羽因为优柔寡断而放虎归山，痛失良机！这样的机会一旦失去再也不会有了。当断不断反受其乱。

启示5：校长应当运用多种激励措施。人才也是"人"，他有自己的需求，有老婆孩子，需要"升官发财"。

项羽据天下之财为己有，不肯与人分享，对手下将士的奖励十分苛刻。相比之下，刘邦却大方得很。他知道手下之人都是"猎狗"，他给了他们认可的"报酬"。在当时那个天下大乱的时代，谁没有自己的私欲呢？

刘邦让他的部下有奔头，有干劲儿，不仅给了他们相应的物质利益，而且为他们实现自己的野心搭建了舞台。韩信登台拜帅成就了一番伟业，更成就了刘氏帝国。

当然诸如项羽的鼠目寸光，毫无政治远见也是十分令人痛心的，新安夜坑秦降卒二十余万、入关后西屠咸阳、杀秦降王子婴、烧阿房宫、封侯不当、弃王关中、杀义帝、疏粮仓等行为与刘邦的礼贤下士、倾听忠言、改正错误、克制欲望，以及在入秦都之后约法三章，秋毫无犯等相比，简直是天壤之别，连他的亚父范增也痛心疾首地说他是"沐猴而冠"。刘邦"近者悦，远者来"的民心工程使他大得人心，既得天下百姓之心，又得谋臣将士之心。刘邦做了许多项羽做不到的事情，胜负也就一目了然，在情理之中了。

我们读历史，就是为了从前人的经历中吸取一些经验和教训，使自己多一些智慧，少走一些弯路，这对研究学校管理也是很有帮助的。

李延安

注释：
[1]《教育财富蕴藏其中》，P144

好好活着

今日晚饭后，母亲从老家打来电话：五婶子因白内障住院了。话语中带着焦虑。"没事的，该做手术就做！"我安慰她，挂断电话，眼眶却湿润了。

那时老家真的很穷。我奶奶的第五个儿子很晚了才找上对象；对方却是个先天性近视！好奇的我们扶着门框往屋里瞅，高度近视，据说有5000度呢！戴着黑方框的眼镜！她下地干活、针线活、家务活都很吃力！于是，我的五叔就成了一个会洗衣做饭、摊煎饼，农忙在田野，农闲四处收酒瓶的男人！五婶子的命真不济，几次流产，才养得二女。记得有一次，母亲从公社医院哭着回来了："又瞎了（俗语，指初生婴儿死掉了），两个胖小子，疼死人了！"生活就这样艰辛地流淌着。他们两口子不知什么时候成了基督徒，期盼一心向善能带来好运。

而我又想起了二姑母。她的亲生父母，我的二爷爷、二奶奶，据说很早就过世了。她是跟着我奶奶（她的大娘）长大的，婚后和我们家走动。今年春节过后，年初六，来泰安检查就傻了眼，胰腺癌晚期！医生看了一眼灰色衣衫、蜡黄脸色的她，含蓄地说："回去吃点中药，想吃点啥就吃点啥吧。"

"燕子去了，有再来的时候；杨柳枯了，有再青的时候；桃花谢了，有再开的时候。"[1]我们的生命呢？蓦然想起：2001年的时候，一个相熟的同仁遭遇了不测，年仅36岁，至今，他的音容笑貌还历历在目；几年前，又是一个教育界同仁寻了短见，也仅40岁左右；2005年，泰安电大的一位老领导也仅仅50岁就走了；就在去年，也是一个教育界同仁，因脑溢血离开了世界，仅43岁，留下了很多遗憾……那么多的相识的、长于我或同龄于我甚至比我小的人相继开始了新的历程；如果真的有另一个世界，或许我们还会见面的。

在这个世界里，我逐渐地成为了长者，相熟的、患难的竟突然间越来越少了，这是怎样的一份悲哀啊，我会不会觉得寂寞、孤单呀。面对年轻的新面孔，我该如何应对呢？"我不知道他们给了我多少日子；但我的手确乎是渐渐空虚了。"[2]一万两千多个日子逝去了，我还有多少个日子呢？假如我们从呱呱坠地那天起就知道了自己的"终点"，就知道了终止的日期，生命的倒计时就开始了！我们会不会感到恐慌呢？我们该怎样打发自己的时日呢？"我不禁头涔涔而泪潸潸了。"[3]

一次，几个初中的同学在一起吃饭。大家商议：约上咱班的同学一起聚聚，不用很多，二十个应当没问题，每人每年做一次东，转不了几圈了。大家都感到了生命的匆匆。我曾经观察过一些昆虫、小动物，它们的生命很短暂，仅仅几年甚至几个月。看着它们忙碌的、纷争的、怡然自得的身影，我常常惆怅。生命为了什么而存在？怎样才算不辜负了这段历程？世界上究竟有没有永恒？或许某个神灵、大山、大海……他们在看着我们，如我们看着昆虫。看着我们如此"放纵自己"，无谓地消耗时光，他们会哂笑？生命如此的短暂，像"针尖上一滴水滴"[4]，如果我们不好好珍惜、好好把握，等到生命终止的时候，我们也许会留下很多的遗憾的。

好好活着吧！

好好活着意味着我们要认真担负起自己的责任，把该做的事认认真真做好，孝敬父母，关爱子女，珍重自己，努力工作。我们的日子一去不复返，做不了多少年的。

好好活着意味着我们要在自我与社会之间找到一个平衡点，不因为外界的评价而暗自垂泪，折磨自己，也不因特立独行而脱离我们的现实。生活在真空里，世人皆醉我独醒的滋味并不好受。留一半清醒留一半醉，凡事不要太较真，也不要一切都不在乎，麻醉了神经，耗费了身心。

好好活着意味着我们要淡泊名利，但不能失去向善爱美唯真的追求。浑浑噩噩，一事无成，是对生命的不负责。一切不要太勉强。不是你的，不要费尽心思去强求，强扭的瓜不甜；是你的，要好好珍惜。只要追求过，努力过，我心无怨。

好好活着意味着我们不逃避，不封闭自己，勇敢面对生活的挑战，敢于维护自己的权益，坦然面对社会的不公与委屈，胸怀坦荡。心底无私天地宽。得失笑傲然。看着那些热衷名利的人，看到别人的获得，我们不羡慕，更不嫉妒。每一个人都有权获得。在无谓的纷争里消耗自己的身体不值得；在名利场里挣扎，身心俱废不值得。

好好活着意味着我们要学会生活，学会享受大自然赐予的一切美好的事物。不出卖自己的灵魂与肉体。美丽的大千世界，风情万种的生物，蓝天、白云、高山、大海、小溪、原野……我们都还没有看过，它们需要我们的欣赏，需要我们的爱护。那就去吧，一定要挤时间去！

好好活着意味着要宽容别人，理解别人，原谅他人的过错，不必睚眦必报；当然，也别忘了宽容、理解、原谅自己。

好好活着意味着对待生活，对待社会，不要太理想主义更不要太现实主义，付出与索取都要适当，抑制自己的贪欲、保存自己的梦想，做一个有思想的、独立的人，不要人云亦云。

"我赤裸裸来到这世界，转眼间也将赤裸裸地回去罢？但不能平的，为什么偏要白白走这一遭啊？"是啊，人都有老的时候。但愿我们走之前无怨无悔；走了之后，还有人记得我们，那或许取决于今天我们是怎样地活着。

李延安

注释：

[1]—[4]：朱自清.匆匆

听创新课有感

2012 年 4 月 9 日—10 日，有幸聆听了 15 节创新课，课堂精彩纷呈，各有千秋，收获多多，其间有了一些感悟，记录下来。

一、坐在后排的学生真吃亏啊。听课时，我们这些评委一般是坐在教室后面的，看学生的后脑勺，对教室最后面的学生看得最清楚：一是教师的注意力到了后排就已是"强弩之末"，学生容易被忽略，大部分教师都是如此。比如，我发现在教室最后面角落里的学生站起来回答问题的机会寥若晨星，再比如当前面的同学忙着做老师要求的任务时，后面的学生可以趴在那里什么也不干，教师一般发现不了。而且，如果教师不大声讲课，后面的同学有时听不清老师的话。信号衰减时有发生。二是大多数教师喜欢在前三排或者讲台周围活动，后面的学生得到的关照不足，这也是一种教育资源的不均衡。有的教师甚至一节课下来，后面两排从未到过。"羌笛何须怨杨柳，春风不度玉门关"，真的很无奈。三是教师喜欢在课堂上来个"分组教学"，前面的学生一般比较整齐，都能找到伙伴，到了后面就往往是个"尾数"了，凑不齐。有的教师及时注意到这个问题，做了些宝贵的调整。有的人站在那里大手在空中一比画，分组就完成了，根本不管后面的同学是不是能够组成一个"团队"。

二、教师要注意情感、态度、价值观的影响。在英语课上，老师讲到"日本"这个单词时，亮出了"膏药旗"（日本太阳旗），看在眼里，心里就不舒服，为什么不换一种方式呢？

三、教学设计必须符合学生实际。有一位英语教师在课上设计了非常丰富的内容，对拓展学生的知识很有帮助，但是那些音乐啊，图片啊，文章啊……都是这些农村学生（上课的学校是一所农村中学）没见过的、不知道的，所以出现了一问三不知，答非所问等冷场现象。在抱怨学生知识面狭窄，不配合教学时，教师也应当考虑一下自己了解学生的实际水平了吗？是否做了一些必要的学习者分析？农村学生的英语听力水平差，有的城区教师在设计课堂教学任务时就忽视了这一点，造成了学生不知所云的现象。我注意到，有一个班后面的三个学生在英语课上什么也没做，就是趴在那里发呆，问其原因，答曰：根本听不懂。

四、多媒体资源运用一定要熟练、恰当、适度。有的教师在讲述某些国家的英语国名时运用了世界地图（在地图上标注这些国家的英文名称），非常形象生动，但是由于单词的字体颜色与地图背景太相近了，反而引发了"看不清"的现象。有的教师设计了一些无关的小动画在屏幕上跳跃、转动，不仅与主题无关，还分散了学生注意力。还有的教师使用的动画音太刺耳，让人觉得不舒服。有的教师自己操作现代媒体的技术一般，当课件卡壳时就导致了课堂的停顿。有的教师仅仅利用了多媒体的呈现功能，一个现代化的"小黑板"而已。有一位老师课件上的字太小，根本看不清。

五、"指名读"一定要科学规范。教师在课堂上经常要指定某个学生站起来回答问题，有些现象值得注意：一是一排或者一列的学生依次站起来回答问题或完成其他任务，这是否会让个别学生钻了空子？二是反复让个别善于表现的学生站起来回答问题，忽略了大多数学生。三是指定小组发言人的方式是否形成了"话语霸权"？使其他人受到冷落？四是由于教师不知道学生的名字只好用手指着学生说"你起来回答"或者说"那位女生、男生"之类的话。有一次，一位女生站起来了，要回答问题时却被拒绝了，老师要求她旁边的同学回答。这位女生只好红着脸坐下了。有点受打击吧？

六、方法形式要多样。有的教师在教学英语单词时，就是一个反复读，站起来读，齐读，个别读，单调乏味，效率很低。您难道不会来点别的花样？有的人都要睡着了。

七、小组合作要讲效果。大部分教师在课堂上都会让学生就近组合（同位、前后位）进行合作交流。但是在"为什么合作？怎样合作？"这些问题上需要做进一步研究，绝不可为合作而合作。小组合作中既要防止个别人不参与、不动脑，也应防止个别人成为组内"话霸"，出现假合作。既要关注独立思考能力的培养，也要有助于培养学生的合作精神，民主意识。

八、教师心中必须有个标准答案或者标准解题方法吗？规范标准是必需的，教师必须教给学生更科学更规范的东西，但是在很多情况下，心中有标准就成为了心中有桎梏，限制了学生的思维。比如，在《交往讲艺术》这样的思品课上，教学内容没有很深奥的东西且与学生生活十分贴近，学生应该很有话说的，但是太可惜了，有的教师就愣是把这节课上得索然无味，学生昏昏欲睡，课堂气氛沉闷冷淡。为什么？主要原因是：教师急于把学生的答案往心中的标准上"引"。其实这样的问题有必要一字一板地与课本一致吗？意思对就行了。当学生把大体意思说对了之后教师总是急着去纠正学生的表述，要求按照自己心中的"答案"来说。几个回合下来，学生发现自己每次回答都达不到教师的要求，反而成为了教师批评的"靶子"，多丢面子，多挫伤积极性啊。冷场也就在所难免了。这种做法在伤害学生自尊的同时也制约了学生的思维。

有的教师可能太熟悉应试教育了，把交往的艺术变成了"知识点"去讲，让学生反复读、记住、背过，鲜活的"交往艺术"变成了死板的考试要点。生硬死板的课堂就是为了考试，知识死了，课堂也"死"了，学生变成了知识的容器，事实上也"死"了。

九、不给学生面子，就是不给自己面子。教师抛出一个问题，应者寥寥，教师很尴尬，场面很难看；有时候，学生就是不举手，或者仅有几个学生举手，有的还是"犹抱琵琶半遮面"式的举手；有时候，教师看实在没人举手就硬把人家叫起来，也有怎么叫也不起来的学生，还有站起来低着头、红着脸一句话也不说的，至于那些站起来吞吞吐吐来几句的反而成了配合老师工作的。如果这时有个学生举起手来，就像平静的湖面上树起了一面旗帜，"鹤立鸡群"一般，教师就像找到了"救命稻草"。孩子年龄越大越容易出现这样的课堂。

为什么会这样呢？原因是多方面的。我以为有一个原因是"主因"，那就是：初中学生都已经不小了，懂得要面子了，可是个别教师就是不给人家面子。本来人家起来回答你的问题就是对你教学工作的积极支持与回应啊，你不但没有必要的鼓励还要加以讽刺挖苦，让人丢丑，谁还愿意自找没趣啊。本来嘛，你抛出一个问题，学生的回答就有对、错或者半对半错等几种可能，教师对此应该有所预备的，怎么能强求学生一定要按照"标准"来回答呢？强人所难！有的老师在学生回答问题后，语言匮乏干巴，不加评论，更没有激励，只是说"坐""请坐""嗯""哦"，冷漠得很，缺少激情、热情。学生的热脸贴了教师的冷屁股。这也是学生不愿回答问题的一个原因。

十、拖堂最可恨，消磨时间最难受。可能设计的内容有点多，也可能时间把握不准确，不论什么原因吧，教师拖堂最讨厌了。你想想，一个课间才十分钟，你拖上几分钟，下节课老师再早来一会儿，厕所普遍在教学楼之外，学生怎么过呀？所以有学生尿裤子的现象发生，所以有学生不喝水影响健康的现象发生，更有甚者因学校厕所里面空间不足，学生好不容易跑着去了，位置没有，就发生了拉裤子的现象。这事要是发生在您自己的孩子身上您会作何感想呢？奉劝教师讲不完也下课，下节课还有机会补上的。这次还发现个别教师提前近

15分钟就把课上完了，没事可干了，光小结就进行了"三次"，不断看表，盼着下课。这剩下的几分钟就"度日如年"了。您就没试讲一下？

十一、脱离教材。教材乃是教学之材料，是教师上课的"蓝本"。有的教师在开发拓展教材上真是下了功夫啊，课堂内容变得十分"丰满"。但是，也发现，有的教师一节课都没有让学生翻教材，只是引着学生看"屏幕"。那么学生课下该怎么办呢？回到家，还有"学案"吗？还有"屏幕"吗？怎么培养学生自己看书学习，归纳总结的能力呢？

十二、知识梳理很重要。有一位教师做得真好啊，课前把学习目标告诉了学生，整节课流畅自然，浑然一体，结束前更是将本节知识与前后内容进行了"勾连"，知识网络一下子建立起来，让人眼前一亮。但是，也有的教师把知识弄得支离破碎，不系统不完整，让学生摸不着头脑。

十三、勤快婆婆带出来一群懒媳妇，灰色的教师怎能教出"阳光"的学生？有的老师太敬业了，在课堂上讲得口干舌燥，无形中挤占了本属于学生的时间。当学生的课堂教学表现不佳时，他们着急得很，急于说出答案，学生思考的空间没有了。"老师站在那里双手在空中舞动，充满着焦虑。""上台表演的学生驼着背红着脸，说话时既不敢用目光直视他人，声音也小得很，充满着不自信。"当老师勤快时必然剥夺了学生自主学习、自主动手的机会，当老师焦虑时必然让灰色笼罩教室，学生怎会"勤快"，怎会"阳光"？

有的老师在综合实践课上感叹：在我们学校（城区）试讲时，学生们几乎没有做出一个像样的收纳盒，你们（农村学生）却做出了15个！这是城乡差别吗？这是能力差别吗？有的人也许觉得这种综合实践课根本就没有用，对这方面的教育不屑一顾，真的是这样吗？不认识基本的工具，不会使用工具的人是在退步呢还是在进步呢？看到孩子们在综合实践课上那份认真，那份投入，我们也许应当明白孩子需要什么样的知识了。感兴趣的不让学，没兴趣的逼着学，这就是教育吗？有一位综合实践老师做得很好：告诉学生，我们需要做一个粉笔盒，让学生考虑需要哪些材料，哪些工具，什么样的方法，然后教给学生动手制作，效果不错。将来孩子是否会有这样的生活需要呢？这与工厂里的来料加工是不是有着异曲同工之妙呢？

听了两天课，看到了不少值得我学习的地方，不再一一赘述了，上面这些话题是写给我自己用来自省的。纯属个人见解，不当之处欢迎批评指正！

李延安

谁来调动我的积极性

最近看了曾仕强、余世维有关企业中的人性化管理方面的讲座录像，感受颇深。我愚昧地得出这样一个结论：所谓管理的人性化，乃是一种管理的技巧，无非是为了调动员工的积极性而已。日常生活中，我们也经常听到这样的话："领导（老板）要调动职工（员工）的积极性""老师要调动学生学习的积极性""××领导不注意调动职工的积极性""工作积极性不高""学习积极性不高"，等等。

如果我们把学生、职工等称为被管理者，老板（经理、领导）、老师称为管理者，就会发现好像所有的被管理者的积极性都需要管理者去调动，否则，管理者就不是称职的管理者；被管理者就不会好好学习，好好工作。难道他们都是为了管理者而努力工作学习的？推而论之，管理者又被更高层的管理者管理着……乃至国家元首、地球"球长"，宇宙"宙长"。不过，他们似乎也都是"凡人"，他们的积极性又靠谁来调动？或有智者曰：他们都是为了自己的政绩、业绩而工作。由此，我们眼前一亮：除了管理者，还有其他因素来调动我们的积极性。"人犹如磨道中的驴，只要眼前有青草，就不问青红皂白地转个不停。"这是谬论！人是有主观能动性的高级"动物"。

政绩也罢，业绩也罢，在深层次里是什么呢？我冒昧地以为：这是人自我实现的需要。每一个人不论他是一个多大的领导者，还是多么普通的一名劳动者，他都有自我实现的需要。只不过有的人因为岁月的沧桑把自己内心深处的宝贵的"力量之源"沉寂了，掩埋了。这或许就是心理学上所谓的"习得性无助"的缘故吧？不过，恐怕很少有人会不在乎自己在周围人群中的形象。很少有人会讨厌自己被他人"信服、认可、尊敬……"这是褒义词，人人都需要，只不过有时得不到。还是来审视一下我们的内心吧。

如果一个孩子尚未认清人生的根本是为了自己，为了自己所爱的人；需要老师来告诉他们：人要好好学习，天天向上；需要老师调动他们的积极性，这是情有可原的，可以原谅的，那么一个成年人呢？我们就这么被动下去吗？我们为了自己及家人，大而化之，为了国家振兴，民族富强，为了获得高质量的生活，需要自强不息，孜孜不倦，百折不挠，自动自发地进取下去，一息尚存，奋斗不已。我们努力工作，追求完美的业绩，就是为了证明我们的能力，证明我们能行，不比别人差，胜任本职工作。我们的积极性不需要人家来调动。

李延安

您关注自己的技术含量吗

过去有人说，"家有三斗粮，不做孩子王"，可见教师的社会地位不高；现代社会里，教师的收入增加了，成了"太阳底下最光辉的职业"，可是受到的指责非议也不少。当教师难啊！似乎社会上每一个健全的成年人都有一套自己的教育思路，都知道应该如何教育孩子，都可以对我们这些当教师的品头论足。他们说得头头是道，我们很难说服、驳倒他们。他们不服我们的气。

曾经听过一则笑话。100年前的医生来到现代医院是一窍不通，无法工作的；100年前的教师来到时下校园则可以继续教书。为什么呢？一则是因为学校里教授的知识多年来未有什么变化，在基础教育领域，变的可能性似乎不大；二则是因为依靠"黑板、粉笔"就可以上课，教育教学手段百年不变。您"一百年"不变，怎能超越他人？您不高他一筹，他能服您？

相比之下，似乎没有人敢和医生较真，不信您拿手术刀试试？教师咋就不如医生呢？无论社会地位还是物质收入都不行。最近看崔允漷教授的讲座，他说现在基础教育工作的技术含量太低，所以社会上人人可以对我们指手画脚。豁然开朗！如果大家都认为就小学、初中那点知识，谁都可以教，没啥了不起的，那么当教师的也就没啥大本事，不值得钦佩了，发这些工资就不少了。

虽然，教师也被看作是专业技术人员，也有自己的专业职称，现在还有了教师资格证。可是谁能保证当教师的就能比"行当"外的人更懂教育，更懂孩子？谁能让那些外行人心服口服？教师的技术含量体现在哪里？面对家长、社会的质疑，我们似乎没有有力的反驳工具，失去了话语权。

一名普通的中小学教师需要什么样的"技术"呢？有形的"技术"如掌握教育教学手段，会使用必要的教学器具。无形的"技术"即先进的教育理念，有一定教学理论水平；对教育工作有自己的理解、见解，有自己的教育理想，不人云亦云；有一套行之有效的教学方法，积累了自己的教学经验；懂孩子成长规律，对孩子的学习、成长能给予有效指导。

魏书生、李吉林等基础教育界的佼佼者是都有自己的一套教育理论、教学方法的，所以大家都佩服他们。南京滨江中学的邓可清校长、博兴县教育局周奎齐局长等都拥有自己的治校方略，社会上信服他们。

教师是需要了解点理论知识的。大到人生哲学小到教育学、心理学，都要有所涉猎，有所了解。除了自己那点教学知识之外一无所知是很难让人服气的。在所有的培训班上，我们都喜欢听些案例、故事类或者操作层面的东西，一旦涉及理论知识，大家就哈欠连天或者嗡嗡声不断。过于急功近利，是不是会使我们腹中空空呢？只知其然不知其所以然，是否会没有底气呢？没有理论支撑的实践操作是不是有些盲目？您是否注意到，大学教授们喜欢引经据典，大谈理论，很注意知识的系统性。虽然听讲座的您感觉这些理论离自己很远，想听点实用的东西，但是在社会上一提大学教授，大家都认为他们是专家，对其敬仰程度远胜于我们中小学教师。耐下心来听点理论也无妨，何必这么心浮气躁地追求当前有用的呢？

教师是需要读点书的。古人云：腹有诗书气自华。博览群书，自然谈吐不凡。修身养性，自然脱俗。不知道现在有多少教师自己掏钱买书，订阅教育类报刊？

教师是需要点职业理想、职业操守、道德水准的。您或许不要太把自己混迹于凡人之间，大家都在看着您呢。

教师是需要写点东西的。您都不能写个漂亮的工作总结报告之类的东西；您都不能完成一些带有自己个性色彩的教育小论文，即便动笔也是东拼西凑，应付评选，怎能让人钦佩？

教师是需要点基本功的。能写一手漂亮的字。有一口标准的普通话。能驾轻就熟地操作现代教学媒体。

教师是需要研究点课堂教学艺术的。能把书本上的知识传授给乳臭未干的小娃娃，让他们听得懂、学得会，自然功力不凡。能让那些顽劣小子静下心来读圣贤书，承接先贤智慧，心情平和愉悦，那可是真本事。

如此下来，假以时日，我们的技术含量就上去了。

李延安

教师不妨"附庸风雅"

"风雅"一词原指《诗经》中《国风》和《大雅》《小雅》，后指风流，儒雅。我以为似指不谙世道，不食人间烟火之人士所为，在当下苛求教师为之实属不易，所以有人说："教师不跪着教书"即可，无论风雅。我权且以为教师也是人，也有"七情六欲"，不能要求其成为殉道者；不过教师若混迹世间，把自己等同于一般市井俗人，又与其职业要求、与大众诉求相背离，实在说不过去。所以，教师也不妨附庸风雅，行些"风雅"事，以示区别，以慰藉渴望"高尚"的学子与大众之心。

这里容我先把"附庸风雅"略作解释。"附庸风雅"原意为：形容缺乏文化修养的人追随于文化人，装出自己很有修养，文雅有风度的样子或指某些人为了装点门面而结交名士，从事有关文化活动，以示自己有一定的文化素养。本文中，意指超越其原意基础上再加一层追求一点风雅的意思。

附庸风雅之教师不妨读点书。有人做过中小学教师读书状况调查，得出的结论不容乐观。"教书不读书"成了部分教师的标签。当然，有叫屈者，哪个教师不是天天和书打交道。教师是离不开教材和基本的教学参考资料的，我们这里指的"读书"自然是不包括这些的。这里的"读书"是指除了教科书之外的，为了提高自身素质而进行的广泛阅读。一名教师若仅活跃于灶台与讲台之间，不读"圣贤书籍"实在不妥。

附庸风雅之教师不妨参加些培训学习活动。教师不能适时更新和充实知识，犹如电池不充电一样，耗尽电能，落得个"庸人"的结局是必然的。况当今乃终身学习之社会乎？

附庸风雅之教师不妨参加些文体活动。弹弹琴唱唱歌健健身，标点儿新，立点儿异，不拘泥于扑克牌、麻将、电子游戏。教师虽不能琴棋书画俱佳，亦不要除了自己那点书本知识之外一无所长。

附庸风雅之教师不妨讲点奉献，做些公益事业。沉湎于蝇头小利、个人得失，不顾群体与他人利益与感受者，岂可行教书育人之事？有些人穿着讲究，油光满面，却随地吐痰甚至大小便，随意毁坏公共设施，毫不珍爱公物，几乎不做公共卫生，从未见其为他人做些什么奉献。教师当有别于此类"君子"。

附庸风雅之教师需要谈吐不俗。四处高声语，言语粗劣如市侩小人，有失"师范"。

附庸风雅之教师需胸怀宽阔，心地坦荡，谦虚谨慎，能取人之长，努力缔造和谐合作之人际风尚，如此则自己心情舒畅，别人亦得实惠，共享人生之美好。

李延安

真实的学习

近些年，伴随着现代科学技术的日趋发展强大，人们收获了许多意想不到的便捷和乐趣。交友不用面对面，购物不需进商场，学习不再进教室，娱乐无须在影院……虚拟的网络世界里什么都有！感谢网络，感谢视频，感谢现代教育技术，让我们随时随地都可以进行学习、生活和工作。

前些天，我购买了二十四式太极拳教学光盘，里面既有教学动作示范，也有要领讲解，对着电脑就学会了打太极拳，省钱省事，确实方便实惠。趁着闲暇，我便到住所附近的体育场实战演练。走到广场上才发现，一群又一群，至少三大群，还有若干小群和单练的，男男女女、老老少少大家都在打太极拳，各式各样的动作都有。我便有些不自信了，不知道哪家是正宗？自己学得是否对？就决定找个师傅指点一番。经过几天的观察和斟酌，最终走近一个群在旁边观看，想趁他们休息之际请教一二。一位热心的老者介绍我认识了该群的罗师傅。他认真询问了我的情况，决定接纳我跟他学习。

第二天晚饭后，我应约到了广场上，师傅教我练习太极拳。基本功是太极步，蹲马步，此外就是手、脚、腰、头、眼睛各个部位的动作要领。师傅耐心地传授每一个动作，手脚的位置要到位，腰板的要求须规范，"沉肩坠肘，坐腕舒指"，"含胸拔背，气沉丹田"，等等。此时，我才明白，以前对着光盘只是学习了一些外表的架势，对太极拳而言仍是门外汉。

由此，我联想到我们跟着视频学习的其他知识，真的学对了吗？还是徒有外壳浮在表面？比着葫芦能画瓢，离真正掌握一门技艺还是很有差距的。虚拟开车学得再好恐怕到现实世界中也不敢开吧？看着电视做菜，要领再熟练也得到厨房实践吧？一位友人说，看着视频练习书法，就是不行，效果很差，老师一教一点拨就通了，每一个细微的运笔动作都要老师教，跟着老师做，有老师给予纠正才会真正弄懂学会。学游泳不到水里去怎么能行呢？

"纸上得来终觉浅，绝知此事要躬行。"古人的这些话是有深刻道理的，希望我们的学习不"虚拟"。

李延安

教育不是为了逃离

2022 年 7 月 14 日，我接到一位友人电话，他们组织了泰山文化进校园综合实践活动，邀请我前去参加一下。我有点迟疑，毕竟这种活动我之前从未参与过，不知道他们搞些什么动作，我去了也不知道自己能做些什么，怕给他们添乱。他听出了我的犹豫，劝说道："这次活动地点定在范镇梭村小学，那不是你的老家吗？你应该回去看看。"这句话打动了我。毕竟从 1987 年离开故乡到外地求学，我已经三十余年没回到过家乡的校园了。

于是，7 月 15 日上午 9 点，我们一行十余人先后到达了学校。校长室很拥挤，空调也不管用，我们挤在那里很不舒服，我便借着去卫生间的时机溜到校园中走走看看。暑假的校园人去房空，杂草丛生，红砖铺就的小路长满了绿色苔藓，看来已经很长时间没有人打理了。我所在的三层小楼的南边大约有两排平房，墙面是灰色的，墙皮斑驳，看起来是学校的功能室。挂在这些房屋门口的标识牌或歪斜或字迹脱落。远处的沙土操场更成了各类野草的家园，难道是鲁迅笔下的"百草园"？幸好有个砖砌的主席台，一根锈迹斑斑的旗杆，还有间或露出的跑道模样，告诉我这是运动场。校园不大，我很快就转到了最西边的墙根，看到墙外也有几排平房，我便想起这或许以前也是学校的校舍，记得母亲曾告诉我镇上利用这里多余的房舍建了敬老院。

座谈会上校长介绍了学校的情况，目前学校只有五个班，一个班不足三十个学生，专任教师数只有十来个，且年龄普遍偏大。是啊，我记得这里曾经是所联中，还有小学。在我求学的年代，老家周边的每个村都有小学，在学生数量相对集中的谢台村还有一所初中，那时叫联中。在不远的梭村也有一所联中。想起来那时候学生数量是不少的。后来，到了我侄子上学的年代，听说周边所有村子的学生就都集中到这里来上小学和初中了，村里的小学全都消失了，两所联中也都合并到这里了。再后来，联中又合并到镇上的范镇一中了。可见，学生数量下降之迅速。学生少了，教师也就走了，学校自然缺少了活力。能够继续坚守在这里的教师都很了不起。

陶行知说：中国乡村教育走错了路！它教人离开乡下向城里跑，它教人吃饭不种稻，穿衣不种棉，做房子不造林；它教人羡慕奢华，看不起务农；它教人分利不生利；它教农夫子弟变成书呆子；它教富的变穷，穷的变得格外穷；它教强的变弱，弱的变得格外弱。前面是万丈悬崖，同志们务须把马勒住，另找生路！

多少年来，"书中自有黄金屋""书中自有颜如玉"成为中国读书人的动力之源。人们含辛茹苦，十年寒窗苦读就是为了"朝为田舍郎，暮登天子堂"。现如今社会进步了，人们不再单纯以"做官"为自己的人生目标，又多了发财挣大钱等多个选项。身为父母、师长者也一直沿袭着多年的传统给孩子灌输这样的理念：咱地方穷啊，没有出路啊，你们这些孩子一定要好好读书，将来到大城市里去，到发达地区去！于是乎，"逃离"这"穷乡僻壤"就成为很多学子们奋发学习的动力和目标。那些成功实现"鲤鱼跳龙门"的农村娃摇身一变成了城里人；小城里的学子到了"北上广"；大城市的孩子到了美国、欧洲！为了成功"逃离"，举全家之力而不惜，有的举债，有的卖房……

培养孩子就是为了让他们过上比自己更好的生活。这一点似乎没有错。但是，难道一切美好的生活都在远方？我们的孩子都去了异国他乡，谁来建设和管理我们的家乡？这几年，乡村有了很大的发展进步，但是我们不得不看到，农村的年轻人越来越少了，人去房空，形成了空心村。正如李镇西指出的那样，这不是哪个县市区的问题，这是"全国的现实"。他说：原因当然是多方面的，但我们的教育"教人离开乡下向城里跑""教人羡慕奢华，看不起务农""教农夫子弟变成书呆子"……难道不是重要的原因之一吗？我们的爱祖国、爱家乡教育是失败的，但是我们教人做"精致的利己主义者"似乎是非常成功的。

我记不清在哪里看到了这样的报道：新中国成立不久，周恩来便代表中国共产党和中央人民政府，通过北京人民广播电台向海外留学生喊话，郑重邀请他们回国参加新中国的建设。以钱学森、李四光、邓稼先为代表的一批海外知识分子，面对多重选择，最终满怀赤子之情，冲破层层阻力，义无反顾地投入祖国的怀抱。他们用自己的实际行动，生动证明了"科学没有疆界，但科学家有自己的祖国"的爱国情怀。

难道他们不知道当时的中国一穷二白，回到祖国他们将失去优厚的待遇，宝贵的实验设备，或将断送他们的科研之路？是什么让他们做出了在今天看来似乎是"不可思议"的选择？原因或许就是他们都曾接受了深厚的儒家教育，

"修身齐家治国安天下"的知识分子情怀已经在他们身上、心上打下了深深的烙印，就如那刺在脊背上的"精忠报国"一样让他们把爱国、报国当成了人生信条。

近日，研读《重读陶行知》想到了过去的教师，过去的教育，更想到了乡村振兴的教育担当。陶行知阐述道："改造社会而不从办学入手，便不能改造人的内心；不能改造人的内心，便不是彻骨地改造社会。"我们是否应当如先生曾经多次描述的那样培养一大批爱乡村，具有"农夫的身手，科学的头脑"，能够"肩挑手提"和农民打成一片的乡村教师？把乡村学校改造成"改造中国乡村的试验机关"，影响一片的教育高地、思想高地、文明高地？每当琅琅读书声起，每当冉冉国旗升起，人们的心灵便得到净化和洗涤。

李延安

迟来的感恩亦动人

公元 2018 年 9 月，教师节前夕，在偏远的乡村学校任教近 40 年的张老师突然接到一个电话。来电人询问清楚了张老师的姓名，确认了张老师的学校所在地，然后表示他要过来给张老师送花。张老师在这个乡镇的各个村小学之间辗转，不知道送走了多少学生，很多孩子他也忘记了。突然到来的电话让他陷入了沉思，这是哪一个学生呢？听声音是个 40 多岁的男士。张老师眼前如放电影一般回顾着一届又一届学生的脸庞，却未得其解。

"张老师！有人找！"传达室老王在校门口喊他，学校实在是太小了，仅有一座 20 世纪 80 年代末建设的二层小楼和几间平房。门口一喊，全校都能听见。张老师揉揉眼，从回忆中回过神儿来，迈着并不坚实有力的步伐朝校门口走去。校门外停着一辆小轿车，一位中等个头身体健壮的男士手持一束鲜花，恭恭敬敬地走进来："您是张××老师吗？""我是，你是？"然后一双柔软的手和一双结满老茧的手握在了一起。

来者是他曾经教过的一位女生的丈夫。那时，张老师才 30 岁左右，正是血气方刚的小伙子，对学生要求很严，特别是那些调皮的孩子都怕他。倒是，这位女生学习成绩优秀，品行也不错，深得他的喜爱。可惜，这个女生却对老师的关爱很排斥，甚至讨厌，故意跟老师作对。张老师也一头雾水，觉得自己的热心碰了冷石头。这些不懂事的孩子呀。他是既喜欢又恨铁不成钢。他们都是周围乡亲的孩子，有些还是套来套夫的亲戚。所以，张老师对他们虽然面恶，但是心很热，对自己的好心被当成了驴肝肺也全然不理会。而今，这位女生自己也当了老师，回首往事，她很为自己当年不理解老师的苦心，专门和老师对着干而后悔。那时的她也明白老师是好人，可是那些小伙伴都"怪罪"张老师，所以为了不被大家孤立，她选择了和大家站在一起，一同挑战老师的权威，对老师的关爱给予白眼。春去秋来，又到教师节，她想起了张老师，虽然大约知道他仍然在自己的家乡任教，但是却没有具体的联系方式，几经周折，托家乡的亲戚要到了张老师的联系方式，仍然觉得愧对老师的赤心，无法鼓起勇气向老师表达内心的感受，于是便委托自己的丈夫代替自己送去鲜花一束，倾诉自己的感恩、感激和感谢！

76岁的岳母讲到了她听收音机里讲的故事。一个五十多岁的男人通过媒体找到了自己失去联系的老师。这个年过半百的人，回忆起自己的过去老泪纵横，泣不成声，诉说当年老师对自己的好，没有饭吃，老师给他饭票；没有钱，老师从微薄的薪水中给他几块钱花……"那时候，俺兄弟姐妹人多啊，俺娘成天忙活完了地里忙活家里，没有时间关心孩子，对孩子也没有好脾气，有时候烦了就打骂，衣服破了也没空给修补，饭都顾不上"，他终于如释重负地讲起了自己的过去："是老师像娘一样关心俺！俺感觉老师那时候比娘都亲！"主持人问："那你为什么这么大年纪了才想起来联系老师，道一声感谢呢？""说来惭愧啊，因为家里条件不好，自己学习成绩也一般，所以初中毕业就到处打工，居无定所，没脸见老师！现在条件好了，但是总觉得有一个心愿未了，就到处打听老师的信息！"原来他的老师退休以后跟孩子去了山东，而他自己四处漂泊之后现在定居在新疆，双方久未联系，音讯皆无。随着年龄的增大，他要向老师表达感恩的心情越来越强烈，就求助于媒体联系自己的老师，今天终于如愿以偿，做了这个连线节目。

这位老人的倾诉让我岳母很感动。她便讲给我们听，要我们不要忘记自己的老师，抽机会向老师表达自己的感恩，同时也要求我们对自己的学生好，孩子们忘不了你对他们的好。

老人的话引发了我的思考，触动了我的心，想起自己在高中时经历的饭票被偷窃事件。那是1990年的夏季，正值高考前夕，父亲顶着酷暑从老家走了120多里路用自行车驮来了一大袋麦子，去学校食堂给我换了饭票。就在饭票换到手的那个晚饭后不久，我发现这饱含着父亲汗水与关爱的饭票不见了。父亲刚刚才返回百里之外的老家，又没有电话可联系家里，我伤心欲绝，至今想起来泪满双眼。就在此时，学校领导和老师向我伸出了援助之手，救济我饭票150斤，令我感动万分，感激之情无以表达，如瑟缩在寒风之中的枯叶在即将坠落之时被一双温暖的大手托举起来！师恩浩荡，令我终生难忘！我曾经想过给老师们磕个响头以示感谢，曾经想过请老师们吃饭，曾经想过登门拜谢……但都停留在想过。高秀珍校长、裴敦荣校长，张志胜老师（班主任），朱志柏老师等和这件事有联系的名字都深深刻入了骨髓之中。

俗语说：一日为师，终身为父。老师帮我们系好了人生第一粒纽扣，开启了我们的求知之门。这样的恩惠是无法报答的。所以古诗曰：谁言寸草心，报得三春晖。我们需要做的是饮水思源，永远铭记老师们甘为人梯、不求回报的奉献精神，并将之发扬光大，让爱的奉献充满人间。

感恩的心何曾迟到？

李延安

不要剥夺孩子的"亲身体验"权

《读者》2017 年 6 月第 11 期刊登了这样一篇文章《初吻》，文中有这样一段话，令人印象深刻。

"我是不会吃了梨再去咬一口软奶酪的！因为我很清楚这两种食物混合在一起的味道。有位作家曾经描写过。"

"但是你自己从来没尝过吧？"

"如果我能想象得出，干吗非要尝呢？"

"因为你想象的味道和实际的味道不一样！要不你说说，梨加奶酪啥滋味儿？"

是的，没有亲自体验过怎么能说知道呢？比如，我们通过媒体或者别人的口述，听说了美丽的某个经典的自然风光，如果你以为你就了解了她的一切，你就错了。你必须亲自体验过才能知道其中的滋味。

最近听了一节小学美术课，用纸绳、纸团做贴画，纯粹是一节手工课。可惜，老师光讲操作步骤就用了近 20 分钟，留给孩子们动手的时间显然是不足的，最后的作品也就可想而知了。

其实，不仅是在课堂上，在生活的各个方面家长包办代替的事也是无法计数的。比如"有一种冷叫妈妈觉得冷"就是一种很典型的现象。不让孩子亲身体验"冷"的滋味，他怎么能知道"冷"到底是什么呢？虽然这些行为披着"爱"的外衣，但这种"爱"也剥夺了孩子亲近社会、走进自然的权利。有的家长甚至连相亲找对象的事也替孩子办下了，真不知道孩子如何面对自己的婚姻生活。有的家长甚至连孙子的房子都买下了，确保三代之内衣食无忧了，孩子还有什么生活动力呢？等等。

当我们的孩子沉浸在"爱"的包裹中，无法真实感知外面的世界的时候，他知道的世界就是"二手"的。当他需要亲自去实践时就显得眼高手低了，有的孩子甚至养成了不劳而获的恶习，还美其名曰要"做大事业"，这些小事找人代办好了。"宅"在家里的人也就越来越多了。

随着父母年龄越来越大，力不从心的时刻到来，家长们忽然发现自己的孩子似乎除了读书学习之外，一无所成；有的孩子连读书这点事也搞得一塌糊涂，生活一团糟，更不要提关心照顾老人，处理世俗之事了。他们痛心哪！这是怎么一回事呢？我怎么生了这么一个不争气的孩子呢？其实，不是生得不好，更不是孩子天生比别人差，关键是培养的方式出了问题。从小躺在温室里，不见风雨的幼苗怎么会长成参天大树？从小习惯了大人为他遮风避雨的孩子，怎么会自己动手处理生活？……

　　请家长、老师们放心，您的孩子能行！请大家放手，让孩子走进真实的世界栉风沐雨，亲自体验生活吧。

李延安

别让你的天才眼光限制了你

公元前 643 年，春秋五霸之首，先秦五霸之一，威震天下的一代霸主齐桓公病重。他的五个儿子（公子无亏、公子昭、公子潘、公子元、公子商人）都忙于争夺王位，互相厮杀而无暇顾及老爹的安危，而他生前极度宠信的权臣易牙等人为了支持公子无亏上位，防止其他人接近齐桓公，派人围住王宫，并禁止任何人向齐桓公提供食物。于是齐桓公被活活饿死！尸体在床上停放了 67 天，身上都爬出了蛆虫，恶臭难闻，才被人收殓，实在令人叹息！

回望齐桓公的一生，可谓励精图治、功高至伟，他捐弃一箭之仇，任命管仲为相，率先打出"尊王攘夷"的旗号，推行改革，实行军政合一、兵民合一的制度，北击山戎，南伐楚国，九合诸侯，使齐国逐渐强盛起来，成为天下诸侯的霸主。那么为什么晚年却落到如此境地？除了个人的昏庸之外，没有选好接班人恐怕是最重要的原因了。

齐桓公最英明的决策是任用了差点把自己射死的管仲为相，而且对管仲是言听计从，从而得以成就霸业。然而"成也萧何，败也萧何"。齐桓公四十一年（前 645），管仲病重，齐桓公前去探望，询问谁可以接替相位，管仲遍视朝中，竟然无人可用，于是只好把皮球踢还给桓公，说："最了解臣下的莫过于国君。"即便是他勉强推荐的替代者公孙隰朋、鲍叔牙也不久死去。后继无人让辛苦建立起来的霸业付诸东流。难道齐国真的无人可用吗？恐怕是这位管老先生太优秀了，他拿自己当标准，总想找到和自己一样优秀的人才当接班人，就限制了自己的眼光，让人才无法脱颖而出。

而更要命的是他也没有帮齐桓公选定王位接班人。齐桓公有五个儿子，以管仲之才难道就无法从中培养出一位中意的接班人？晚年昏庸的齐桓公自己的用人眼光也出了问题，他不仅在培养儿子方面失算了，更在管仲死后任用了没有人性的易牙、无情无义的公子开方和丧失常理人情的竖刁。

两个"天才"在培养接班人方面可谓犯了同样的错误，导致了齐国的混乱，霸业的倾覆，让人不禁扼腕叹息！

公元 223 年 6 月 10 日，人称一代枭雄的刘备在白帝城病逝。刘备的一生可谓是传奇，早年颠沛流离，备尝艰辛，投靠过多个"老板"却都以失败告终，像个"打不死的小强"一样屡败屡战，最终于章武元年（221年）在成都称帝。刘备最终成功的原因是多方面的，其中大家都公认的原因是他聘请到了一代高人诸葛亮。这位诸葛先生的才智自不用言说了，在那三国割据的时代他就是最亮的那颗星。然而，蜀汉帝国却在诸葛亮"鞠躬尽瘁死而后已"之后29年就被魏国灭亡了。那位亡国之君刘禅更留下了"乐不思蜀"的人间笑话。

为什么刘备与诸葛亮这样的强强联合却无法保证他们的事业长盛不衰？且在他们身死之后帝国很快就灰飞烟灭了？问题还是出在没有培养出接班人上！

最令人长吁短叹、痛心疾首的莫过于千古一帝汉武帝在接班人问题上所犯的错误。太子刘据虽然不像汉武帝那样雄才大略但为政宽厚，屡屡平反冤案，深得民心，是最佳接班人。然而汉武帝却被小人所迷惑，因巫蛊之祸冤杀了刘据。待其幡然醒悟之后，只能造一座"思子宫"，又造了"归来望思之台"，借以寄托他对刘据的思念，令天下人闻而悲之。在其临终之际，他无可奈何地托孤霍光，辅佐年仅八岁的儿子刘弗陵接班，造成了大权旁落权臣的结局。而且为了防止出现"子少母壮，取乱之道"，处死了刘弗陵的母亲赵婕妤。这8岁孤儿如何能撑起汉家天下？难道汉武帝众多儿子中就没有其他合适的接班人吗？看来他在这方面也是出了问题。

齐桓公与管仲、刘备与诸葛亮，以及汉武帝等人都是杰出人物，却殊途同归犯了同样的错误。原因是什么？无言先生以为：

其一，他们那天才的眼光限制了他们看人的思维。因为他们太优秀了，所以很少有人能入得了法眼，横看竖看，没有超类拔群的接班人，感慨无人可用。殊不知，世之奇伟者毕竟是凤毛麟角，因其稀缺而显难得，以这样的标准苛责后辈实在是差之毫厘谬之千里。

其二，尺有所短寸有所长，衡量人才的标准也是多把尺子才是合适的，怎么能用他们本身这一个"标杆"来度量所有人？大才有大用，小才有小用，人尽其才，合适的人在合适的岗位上发挥作用才是王道。

其三，玉不磨不成器，人不学不知义。所有的人才都是在不断的磨砺中锻炼成长起来的。如果不懂得放手任用人才，让他们在艰难困苦中摔打，又怎能发现谁是可造之才？上面这些伟大人物都忽略了对后继人才的培养、选拔和考验、打磨，等到自己年老力竭方知后备人才的短缺，已经悔之晚矣。

　　以人为鉴，可以明得失，以史为鉴，可以知兴替。当我们重新翻阅历史典籍时不应当思考一下，如何识别人，怎样培养人的问题吗？一个人是天才固然可喜，但是千万不要让天才思维遮挡住了你"不拘一格降人才"的视野。

李延安

褒奖真的很重要

　　楼洞里搬来了一家新邻居。出来进去地经常见面，除了女主人外，男主人和他们的女儿似乎没有一点笑容，也从未打过招呼。在狭窄的楼道里走个对面也是侧身而过，形同陌路。其实，我们小区附近的高中不是本城的名校。所以考上这所学校的孩子肯定是中考的"差生"，并不是一件令人高兴的事，大人孩子甚至有点惭形秽。故而，人家不高兴也是可以理解的。况且，这小区因为区位优势明显，房租也不便宜。花不少的钱租个房子，上一所一般般的高中，实在也不是一件光荣的事。

　　从去年 9 月，他们家搬来这里至今，已经半年多了，我们都未曾说过话。时间久了，心理上也就接受了。铁打的营盘流水的兵，反正大家都是过客，不招呼也正常。

　　今天下午，我下班回到家，正从楼道口墙壁上的盒里取牛奶，那位放学回家的女孩恰巧回来了，笑吟吟地，破天荒地说："叔叔好！"

　　我十分惊讶，但立即友好地回应："放学了？还是离家近好啊，可以回来吃饭！"

　　"嗯！学校里饭堂的饭不好吃！"

　　"不但不好吃，还没有多少营养！"

　　我们就这样对话，一前一后上楼。似乎，今日阳光灿烂了许多。

　　"我们同学从街上买的饭也不好！"

　　"是啊。我们家你那个哥哥上高中时也是这样，花了钱还吃不好！爸爸妈妈送饭还很累！"

　　说话间，我们已经走到了五楼，我要到家了。

　　那女孩话锋一转："叔叔，你说高中里入团为什么还要考试？"

　　我还没反应过来，女孩又说："我考上了！终于入团了！"说着，扬了一下手中的《入团志愿书》。

　　我称赞她："这说明你很优秀啊！"

　　"初中里都是直接入团，高中里还要考试才让入团！"看来，她一直沉浸在自己的喜悦里。

我拿出钥匙准备开门。女孩的妈妈已经听出了孩子上楼的声音，在 7 楼上的门口说："回来了！什么事这么高兴？"

"叔叔再见！"

"再见！"

"我入团了！"她回答妈妈的声音透露着喜悦。

看来，这孩子从中考至今很少有如此的褒奖了。今天，她很高兴，找到了自己的信心。希望她的家长，她的老师，把她初燃的火焰拨得更亮！

孩子太需要肯定了，可我们吝啬！

李延安

我才是对的

今日在戴维·伯姆的《论对话》一书中读到这样一段话：

只要我们抱持这种防卫的态度——视而不见自身的思维假定，固执己见，总认为"我才是对的"以及其他诸如此类的事情——那么我们的才智就甚为有限。真正的才智要求一个人不固执己见。如果有证据证明自身的思维假定是不对的，那就不用坚持它。对思维假定来说，或者对任何一种观念而言，都应当保持一个开放的结构，在证据面前能够接受事实。

这好像是人类的一种先天性格。古往今来有很多帝王将相因为固执己见，不善于采纳别人的正确意见而导致国破家亡。即便是普通人也经常因为多疑，缺乏安全感，失去了对他人的信任，怀着认为别人的建议是"别有用心"的态度作出了追悔莫及的决策。根据伯姆的分析，我们知道绝大多数人都会坚定地坚持自己的"思维假定"，也就不自觉地总认为"我才是对的"。

某年某校搞中层干部聘任，邀请我为参加竞聘的候选人出一套答辩题。我前思后想觉得如果只出一些诸如"你是如何看待教务主任岗位职责的？""如果你能竞聘成功，你将如何开展少先队工作？"之类的话题，虽然人人能说个一二三，但是看不出这人的真正能力，特别是看不出这个人面对复杂问题、"两难问题"时的智慧。于是，我决定来一个让他们想不到，看起来有点荒谬的问题。题目是这样的：

某日，你接到一项任务，当你着手进行工作时，发现你的分管副校长和学校一把手对此存在不同意见，甚至你发现学校一把手反对这项工作，而你的分管校长未得到主要领导的同意就安排了这项工作。你将怎么办？

校长和副校长持不同意见，其实是非常正常的现象。两个大脑怎么能"异口同声"呢？最重要的是看如何对待这种"不同"。令我失望的是，所有参加这场竞聘拿到这个辩题的人几乎都说："这个现象在我们学校是不存在的，所以不好回答。"他们其实都采取了回避问题的态度。那么，为什么人们总是要采取这种"逃避"的方式呢？因为"逃避"最安全，只要不到最关键的时刻，谁主动说出"不同意见"，尤其是那些不能和主要领导保持一致的意见，谁就会"死"！几千年的文化积淀让人们都已经习惯了将心里的小九九要千方百计地隐藏起来，尽管在下面暗流涌动，却一定要维持表面的"和谐一致"。当面不说，背后说；会上不说，会后乱说。"大树"在的时候风平浪静，口呼万岁；"大树"一倒，猢狲皆散，骂声一片！这是一种"明哲保身"的文化。

正如伯姆指出的那样："当前流行的人际关系学使人们一般都不愿直接面对任何事。他们东拉西扯，以免尴尬。"然而问题就在那里，尽管我们视而不见，听而不闻，问题也不会自动解决。这或许是一个组织产生"内耗"的原因吧。长期的内耗必然会损伤组织的健康。那么，为什么那么害怕"不同意见"？伯姆告诉我们："实际上，我们是把思维假定和自己本身等同为一体了。"人们都存在"思维假定"，这是指导人们做出行动的前提，尽管大家没有意识到这一点。这就是说，面对同一事物，人们都有自己的看法或意见，这种看法有时很明显，我们可以觉察到，有时又不那么清晰但是存在于我们的"潜意识"中，并发挥作用。然而，当我们把对事物的看法和观点，与自己这个人等同起来以后，其他人反对自己的观点就是反对自己这个人。这是一种普遍现象。

这也就解释了现实生活中，人们常常对不同声音进行打压，对杂音竭力消除，对反对声尽力压制的原因。大家都要求其他人与自己保持一致，甚至唯命是从，因为只有"我是对的"。大多数人对"强有力者"的这种独断专行采取了俯首称臣的方式，有的人如魏徵则敢于逆龙鳞，直言进谏，每每让人们替他担心。幸亏他遇到了李世民那样心胸广阔的人，虽然龙颜不悦，但依然能忍。否则，他如果遇到了商纣王那样的暴君早就被"剖心挖肝"了！

所以，这也就理解了，前面所说的那所学校的主任们断然不敢对辩题做出价值判断，更拿不出好主意，避而不答的苦衷了。校园里，课堂上这种现象经常发生，程度不一，表现不同。所以，会议上领导们喜欢步调一致，意见统一；课堂里教师喜欢整齐划一，如出一辙。敢于不跪着教书的教师不多，敢于挑战教师权威的学生也不多。如此一来，创新质疑没有了，循规蹈矩的现象就比比皆是了。故而，李镇西老师主张"教师应该是精神自由的人"[1]。只有教师精神自由，敢于直面不同意见了，他们才会尊重孩子的思想自由，而不是强硬地要求学生绝对"服从"。只有精神自由的中层干部才能在遇到两难问题时不缩头缩脚，敢于亮剑发声才勇于创新。这样的校园才有活力。这样的教育才有生命力。

　　教育需要有个性的干部，放下成见，坚守本真，从善如流。课堂需要有见解的教师，放低身段，虚怀若谷，包容并蓄，有教无类，倾听孩子们的声音。

李延安

注释：

[1]李镇西.自己培养自己.华东师范大学出版社，117

"立德树人"新解

人之初，性本善还是性本恶的争论由来已久。

经常在关于动物的电视节目中，看到狮子、老虎、狼等食肉猛兽无情猎杀羊、牛、马等食草动物的镜头，无论老弱婴幼皆不放过，十分凶残。由此，我感到了这些食肉动物的残暴。然而，当镜头转向炎热的大草原，干旱的荒漠，我又看到了这些"凶手"生存的艰难，它们有时候一整天也吃不到食物。进而，镜头又转向这些动物爱护自己的"子女"的场景，让人看到了它们浓浓的亲情。由此，我便产生了纠结。这些动物到底是善良的，还是凶恶的？该怎么准确评价它们呢？

戴维·伯姆在《论对话》中写道："我们可以提出这样的疑问，一个人何以能毫不犹豫地消灭他国的儿童但却对自己的孩子亲爱有加？这样的疑问是找不出答案的。"

电视上也会有这样的镜头，一个十恶不赦的犯罪分子对于自己的子女却温情脉脉。这些人的前后矛盾、截然相反也令人搞不懂。在我们的身边，也时常有这样的事情发生，一些人可以对自己的宠物宠爱有加，为其购买衣物、食品、为其洗澡梳毛，爱心洋溢，然而对其他人却冷漠无情！一旦有这样的新闻事件爆出来，人们对此深恶痛绝！痛斥这些人对宠物比对自己的父母都好！为什么会这样呢？同样是这个人，他为什么这么自相矛盾呢？这类人的这些行为和那些动物、和那些侵略者一样吗？

伯姆还写道："所有的社会都制定了一系列的惩罚制度，以吓唬民众，使之行为从善。同时也出于相同目的而制定了一系列的奖励制度，同样也是为了诱导民众行为从善。由于事实证明仅靠奖惩不能完全达到目的，人们于是又进一步设立了一整套的道德体系和伦理规则，同时也发展出了多种多样的宗教观念，希望通过它们而使人们主动地、自愿地控制其'错误'或'邪恶'的思维与情感。但即便是这些，也未能真正实现其预期的结果。"

每个人都希望被他人尊重、善待，没人喜欢被他人欺辱、蔑视，无论地位，无论贵贱；所有的民族都在追求真善美，无论肤色，无论贫富；所有的国家、所有的宗教都在倡导大家做好人，无论强弱，无论大小；这一点应该是确定的吧？那么为什么有的人却将自己不希望遭遇到的"恶"，用在他人身上呢？当他这样做的时候，他是怎么想的？他事后会悔恨吗？这些问题似乎不能用几句话简单回答。

对此，我有了如此思考。当人类的远祖在其尚未成为人类，只是动物界一员时，应该没有什么善恶的概念，如同那些猛兽一样，只求在残酷的生存竞争中活下来。为了吃饱肚子，这些作为动物的原始人必须不择手段，与其他动物进行进化之争，因此在基因深处刻下了"兽"的痕迹，也即"恶"的种子。同其他动物一样，为了延续自己的种族、基因，他们也必须保护好自己的"家人"，又在基因深处埋下了"善"的种子。随着进化的发展，在战胜了其他动物，逐渐成长为万物之主的过程中，我们的先祖也经历了一次又一次种族之间、民族之间、地区之间等战争，这样的杀戮不比动物之间的竞争好多少，有时反倒更残酷。在面临这样的争斗时，人类必须保持野蛮之精神，否则将遭遇灭顶之灾。魔高一尺道高一丈，大家的"战斗"力都在升级。当谁也无法战胜谁，而长期的杀戮造成的伤害让大家都感到身心疲惫时，越来越聪明的人们逐渐认识到用"恶"的手段无法解决问题，"恶"只能招致循环往复的仇恨和报复，于是"善"的力量崛起了，良知出现了。

《尚书·大禹谟》记载，舜命禹征有苗，久战不胜。文中这样写道：

三旬，苗民逆命。益赞于禹曰："惟德动天，无远弗届。满招损，谦受益，时乃天道。帝初于历山，往于田，日号泣于旻天，于父母，负罪引慝。祗载见瞽瞍，夔夔斋栗。瞽亦允若。至诚感神，矧兹有苗？"禹拜昌言曰："俞！"班师振旅，帝乃诞敷文德，舞干羽于两阶。七旬，有苗格。

这段文字的大体意思是，在战斗了三十天，仍然无法取胜之后，益给禹提建议，不再采用无力方式去征服有苗人，而改用以德服人。最终有苗人前来称臣。由此看来中国古人显然是最早认识到单纯用"恶"的方式无法解决矛盾，由此将"武治"改为"文治"。事实也证明了这样的道理是正确的，靠暴力、靠蛮横的方式无法让人信服，强按下的头颅饱含屈辱早晚要奋起反抗。这样的认知终于让人类超越了万物，成为世界的主人。因此，"善"是人与动物的分水岭。一个不懂"善"的人仍然停留在动物层面上。

根据以上分析，我们更加深知人本身是善恶俱存的生命体。作为教师，应当将人身上"善"的种子培植长大，而最大限度将"恶"的种子扼杀于萌芽之中，不可激发"恶"的生长。由此，我们也深刻感悟到教育先贤，上至孔子，下至陶行知，把"教人做人，做好人，行善事，修身立德"当作教育的首要任务是何等正确。此为教育者的最高境界，最高使命。其他的如教人学习知识、技艺皆下品。故而可知，一名教师认为自己的职责只是传授知识则是大大的谬误了，降低了教育的档次。如果要教人做有"德"之人，则须自己先做一个有德之人。社会各界希望教师立德树人也就不奇怪了。

李延安

表扬亦有杀伤力

首先声明一下，为方便表述，本文所讲表扬，既指表彰奖励，亦指考核评价，也可泛指如职务晋升、职称评聘之类对人具有正向激励的好事。

每年9月份，恰逢教师节，表彰优秀教师，激励后进教师，自然成为一件重要的好事。然而这样的好事却有没办好的嫌疑。比如，网络上有人说教师节成了"优秀教师节"，大多数教师却被忽略了；还有人说教师节成了"教师劫"，给教师增加了不少负担；也有人说教师节成了"教师教育节"，领导们借此机会对教师进行批评教育。

每到年底，学校也要进行年度考核，评选先进个人。这也本应是一件奖优罚劣的好事，在不少的单位也是惹得一腔骚，舅舅不喜，妗妗不爱，也给学校领导造成了很多的烦恼。有人抱怨年度考核优秀名额太少，也有人对优秀人选不满意，认为结果不公正，还有人说："那些已经评上高级职称的教师还要优秀干吗？这不是浪费吗？"

据说，某单位为了让大家都满意出台了这样的奇葩规定：除了年度考核优秀的人以外，其他人都是年度工作先进个人。这不是更不公平了吗？干不干都一样了。这样的领导脑子更是进水了。

由此，我们不禁思考，为什么表彰奖励不但没有起到应有的效果，实现其初衷，反而让大家牢骚满腹，连连吐槽呢？其原因不外如下：

一是评选表扬对象的不公平不公正带来的问题。有的单位搞起了一言堂，领导拍板决定哪些人作为表扬对象，还说："如果全靠大家投票来决定评优树先的结果，还要我们这些领导干部干吗？还有没有党的领导？"确实，有的单位完全由群众投票决定考核结果，也导致了老实人吃亏，擅长逢场作戏、左右逢源的人沾了光，让大家觉得埋头干事的不如搞人际关系的。

教育工作是无法精确测量的，如何制定一个合理、科学、让大家信服的考核评选办法值得认真思考。

二是表彰对象太少，导致大多数人成了"看客"。李镇西老师曾经撰文批评这种现象，指出教师节被搞成了"优秀教师节"，与大多数普通教师无缘，无法让全体教师体会到职业的职业自豪感和尊严感,失去了其应有的激励功能。其实,年度考核等其他活动也或多或少地存在这种现象。

虽然,我们的工作离不开那些关键少数,我们也知道支撑大厦的还是80%的普通分子。怎么处理好、平衡好普降毛毛雨与树立标杆的示范效应之间的关系也是考验管理者智慧的一道难题。不妨考虑一下,哪些是需要全覆盖的?哪些是需要重点突出的?

三是不要将表扬与批评教育混杂在一起。一位校长讲了这样的故事,某些大型活动结束之后,领导们习惯于将全体中层干部集合起来开个会,先表扬一下表现突出的,然后就指出这样那样的不足,搞得大家灰头土脸的。一个活动的组织过程肯定不会十全十美,存在一些瑕疵实属正常。但是领导们这么一批评,让本来已经因为加班加点搞活动,身体很累的人更感到委屈,心理上受了挫。下一次谁还愿意组织活动。这样的领导不成了扫帚星了吗?

也有人会不服气地说:"有本事你领导事前指导到位啊,别当事后诸葛亮!"有些事当领导的也无法预测、考虑周全,甚至也没安排到位,事后把责任全部推给他人,好像自己永远是正确的。这简直是无赖行为。

教师节也罢,庆典活动也罢,都是一些喜庆的时刻,希望领导们多说说让大家高兴的话,至于批评教育完全可以再找机会进行,千万别扫了大伙的兴致。

其实,从教育心理学角度来讲,我们也应当多肯定,多做正向引导,强化正面,弱化负面。只有这样才能越来越好。借年底总结、庆典活动批评人的领导真应该好好想一想这个理了。

作为成年人的教师,被表扬挫伤了积极性,受了伤。己所不欲勿施于人。这是否启发我们思考该如何表扬学生呢?

其一,在面对学生进行表扬的时候是否也存在评选结果不公的问题呢?作为教师是否能做到持一颗公正的心,将一碗水端平,而不是被其他因素左右呢?是否因为家长社会地位的高低贵贱而区别对待学生呢?

其二,是否有意识扩大了表彰面,让每个孩子都能收获表扬?而不是单纯用文化课成绩来评价学生呢?我们的班级应该有学习标兵,但是否也应该有劳动模范呢?运动健将呢?我们的老师是不是应该拿起多把尺子,扩大表扬覆盖面呢?让每个学生都因为自己的某些特长而在同学们中找到存在感,获得尊严感,爱上学校。

其三,是否也将批评与表扬混杂在一起呢?当面对成绩排名时,全班几十个孩子，我们能表扬到哪个名次？又批评到哪些人？一位熟人告诉我，他参加一次家长会受伤一次，再也不愿意到学校参加家长会了，因为他的孩子总是那个受批评的人，搞得他很没面子。他也理解老师的苦心，但是无法接受老师的这种方式。据说姚明不愿提及他的中学生活。还听说某名校的一位尖子生跳楼了，原因是某次摸底考试他没考好，受到了老师的当众批评，班主任说："××同学，你这样下去你这辈子就完蛋了！"班主任说的是一时的气话，孩子却当了真。

有人说，我们决定不了大环境，但我们完全可以营造好的小环境啊。老师们是否应该拿起"表扬"的武器，让学生在你的赞许中快乐成长呢？真心希望大家莫把表扬变成了双刃剑。

李延安

当教师走下"神坛"

近日读钱穆所写《八十忆双亲师友杂忆》，有三段文字令人印象深刻，摘录下来，与大家分享。

其一，尊师如尊神仙。文章写道：

又荡口虽系远离县城四十里外一小镇，其时居民之生活水准知识程度亦不低。然其对果育诸师长皆备加敬礼。不仅有子弟在学校之家庭为然，即全镇人莫不然。因其时科举初废，学校初兴，旧俗对私塾老师皆知敬礼，今谓新学校尤高过旧私塾，故对诸师敬礼特有加。倩朔师在最后一年，亦赴苏州城一中学兼课，每周往返。当其归舟在镇南端新桥进口，到黄石街停泊，几驶过全镇。是日下午四五时，镇人沿岸观视，俨如神仙之自天而降。其相重视有如此。国人率谓工商社会必胜过农业社会，然今日农村及僻远小市镇之小学教师姑不论，即在商业都市中，小学教师能遭此异遇者有几。宜乎位为小学教师者皆自菲薄，不安于位，求去如弗及也。

一位在苏州兼课的小学教师，上完课后自苏州返回荡口镇。当日下午四五点钟，其乘坐的船到达时，沿岸人们驻足观看。其崇敬之神情，简直像看神仙自天而降一般。这成了镇上一景。一位返乡的小学教师受到全镇人如此的膜拜，闻所未闻。一个江南小镇，尊重教师到了如此地步，让人惊讶。人们不禁感慨把教师推崇到如此高度的时代再也没有了！

其二，北大为教师配校役。文章写道：

在北大任教，有与燕京一特异之点。各学系有一休息室，系主任即在此办公。一助教常驻室中。系中各教师，上堂前后，得在此休息。初到，即有一校役捧上热手巾擦脸，又泡热茶一杯。上堂时，有人持粉笔盒送上讲堂。退课后，热手巾热茶依旧，使人有中国传统尊师之感。

当时的北大有如此场景。教授上课前，来到休息室，有校役为其捧上一块热毛巾擦脸，泡上一杯热茶止渴；上课时，有人将粉笔盒送到讲台上；下课后，再奉上热毛巾和热茶。教授在当时校园中的地位堪称崇高了。

其三，章太炎演讲。文章写道：

某年，章太炎来北平，曾作演讲一次。余亦往听。太炎上讲台，旧门人在各大学任教者五六人随侍，骈立台侧。一人在旁作翻译，一人在后写黑板。太炎语音微，又皆土音，不能操国语。引经据典，以及人名地名书名，遇疑处，不询之太炎，台上两人对语，或询台侧侍立者。有顷，始译始写。而听者肃然，不出杂声。此一场面亦所少见。翻译者似为钱玄同，写黑板者为刘半农。玄同在北方，早已改采今文家言，而对太炎守弟子礼犹谨如此。半农尽力提倡白话文，其居沪时，是否曾及太炎门，则不知。要之，在当时北平新文化运动盛极风行之际，而此诸大师，犹亦拘守旧礼貌。则知风气转变，亦洵非咄嗟间事矣。

章太炎演讲时，他的五六个学生站在讲台旁边服务，因为他不讲国语，听众听不懂，有的学生就在一旁翻译，有的学生在他身后将其所讲内容写到黑板上，书写的人听不清楚时还要悄声询问其他人，搞明白后再板书，但绝不会打断老先生的演讲。而令人称奇的是，所有的听众都肃然静听。这样的场景真让人震撼。这些"服务生"中，从事翻译工作的是闻名遐迩的钱玄同，写黑板的是刘半农。

读完这三段文字，不禁感慨良多。忽然就想到了这样的问题，为什么我们的时代出不来大师了？或许能从这里参悟出一些原因。当中小学老师、大学教授走下"神坛"之后，人们崇拜的对象或者心目中的英雄人物是谁呢？电影明星？歌坛王后？大款巨富？……这样的价值导向不是把学生们从崇尚学问，崇尚大师，引导到拜金主义，不讲节操讲物质利益上去了吗？或许现在金融、信息技术等能挣大钱的专业成为了高考热门专业就是这种价值观的产物。一切以经济利益为中心，把枯燥的科研工作、学术研究逼到了墙角，让基础学科变成了冷门学科，那么我们还有几个学生甘心坐冷板凳，在治学的道路上苦苦求索？我们又怎么指望原创思想、原创技术的诞生呢？

现代社会，教师固然不能再讲所谓的师道尊严。师生在人格上面是平等的。然而，这与尊师重教应该不矛盾吧？当老师这个行当不再受人尊重，必然就不能将优秀学子吸引到教师队伍中来，又怎么会造就一位位大先生、教育家呢？没有了教育家办学、任教，我们的学校又怎么能培养一个个优秀学子呢？师道不存带来的恶果，损害的是我们整个民族的文化素质。

在芯片技术不断受到制约，核心产品无法创生，高科技领域技不如人的时刻，在我们急需要将大国重器掌握在自己手中的重要关头，实施科技强国，科教兴国战略是我们的必然选择，更是我们突出重围的唯一路径。而这一切都需要人才的支撑。人才必然需要高质量的教育来培养。高质量的教育呼唤高素质的教师。回望崇师尚道的岁月，或许能为我们带来一些启示。

李延安

也谈优等生的教育

在大多数教师的事迹报告中或者讲座中，我们经常看到或者听到老师们使出浑身解数转化、帮扶学困生的故事。这些故事非常感人，效果也非常明显，结果大多是在老师的努力下，这些原本学业成绩较差或者行为习惯、品德修养存在问题的孩子最终进步很快，甚至考上了名牌大学。然而，我在看到这里或者听到这类教育成效的时刻不禁产生了疑问，这里面是不是有个悖论呢？设若这位教师执教的班级中有若干学生，你最终把原先成绩列于末位的学生帮扶到了班级前列，是不是班级内又产生了新的末尾呢？换句话说，是不是教师教育学困生的结果是让老学困生进步了，却造就了新学困生呢？不管怎么样，学业成绩排名之时，必然有头有尾，难道我们转化学困生的结果就是让新老学困生进行交替？再就是名牌大学招生名额也是有限度的，我们把一个孩子"帮"进去了，势必挤掉了其他孩子升入名校的机会。

造成上面荒谬现象的原因是教育管理者或者老师的评价标准出了问题，也可以说我们的教育政绩观是偏颇的。所有的孩子都是我们的学生，我们怎么能因为我们的努力工作制造新的"倒数第一名"呢？我们怎么可以因为帮着某些学生打败了竞争对手而引以为荣呢？要知道那些对手同样是我们的学生啊。虽然我们主观上不是这样的，但是客观事实确实是这样的。当我们只有学业成绩或者升学率这一把尺子的时候，我们无法自圆其说。我们的尴尬也就出现了。

其实，我们还有另一个角度需要考虑，教育者需要解决的仅仅是学业不佳问题吗？我们不是经常讲要教书育人吗？由此，引发了我的思考，单纯用文化课成绩评价出来的优等生真的"优等"吗？他们是否也需要帮扶与教育呢？

且看如下分析：

一般意义上的优等生是文化课方面的"优等"，未必真"优等"。我们的教育追求的是"德智体美劳"全面发展，我们要"五育并举"开展教育工作，绝不可以"一好"代替真实意义上的"三好"。至少学习好、体格好、品德好才是真"三好"。那么当我们真的以此来度量全体学生的时候，大家口中的"优等生"还那么"优等"吗？

"优等"也是动态的,我们知道,小学时的"好学生"到了中学阶段可能黯然失色,中学阶段的"好学生"到了大学未必仍然那么光辉灿烂。孩子们在成长的过程中身体在变、心理也在变,学业成绩也不可能一直不变。教育的作用恰恰在于以不变应对万变。这个不变就是我们对全体学生一视同仁的关爱与帮扶。这个万变就是千万个学生,千万种表现,千万种变化。

我们的教育观念应该是因材施教,爱一切孩子。不论优等生还是学困生都需要我们根据他们的自身特点去开展教育工作,该鼓励的鼓励,该批评的批评,绝不能因为他们学业的优秀而在其他方面降低要求,给予特殊政策。这样的不公平待遇不仅会伤害学困生,让他们感觉到教师的势利眼,还会让优等生产生自身无法察觉的优越感,其负面影响也是巨大的。因而,我们对优等生的要求应该高于其他学生,要以把他们培养成素质全面的栋梁之材为目标,绝不可纵容或者无视他们身上的"毛病"。

那么怎么培养优等生呢?

要教育他们具有更加高远的志向。范仲淹以"先天下之忧而忧,后天下之乐而乐"为自己的人生志向。少年周恩来以"为中华之崛起而读书"为学习目标。我们的优等生也绝不可停留在读好书、考好学、找份好工作的低层次上面。这样培养出来的学生毫无家国情怀,完全是出于一己私利在学习,将来必然只能是一个精致的利己主义者,于国于民都没有建树。我们要教育优等生将个人追求与国家需要自我自动结合,以振兴中华为己任,以造福人类为志向。这样的人将成为国家栋梁,民族骄傲,人之精英。

要教育他们客观认识自我与他人。寸有所长,尺有所短。每个人都行走在努力向上的路上,都值得他人尊重。一时的成功不代表一世的成功。世界是丰富多彩的,更是瞬息万变的,在学校的领先不代表在社会的领先,在工作岗位的领先;一方面的领先也不代表全面领先,当我们领先的时候我们高兴,当别人领先的时候我们也欢迎。

要给他们安装一颗强大的"芯"。苏轼说:古之立大事者,不唯有超世之才,亦必有坚忍不拔之志。好心态好人生。面对鲜花和掌声固然可喜,遇到挫折和困难亦不可气馁。人生如一场马拉松似的长跑,现在的"优秀"很难保证全程的"优秀";当你在这时间段领跑的时候不要骄傲,要当好领跑者,带领大家跑出新速度;当你在某个时间段落后的时候,不必焦虑,不可气馁,要认清自己的短板,做强自己的优势,锻造一颗强大的"心"。

　　要教育他们主动担当历史责任。铁肩担道义，妙手著文章。一个真正优秀的人绝不满足于自己的成功，而是用自己的成功激励他人，带动全体人的成功。中国的知识分子自古就有"为天地立心，为生民立命，为往圣继绝学，为万世开太平"的优秀基因。现代的优等生应该成为我们民族的优秀分子，应知人间疾苦，绝不傲视他人，更懂山外有山、人外有人，脚踏祖国大地，胸怀人类命运，眼观宇宙时空，成为造福全天下的先行者、引领者。

　　当我们的人类、当我们的民族走到此时此刻的时候，我们呼唤更多的优等生成为大家心目中的英雄，成为可堪大任的时代精英。教育者的责任正在于让差者自强，找准方向，做好自己，三百六十行行行出状元，何必自怨自艾？让优者更优，不满足于当下，不停留在眼前，拥有"生当作人杰，死亦为鬼雄"的雄心壮志。

李延安

现代教育设备和技术是否带来了现代教育思想

我才疏学浅，对于什么是现代化教育设备和技术没有一个准确的把握，可以意会其形状却不能言传其含义，更无法下一个合理的定义；对现代化教育思想亦无什么科学正确的认知，仅停留在感性层次而已；但是，近日参加了一次信息技术 2.0 培训活动，却引发了一些思考，感觉到有话要说，不说不痛快。

因而为了把话说清楚，首先要厘清概念，梳理认识，且容我结合网络上搜索的内容，给出符合自己能力水平和理解力的解释。若有不妥之处，欢迎高明之君子给予雅正。

何为现代化教育设备？根据查询结果，本文认为，教育设备是指那些服务于教育的可移动物品的总称，包括了教具、学具、器材、设施、场所及配置过程等。它主要是为了满足教育需求、提高教学水平、减轻师生的劳动强度、提高效率。现阶段，教育需求的牵引、科技进步的推动、经济基础的支撑都是促进教育设备发展的强有力因素。目前，人们常说的现代教育设备是指以多媒体教学设备为代表的教育设备，诸如计算机、投影仪、幻灯、展示台、录像、广播、电影、电子白板等。

何为现代教育技术？由前文推论，应当是基于现代化教育设备，为了用好设备、发挥设备优势、服务教学的技术。它是以现代教育思想、理论和方法为指导，以现代信息技术为手段的教育技术（现代信息技术，主要指计算机技术、数字音像技术、电子通信技术、网络技术、卫星广播技术、远程通信技术、人工智能技术、虚拟现实仿真技术及多媒体技术和信息高速公路）。它是现代教学设计、现代教学媒体和现代媒体教学法的综合体现，以实现教学过程、教学资源、教学效果、教学效益最优化为目的。

关于什么是现代教育思想则更莫衷一是，以我的能力尚没有找到确切的答案，但是个人认为它必然是先进的，而不是陈旧的；它必然是以人为本，尊重人、爱护人，为了人的，而不是压制人、束缚人的；它必然是注重五育并举，关注人的全面发展的，而不是片面盲目追求知识，追求分数而忽略人的整体素养的。它必然是关照每个活生生的人，为了每个人的，而不是只关心那些"精英"的。

在学习参观时，我们可以看到学校投入大量资金购买的现代化教学设备。比如，我们可以戴上 VR 眼镜，操作手柄，观看到星辰大海等强大的视频资源。我们也可以看到小学生在用软件设计 3D 打印的救生圈。我们还可以看到学生在操控机器人，或者无人机。在叹为观止的同时，我在想，我们这些设备是必需的吗？利用率高吗？不会是拿来装门面的吧？我们利用这些设备培养了孩子什么样的能力？实现了哪些教育目标？仅仅是那几张获奖证书吗？好像一时半会儿也没看到其他成果。同时，我也担心，这些正在成长的小学生天天盯着屏幕，对眼睛好吗？符合他们的认知规律吗？

当一位指导老师告诉我，学生戴上 VR 眼镜可以看到大量视频资源的时候，我问他："他们是自主观看吗？老师怎么知道他们按照要求观看了？"这位老师告诉我，任课教师可以把视频投屏。每个孩子都戴上这么个设备，还得再投屏，就是为了看一下 3D 感觉的视频，这样的投入值得吗？除了视觉刺激，感受到震撼效果，其他的作用体现在哪里？长期在这样环境下长大的孩子还能安静地看文本资源吗？我想起了乘坐高铁时，看到几乎每一位乘客都端着一部手机看视频，几乎没人看纸质的、静态的书籍。不知道这对人的想象力，抽象思维能力是否有伤害？

后来，我们走进教室听了一节小学科学课。老师先利用小视频导入新课，其目的是通过视频了解什么样的材料能帮蚂蚁过河。孩子们点击一下，便会出现一样东西，比如木头、石块等，不适合过河就"咚"的一声掉到水里了。等到最终看完视频，孩子们得出了结论：×可以帮助小蚂蚁过河。看到这里，我不禁想：这是科学课吗？名曰科学，实在不科学啊。能够帮蚂蚁过河的，除了视频中呈现的这些物品就没有其他的了吗？孩子们的思维受到了极大的束缚啊！为什么不让他们展开想象的翅膀，充分地思考，自由地发挥呢？或许他们能想到比视频中多得多的物品啊。这样的现代化教学设备根本就体现不出其优越性来，反倒成了一个桎梏孩子思维的工具。

老师对全部学生进行了分组。每组六人，各司其职。这好像是合作教学思想的运用。当老师提醒副组长把桌洞里的水槽搬出来时，大概我身边的小女孩年龄太小了，又担心洒了水，所以十分小心翼翼，颤颤巍巍的。我真怕她一下子把水槽掉在地上。而他旁边的小男孩则似乎无动于衷，根本不知道伸手帮忙。合作精神呢？这是老师的要求太严格的缘故吗？让他无视这个小女孩的"吃力",而不肯伸出援手。这难道不是在过分强调小组分工,而忽视了大家共同合作吗?其他人五个人看着这一位副组长的操作,让人感觉不是什么好的教育理念在指导这堂课。

当学生们按照要求,将砝码一个个放入水中时,在组长的点击下,电脑屏幕上便会显示浮力的变化?电脑还顺便作了记录,放一个砝码到水中浮力是多大?放入两个时多大?放入三个时多大……确实很清晰地呈现在电脑屏幕上。孩子们于是就得到了老师想让他们得出的结论。当时,我又做了无聊的思考,这样的结论准确吗?能验证吗?怪不得人们都说,现在的医生离了设备看不了病了。从小就依靠看屏幕记录的孩子,不依靠自己的计算了,是不是也将成为离了设备无法工作的"医生"?

可能是老师觉得孩子们会混淆水的浮力和重量吧?他悄悄地在刚才孩子们报的数字后面加上了一个单位"N",然后告诉大家这个单位读作"牛",这是浮力的大小单位。本来当老师给出"N"时,我也有些糊涂了,是的,我也错误地以为这是重量了。老师一讲,我便恍然大悟了,这是"力"的单位,不是重量的单位。但是,我又想到:这些小学生对什么是力,什么是重量,有知识基础吗?老师突然给出这样的名词,是否有些唐突?下课后,我和这位老师交流,她自己也觉得这个地方处理得有些欠缺。

从整节课看,老师按照自己的教学计划一步一步地完成了教学任务,然而学生却始终被牵着鼻子走,而且有长时间盯着屏幕的过程,或者拘谨地坐在那里,不敢越雷池一步,说每一句话,做每一个动作,都要看着老师的脸。这样的课,总感觉有欠缺。

后来,我听了一节书法课。每一张课桌都做成了古色古香红木书案的样子,上面摆了笔墨纸砚,还有一个电脑屏幕,给人一种古今结合、高大上的样子。老师上课时,会将黑板屏幕上的内容投送到学生课桌的屏幕上,学生可以近距离观察每一个字的字形、笔画、结构,还可以将书写纸铺在屏幕上面临摹,果然十分方便。可惜,当大家发现只有个别学生的桌子上摆了投影,可以将自己书写的"作品"投到黑板屏幕上时,大家觉得这都是一种事先安排好的"表演"罢了,顿时兴味索然。而且,整节课上,很多学生从执笔姿势到书写出来的线条都感觉他们是零基础的,时至学期末了,看来他们还停留在初级阶段,让人感觉这是临时拼凑的一些学生。老师始终在讲、在提要求,但从头至尾没有写一个字、动一次笔,这让听课者顿觉不过瘾。这位书法老师不能现场示范吗?

书法课不示范怎么能行呢？

而我忽然想到，开课前老师让学生大声朗诵《弟子规》中的"读书法，有三到。心眼口，信皆要"后，讲到这是读"书法"的诀窍，古人是在提醒大家要想写好字需要认真观察每个字的笔画结构，找出其特点。这到底是读书的方法，还是读"书法"的方法？让人觉得一头雾水。到底是谁理解错了呢？

是的，在听了振奋人心的信息技术促进教育教学质量提高的报告后，在参观学校看到了各式各样的现代化教学设备后，我产生了不小的震动，感叹现代教育技术设备功能之强大。然而，在听课参观之后，我又在想：是人在用设备、用技术辅助教学呢？还是人被技术、设备限制了呢？谁是主导？如果我们被先进的设备束缚住了手脚，是否被程序化、线性化了？这还能促进教学质量的提高吗？这有利于孩子的身心健康、智力开发吗？一切都已经平面化、直观化了，还有深度思考、系统思维吗？

同时，我在想如果仅仅花重金购买了设备，而教育人的教育思想不改变，那么这些课堂仅仅是更新升级了"教具"的课堂，没有现代教育理念的课堂。看到校长们在汇报先进经验时，总有一个人在帮他点击 PPT 课件，而她（他）本人只是在读打印好的文本稿，我不由自主地想到：这些老师平常用这些高大上的设备上课吗？信息技术促进教学，或者信息技术与教育教学融合之路还很漫长。

李延安

教师的幸福

教学是我一生的挚爱，讲台是我为之动情的舞台，学生是我最亲的孩子！只要见到我的学生，我就兴奋起来，心就踏实起来，脚步就快起来，眼睛就亮起来，嘴巴就甜起来，人也变得年轻起来。

可自从那个意外（车祸）发生之后，我的生活发生了天翻地覆的变化，变得让我心烦意乱！离开了我熟悉的学生，离开了我熟悉的讲台，我的灵魂无处安放！那段日子里，同事和亲友们给了我无数的关怀和鼓励，而最让我久久不能平静的却是我的那些已经毕业的学生，促使我写下这些文字。

在我住院期间，陆陆续续有毕业的学生来看我，这是我怎么也没有想到的。出院的前一天晚上，我接到学生的电话，"老师，你什么时候出院啊？我们约好了去看您！"我竟像孩子似的盼望着，因为我也想他们，我喜欢和他们在一起！

10月1日早上，我梳洗打扮了一番，我不愿让学生看到我萎靡不振、穿着邋遢的样子，穿上最漂亮最鲜艳的衣服，忍着痛坐起来。老公说："你不能坐着，你得躺着！"我说："我不能让我的学生看到我躺着，我要让孩子们知道，老师已经好了，让他们放心。我坚持一会儿！"（因为先前我听家长说，有的孩子知道我发生意外之后，有的哭了，有的吃不下饭，有的睡不着觉。）

"丁零零"，儿子去开门，马千拿着一束鲜花走在最前面，一下子进来了二十几个孩子，一句句"老师好"不绝于耳，一张张可爱的笑脸让我应接不暇，我的眼睛有些湿润起来。

我端详着每个孩子，他们又长高了许多。孩子们七嘴八舌地和我聊了起来，几个女生搂着我，摸着我的脸，说："老师，你的脸上没留下伤疤啊，太好啦！""他们还说，要是你留下了伤疤，长大挣了钱要给你整容呢！""哈哈哈……""老师，你的腰好了吗？""老师，我给你按摩按摩吧！"顿时屋子里洋溢着热闹，流淌着幸福。

儿子给我的学生挨个分水果，学生不要，儿子非要给，我看着这一切，不由自主地笑了。

"你们上了初中，感觉怎么样？适应吗？"我问他们。

"挺好的！"

"挺轻松的！"

"我当了英语课代表！"

"我当了数学课代表！"

"我当了语文课代表！"

"我数学考了112分，第二名！"

"刚入学的分班考试，就我一个数学是满分！"

孩子们纷纷向我汇报着，我说："我的学生永远都是最棒的！我对你们永远都有信心！"

"老师，你怎么就是看着我们好呢？"

"你们就是很好嘛！"

"老师，张苏旭在网上建了一个QQ群，叫永远的五·三！"

"真厉害！你真是不言不语念真经啊！"我笑道。

张苏旭不好意思地搓着手，抿着嘴笑着说："老师，你好了快学学，和我们聊天吧！"

"好啊，好啊，但是我们大家一定注意安排好，不能耽误学习啊！"然后孩子们给我唱了几首歌，说了些祝福我的话，"小书法家"谢飞还专门写了字送给我：祝王老师早日康复，一帆风顺！这几个字把孩子们对我的最美好最真切的祝愿都表达了出来。（后来听他妈妈说，为了写好这几个字，他练了一晚上）

毕竟是孩子，有的孩子也有好长时间不见面了，就在我们家玩了起来。让我想不到的是儿子俨然成了一位盛情好客的小主人，把自己所有心爱的玩具都拿出来让大哥哥大姐姐玩。学生在争夺绒毛狗时，把狗耳朵揪了下来，我担心儿子会闹，没想到儿子却说："没关系！"我心中不由得暗暗窃喜，也许他被我们师生之间的融洽所感动，也许他已经理解了作为教师的妈妈平时对学生的那份爱，也许他从学生对我的关心里感受到了他们对我的那份感恩的心！（过去，他很嫉妒我对学生好，老感觉我偏心）

最令我激动的还在后面，他们玩得正起劲时，不知谁说了一句，"老师累了，我们走吧，让老师休息一会儿！"听到这句话，孩子们懂事地离开了。大约过了一个小时，几位女生返回来，她们说："老师，让我们为你做顿午餐吧！"

我说："可不行，谢谢你们。"可孩子们硬是不听从，把我搀扶到床上躺下，"老师，你放心，我们在家里都会做。"看到她们真诚的表情，只好恭敬不如从命。

孩子们关上厨房，专心致志、兴致勃勃地做起饭来，儿子在里面打下手，忙得不亦乐乎。40多分钟过去了，红烧茄子、白菜炖肉、西红柿炒鸡蛋、自制汉堡一一端上餐桌。然后一起跑到我身边俏皮地说："老师，请！"我幸福得不知说什么好。孩子们做完饭就要走，任凭我和儿子怎么挽留也不肯留下，我只好赶紧将一些点心塞给她们，嘱咐她们路上慢一些走。

送走孩子们，我的心情久久难以平静。这一群心地善良的孩子啊！这一群牵挂老师的孩子啊！孩子的心，最美；孩子的情，最纯；孩子的话，最真！这一刻，我是多么多么的幸福！懂事的儿子也不禁发出了感慨："妈妈，我真舍不得他们走，你对他们好，他们对你也很好，当老师真好！"

是啊，当老师真好！当老师真幸福！

王玲

教师的力量有多大

2004 年 12 月，重庆市一名学生因在课堂上和同桌的男生小声嘀咕了几句，被老师嘲讽"连坐台都没有资格"，这名女生跳楼身亡。

2007 年 1 月 22 日，深圳市一名男生因被同学诬陷偷手机，老师又采取了有罪推定的询问方式，这名男生为证明自己清白，从五楼跳下，造成三级伤残。

因为语言伤害导致学生死亡或伤残这种极端的事情毕竟不多。那就说一件发生在我身边的故事。一天晚上，朋友给我打来一个求助电话，他正在上小学的女儿，在课堂上的一句话被老师误解，老师当着全班同学的面给予了伤及自尊的严厉批评，回家后情绪十分低落。问我该怎么和孩子沟通这件事。我说，让孩子主动找老师谈一谈。孩子说她不敢。可家长出面，又感觉未免有点小题大做。最后我站在老师的角度替那位老师开脱了一番，好歹让孩子平静了一些。后来听朋友说，自那以后，孩子一上这门课，心里就紧张和恐惧。

这件事情之后，孩子受到委屈时的无奈和无助，深深地触动了我的心灵，我陷入了深深的反思之中。想到自己从教十几年来，是否也曾有意无意之间伤害过孩子？是否以"恨铁不成钢"的名义说了一些不顾及学生承受能力的话？他们受伤的心灵是否得到了亲人的抚慰？还是一直带着这些精神疤痕走向了未来？想到这些，后背不禁凉飕飕的！遗憾的是，语言伤害给学生带来的创伤往往被教师忽视。其实这种伤害更具有杀伤力和隐蔽性，因为语言伤害，伤及的是心、是灵魂，摧垮的是精神、是意志。不要抱怨我们的学生心理承受能力太脆弱，毕竟他们是正在成长的幼苗啊！

美国教育心理学家博士吉诺特说："在学校当了若干年教师后，我得到了一个令人惶恐的结论：教学的成功与失败，我是决定性因素。我个人采用的方式和每天的情绪是造成学习气氛和情境的主因。身为教师，我具有极大的力量，能够让孩子们活得愉快或悲惨；我可以是制造痛苦的工具，也可能是启发灵感的媒介，我能让学生丢脸，也能使他们开心；能伤人也能救人。"看到这段文字，我的心受到了极大震撼！也让我想起了发生在儿子身上的一件事：有一次，他上学忘记了带水，上完体育课，儿子热得满头大汗，口渴得厉害，和这个同学借，和那个同学借，同学们不是说等等，就是说没有了，儿子很是着急。正在这时，班主任老师在办公室听见了，端着一大杯不冷不热的水（儿子语）递给了他。那天回来和我们说这件事时，儿子一脸的幸福和骄傲，晚上为这件事还主动写了一篇情真意切的日记。我想这是儿子喝得最甜、心里最美、最难忘的一杯水！教师具有极大的力量，他不仅仅是知识的传递者，更重要的是作为一个学生心目中高大的形象，时时刻刻在影响、默化、润泽着每个孩子。学生在意的不仅仅是老师的学识水平，更在意的是老师对待他们的态度。

苏联教育家苏霍姆林斯基曾说过："教育者应当深刻了解正在成长的心灵。"学生年龄虽小，却和成人一样有感情有灵性。他们也懂得快乐与痛苦，羞愧与恐惧，有着强烈的自尊心和荣誉感。能赢得老师的关注和赞美，是每一个学生本能的需要，是他们心灵深处最真的渴望！老师一个鼓励的眼神，一个友善的微笑，一次亲切的问候，一次摸摸头、拍拍肩的举动，都会使学生信心倍增，光彩照人，都会激起他们无限的自豪感和上进心。

老师们，学生是人，是一个个鲜活的生命，每个生命都理应被尊重。让我们少一份冷漠，多一些热情；少一份讽刺，多一些鼓励；少一份批评，多一些宽容；少一份急躁，多一些耐心，让我们的爱都建立在尊重的基础上。那样，师爱就会像一束束温暖的阳光，抚慰学生幼小的心灵，照亮他们人生的道路！

王玲

让爱将坏习惯慢慢淹没

　　课间休息时，十几个学生一下子拥进我的办公室。"老师，苏苏是小偷。""老师，他偷了我的彩纸！""老师，这次我们抓到他了！"同学们七嘴八舌地向我诉说着他们的发现并把几张撕烂的纸放到我的桌子上。我的心不由得沉重起来。

　　前几天，孩子们就纷纷向我反映：铅笔、橡皮、水彩笔一会儿就找不着了。那时，孩子们就告苏苏的状，说他是小偷。当时没有什么证据，不好轻易下结论，我告诉学生，不要说"偷"，可能是哪个同学急着用就拿去用了，明天可能就会给你送回来！此后大约三天，没有人再告诉我丢失什么东西，但丢失了的东西也没见回来。

　　没想到，三天后，同学们拉着苏苏同学到了我的办公室。我冷静地说："不要说'偷'！我知道了，苏苏留下！你们都回去吧！"我努力压抑住心中的怒火，尽量使自己保持平静，严厉地问："苏苏，刚才同学们说的是不是真的？""不……是……我。"苏苏低着头，结结巴巴地回答。人证、物证都在，他都不承认。接下来，我该怎样做呢？他可能被迫承认也可能继续不承认，但他能真的改掉吗？不，那样只会更糟糕，说不定就会毁了这孩子一生；假如是我的孩子，我又该怎么办呢？毕竟他还是个孩子，之所以有这个毛病，肯定是由各种原因造成的。作为老师，应该为孩子的终身发展负责，让他真正改掉毛病才是教育的最终目的。

　　我用纸巾给他擦掉鼻涕（他有鼻炎，天天流鼻涕），温和地对他说："苏苏，你热爱劳动，我们班的流动红旗有你的一份功劳，只要你承认错误并改掉坏习惯，老师和同学还会像原来一样喜欢你！"他看着我，低下头承认了错误。我终于放心地舒了一口气，"苏苏，告诉老师，你为什么要这样做呢？"

　　"我的彩纸用完了，妈妈不给我买！"

　　"你喜欢叠纸，很好呀，以后妈妈不给你买，我给你买，咱不拿别人的，好吗？"

后来，我从苏苏的妈妈那里了解到，父母一直在外打工，疏于教育，苏苏自小跟着奶奶，养成了这种随手拿别人东西的坏习惯。在幼儿园被老师和同学发现之后，被爸爸打得手都肿了。这段时间，不知哪个同学旧事重提，老喊他"小偷"，他索性就又犯老毛病了。

第二天一上课，我拿着一包彩纸走上讲台，说："同学们，我们在成长的过程中，难免要犯错。老师也会犯错误，做错事并不可怕，有错能承认并改正就很了不起。我觉得苏苏就是这样一个好孩子！来，苏苏，老师奖励你一包彩纸！"这时全班响起了热烈的掌声，苏苏突然扑在我的怀里，"哇"地一声大哭起来，哽咽着说："老师，我错了！以后我一定要改！"瞬间，一股暖流传遍了我的全身，我抚摸着苏苏的头，泪水湿润了眼睛，同学们纷纷围上来说："对不起，苏苏！我们也有错！"

此情此景，我内心受到了强烈的震撼：教育是爱的事业，教师是爱的使者，犯错是孩子的天性，更是孩子的成长，关键是我们如何去宽容，去引导。横加指责，讽刺挖苦，结果往往会令孩子自暴自弃，甚至会影响其一生。教育更应该是一种爱，爱的真谛就是宽容，就是引导，就是耐心，就是等待。

自那之后，苏苏变得更加勤快了，成绩也慢慢提高了，得到的小红花也越来越多了，脸上的笑容也更加灿烂了……

王玲

第三编　教师成长四计之"讲"

讲话、讲演、发言是教师的基本功，体现着为师的核心素养。教师不仅要讲给自己的学生听，也要积极讲给教育同行听，交换思想，交流心得。

小学校长提高培训在线结业考核发言

今天的交流活动非常成功，个人感觉实现了如下预期目标：

一、经验交流，展现情怀

参加交流的校长结合本职工作从不同的角度做了交流分享，谈心得感悟，真实真挚；谈工作实绩，数据翔实。这次交流展现了校长的个人风采、优秀素养，进一步加深了对彼此的认识了解，也让我们看到了教育工作的不同侧面，实现了经验分享，共同提高。

同时，各位校长的发言也体现出自己对教育工作的理解、认识，展现出热爱本职工作、奉献教育职业的教育情怀，体现出"立德树人，争做'四有好教师'"的职业操守。

二、线上互动，历练本领

2018 年教育部发布了《教育信息化 2.0 行动计划》，启动了"人工智能+教师队伍建设行动"，推动人工智能支持教师治理、教师教育、教育教学、精准扶贫的新路径，推动教师更新观念、重塑角色、提升素养、增强能力。特别是今年疫情以来，空中课堂，在线教育已经成为一种重要的教育手段和途径。今天的在线交流无疑既是对校长教育技术应用能力和水平的一次培训，也是一次检验。相信对大家如何熟练利用现代教育技术开展教育教学、教学管理等工作都有帮助。今后这样的在线交流会越来越多。

三、城乡同台，思想碰撞

城乡教育差别是制约教育均衡发展的一大因素。参加今天的交流的校长来自全区各级各层次的学校，既有传统城区名校，也有城乡接合部学校，还有相对偏远的农村学校；既有公办学校，也有民办学校，还有幼儿园。大家"八仙过海各显神通"的交流发言都呈现出积极向上、勇于进取的精神面貌，也让我们重新认识了农村学校、农村校长，看到了泰山区教育的城乡差距正在越来越小。

今天农村学校校长的发言给我的感觉是我区的农村校长在教育思想、办学理念方面有了质的飞跃，农村教育在各位校长的带领下正阔步走在追赶城区传统名校的大路上，在某些方面正在或者已经超越城区学校。

最后，感谢各位校长的积极参与，各位组长的倾情奉献。

谢谢大家！

李延安

（本文系 2020 年小学校长培训班结业考核仪式发言）

在新经典诵读实验学校负责人会议上的讲话

　　各位校长、主任，下面开会。今天把大家请来主要是为了总结回顾新经典诵读课题实验的既往工作，交流下一步的工作打算，扎实有效地推动"诵读中华经典、推广普通话、推进校本培训"活动。会议议程有三项：一是各单位交流实施方案。二是总结回顾以往的工作情况，安排一下上半年的两项工作任务。三是教科研中心领导作重要讲话。

　　刚才大家都谈了本单位下一步的工作打算，谈得很好，下面我简要回顾一下课题开展的情况和下一步的打算。

　　为探索校本培训的新模式，实现校际之间培训资源共享，打造以"新经典诵读课题实验"为平台的校本培训共同体，2012 年 4 月 21 日在泰安南关中学报告厅举办新经典诵读课题实验培训会，当时有 11 所学校参加到这项活动中来，后来又有 3 所学校加入，截至目前 14 所学校 152 名教师参与到这项活动中。全国新经典诵读课题组为我区参与单位授牌，11 所学校的负责人到无锡进行了考察学习，了解了外地的先进经验，各单位也都成立课题组织，填写了课题申报表格。2012 年 9 月份东岳中学小学部，御碑楼小学，省庄镇中心小学，泰安市泰山区邱家店镇中心小学等学校又订了朱文君老师主编的《小古文一百篇》。各单位结合自身实际陆续开展了一些活动。

　　2013 年 4 月 10 日上午，我区成功举办"诵读中华经典、推进校本培训"专家报告会，来自全区各中小学的 240 余名干部教师参加了会议。会上，全国小古文教学专家朱文君老师现场执教观摩课并作专题报告。朱老师执教的小古文《口与鼻争高下》生动有趣，极富创意，让晦涩难懂的文言文变得朗朗上口，韵味十足。让孩子们短时间内与古文亲密接触，不仅能解其意，更能诵其神、演其形，还能现场完成小古文的自我创作，令现场的干部、教师十分钦佩。也让参会教师见识了小古文的魅力，认识到小古文教学实验活动完全可以在小学开展，也大有作为。

　　开展这项课题实验活动是在深入了解，广泛征求意见，论证分析的基础上进行的，不是一时兴起。我认为这项活动是个很好的载体，既有助于我们区内学校之间的互动交流，也有利于我们和来自全国各地的专家、同行交流。同时，我们认为借助这个活动培养一批咱自己的优秀教师，使他们能像朱文君等专家那样能上课、能作报告，借助这些活动把那些积极参与、有这方面潜力的教师推出去，推到全国新经典诵读大舞台上，这是最终的目的。因此，各单位一定要高度重视，不要简单地认为这是个"课题"，而是要把它打造成各单位培训教师的一个载体，做好结合文章。

一是将这项活动作为推进校本培训深入实施的一个重要内容和载体，逐步形成具有本校特色的校本培训模式，迎接下半年市局组织的校本培训示范校评选。二是将本项活动与素养达标提升活动、青年教师"n+1"工程有机结合，打造成"拳头产品"，迎接全市青年教师素养达标竞赛活动。三是借新经典诵读实验活动，推广普通话，推进语言文字工作，为语言文字示范学校评选做好准备，为迎接国家二类城市语言文字工作评估积累过程材料。

根据上半年的安排还有以下四项工作需要各单位认真落实：

一是各实验学校围绕"诵读经典、推广普通话"这一主题，结合青年教师"n+1"培养计划、青年教师素养达标提升活动，开展一系列校本培训活动。

二是2013年4月底或5月初举办由各实验学校共同参与的课堂教学展示活动暨新经典诵读展示活动。请各单位根据实际情况提前做好课堂展示活动选手选拔、推荐工作，或者准备好学生诵读展示活动。

三是2013年5月邀请古诗文教学专家到我区上示范课，进行课堂教学点评活动。

四是适时参与课题组组织的交流活动。

另外，如果各单位有什么好的想法做法都可以提出来，邀请兄弟学校共同参与，如果都觉得不错，咱也可以在你们单位组织现场会，实现资源共享，共同提高，创建出一个具有我们区特色的校本培训交流平台。

谢谢各位！

李延安

在泰山区新经典诵读课堂观摩会上的发言

各位评委、老师们:

今天上午五位授课教师给大家奉献了精彩的经典美文课堂。这些课各有千秋,应当说上得都很成功,达到了预期效果。我向他们表示衷心的感谢!刚才省庄中心小学吴乃温副校长代表学校向在座的各位介绍了学校的一些经验做法,展现了该校领导、老师们、学生们在新经典诵读活动中的良好精神面貌和一些做法、收获。这些做法值得我们共同分享和学习。在这里,我也深表感谢!

通过五位教师的课堂和学校的介绍,我们欣喜地看到自从我区加入新经典诵读课题实验以来,这项课题已经在我区生根并逐渐发芽,呈现了勃勃生机,但是如果要真正开花结果,特别是结出硕果,我们还需要投入更多的热情和精力。在这里我谈几点粗浅的认识:

我们不能仅将新经典诵读活动理解为一项学生的诵读活动,满足于在"六一儿童节"、艺术节上呈现一批诵读节目,也不能满足于编印一套诵读教材,在市区获个奖。这只能是初步的"果"。我认为我们应当把这项课堂研究当作一个平台,一个载体,一个抓手。这个平台就是我们开展教师校本培训,促进教师专业成长的平台,是我们在座的 14 所学校实现区内交流共同发展的平台。借助这个平台,我们今后将开展更加丰富多彩、富有成效的活动。这还是一个载体,借助它,我区已经申报了山东省语委的课题。课题批下来之后,我们将逐步开展有效的研究活动,争取结题时形成一本展现全区研究成果的集子(书)。这些都需要大家付出巨大的努力。我们也可以组织实验学校的教师外出考察学习,参与全国的新经典诵读课题系列活动。同时,这又是一个抓手。借助它,我们可以抓语言文字示范校创建工作,校本培训示范校创建工作。抓骨干教师的培训培养工作。我们期盼着在未来的几年里,我们能培养在全国有影响力的新经典诵读教学专家。

总之,如果我们能利用好这项课题研究活动。我们不满足于目前的一点成绩,不局限于让学生诵读中华经典,那么我们有可能开拓一个新的事业,铸就新的篇章。实现这样的任务,需要我们常抓不懈,付出心血和汗水,让我们朝着这样的目标共同努力！

最后，再次感谢省庄中心小学领导和老师们为今天的现场会付出的辛勤劳动！谢谢大家！

李延安

在邱家店镇班主任远程研修结业研讨会上的讲话

尊敬的教办领导、各位领导、老师们：

非常荣幸参加咱们邱家店教办组织的这次远程研修总结及研讨活动，按照教办领导的安排让我讲几句话，我感到压力不小，讲什么呢？怕讲不好。面对着在座的各位教育界同仁，大家都有着非常丰富的实践经验，特别是在农村工作，面对农村教育实际的工作经验，我讲的东西就只好也只能结合着我对这次远程研修工作的理解和上级领导的指示精神来讲。大家有不同的意见和建议咱们会后再交流，或者通过电话、电子邮件等沟通。

一、作为一名农村教师特别是农村学校工作的班主任要仰望星空

对于农村教育的重要性，对于教育的均衡发展大家都有非常深刻的理解了，咱就不再啰唆了，我们来看一下开展班主任培训工作的重要性。

1.班主任责任重大

班集体是学校的基本组成单位，学校对学生开展的一切教育活动都必须通过或者说主要通过班主任来实施。现在我们农村学校的留守儿童教育、厌学辍学问题、救助困难学生等都必须通过班主任来落实。可以说，中小学班主任直接处在学生思想道德教育的前沿，是中小学生健康成长的引领者，在做好学生思想教育工作、心理健康指导方面具有得天独厚的优势与不可推卸的责任。加强中小学班主任培训是新时期贯彻党的教育方针，加强和改进未成年人思想道德建设的迫切需要，是全面实施素质教育，全面提高教育质量的必然要求，是加强班主任队伍建设的重要举措。

2.上级要求

2006年12月，教育部发布了《关于进一步加强中小学班主任工作的意见》和《教育部办公厅关于启动实施全国中小学班主任培训计划的通知》。通知要求：从2006年12月起，建立中小学班主任岗位培训制度。2006年12月底之前已担任班主任工作，但未参加过班主任专题培训的教师，需在近年内采取多种方式进行补修。今后凡担任中小学班主任的教师，在上岗前或上岗后半年时间内均须接受不少于30学时的专题培训。培训内容主要包括：班主任工作基本

规范、学生心理健康教育指导、班级活动设计与组织、班级管理、未成年人思想道德教育、相关教育政策法规等相关专题。

班主任培训要贯彻下列原则：

（1）针对性原则

针对小学、初中和高中不同阶段学生身心发展规律，根据不同学段班级管理工作的特点和要求，研究设计培训内容。培训工作采取短期集中培训与在职校本培训相结合，远程培训与面授辅导相结合等灵活多样的方式进行。

（2）实效性原则

坚持理论联系实际，从班主任实际工作和班主任的实际需要出发，面向中小学班级管理和学生管理的实践，针对现实问题设计与安排培训内容，重视经验交流，突出案例教学。

（3）创新性原则

积极创新中小学班主任培训内容、方式、方法、手段和机制，针对中小学教师在职学习的特点，充分发挥现代远程教育手段的作用，不断提高班主任培训工作的效率和质量。

不知道在座的各位是否在农村上过学？过去的农村学校教育师资基本上全部依靠民办教师。他们和公办教师相比，工资待遇差别很大，学历水平不高，教育思想不先进，教育方法不新颖，但是他们勤勤恳恳、任劳任怨，用粗糙笨拙的双手支撑起了农村教育的一片蓝天，给农村孩子带来了希望；他们把农村孩子送进了城市！留在乡村的学生有很多成了万元户、十万元户甚至百万元户。但他们自己仍然拼搏在农村教育的田野上。他们是伟大的！扎根农村教育，在落后的装备条件、贫瘠的农村土地上孜孜不倦奉献着的农村教师是伟大的！包括在座的各位！

因此，当我们了解了农村教育的过去，了解了农村孩子也是祖国的花朵、家长的期盼，了解了上级的文件要求和自身的工作使命，我们应当得出一个结论：农村教师要仰望星空！仰望星空就是仰望教育的理想。仰望星空就是要做一个有思想、有理想的教师、班主任。我们要像先辈那样为农村孩子指引人生的方向，引领他们看到外面的精彩世界，帮助他们设计美好的未来，并为之奋斗！怎样仰望星空？那就是要学习，要参加培训，把自己变成一盏明灯！

二、作为班主任我们要脚踏实地

脚踏实地就是要把学到的先进教育理念运用到教育实践中去。虽然培训暂时告一段落，但是我们的教育实践还要继续进行下去。所有的教育理论都必须要通过教育实践来检验。因此，作为一名乡村教师要充满激情，要始终保持顽强的意志、良好的精神状态，专心致志、全身心投入教育事业，为孩子做个好榜样！

脚踏实地就要能吃苦，能耐劳，能忍受寂寞，要崇尚务实，追求实在。教育事业是育人工作，来不得虚浮缥缈，必须静下心来教书，潜下心来育人，扎扎实实地抓好每一天。

脚踏实地就是要立足我们工作环境的实际，面对我们的学生实际，实施教育教学工作，不好高骛远，不怨天尤人，不盲目攀比。不知道大家是否注意到一个有趣的现象，最近的教育教改的典型都出在农村，远的如聊城杜郎口，再近点的如莱芜丈八丘，再近点的如省庄二中。由此看来，在农村也有一片广阔天地，也完全可以创造典型经验，成就人生！

三、农村教师要善于做好结合工作

从目前远程研修的数据来看，我们农村教师学得不错，效果很好。下一步要在学以致用上下点功夫，做好学用结合的大文章。

1.结合学生实际。作为一名现代的农村教师，我们要超越我们的农村教育前辈。创造出符合农村孩子实际的典型经验，提炼出适合农村孩子实际的好做法。丁榕老师说：做班主任是一辈子的事。为了这一辈子的事，我们得好好努力。

2.结合自身环境实际。农村学生的家庭现状是什么？家长的情况如何？学校的教学条件怎样？学生的需求是什么？我们的一切工作要因地制宜，力所能及。

3.结合教育技术学习，提高应用能力。我们要积极利用网络博客等参与在线交流，与专家，与城里的同行进行研讨互动。教育技术拉近了教育同行之间的距离，世界变小了！

最后借用《过去的教师》扉页语与大家共勉：

恩施当世，润物无声，感念春风化雨的襟怀；

泽被后人，不争名利，追忆厚德载物的灵魂。

谢谢大家！

李延安

青年教师"n+1"小课题研究选题指导建议

题外话：天津之行引发的思考。这次天津之行给我留下了深刻印象，虽然已经过去了 25 天，有些东西我还在反复咀嚼、回味。为什么这么冷的天，我们跑 1000 里路去天津？天津的教育好在哪里？原因是什么？我想，徐长青校长的欢迎词给出了一部分答案，他说："不搞教学过不好日子，不搞教研过不上好日子，不搞科研好日子过不长。"这个说法，也就启示我们：教师不做点教学研究工作，搞点课题研究，不可能成长为名师，只会在低层次徘徊。教师必须搞课题研究。但是，教师，特别是中小学教师与科研工作者工作职责任务、性质是不同的，也不可能搞大型的课题研究。所以，只有搞小课题或者叫作草根式课题。这就是，为什么我们在设计青年教师"n+1"提高培养方案时加入小课题研究这个培养任务的原因。

有的青年教师打电话咨询：我已经参与了一个市级课题或者曾经做个课题，能不能不申报小课题？我的回答是：不行！你不亲自担任课题主持人，带领一帮人搞一下课题研究，你就失去了一次成长历练，也就完不成培养任务。

我们再来看一下齐鲁名师、名校长给我们的启示。最近省教育厅正在开展第三届齐鲁名师、第二届齐鲁名校长遴选工作。这项工作迄今为止，名师已经搞了两届 10 年，名校长一届 5 年，令人遗憾的是我们区在这方面至今是空白，泰山区作为泰安市的市中区，很多方面在全市走在前列，这方面还是空白，有点说不过去吧？是泰山区的教师不够优秀吗？我想不是。我认为造成这种现象的原因是我们的老师只顾埋头苦干，忽视了教育科研，也就显得理论功底薄弱，拿不出属于自己的像样的"品牌"。

由此，我个人觉得我们必须搞小课题研究，这不是搞不搞的问题，是必须搞好的问题。

我对小课题的认识：小课题因其小才适合我们中小学教师来做，大了，我们没那个条件。但是小课题虽然小，却具备课题研究的基本要件，麻雀虽小五脏俱全。我们就是通过这只"小麻雀"来学习如何做课题，来研究我们教学中的问题，从而提高我们的科研能力和水平，也进而丰富我们的理论素养，让我们不但会教学，而且明白为什么这样教，如何才能教得更好。因此，我们必须在思想上高度重视它，而不因其小而忽视它。从选题、立项到研究过程，研究方法，乃至结题，必须搞得像模像样，是那么回事。

基于以上认识，我的选题建议是：

小：即指教育教学工作中的小事，小现象，小问题等。这就告诉我们选择的研究题目不能贪大求全，超越我们的研究能力和条件。在选题上来说就是问题的概念、外延、内涵我们必须界定清楚，表述清晰。但这些"小"不加以研究解决却会影响大问题，成为大事件。比如我们家高压锅的密封圈，虽然小却起着重要作用。这就是研究的价值。小课题的"小"是指研究内容或者对象"小"，但研究意义或价值一点也不小。通过对这些"小"的研究使我们能够以小见大，由特例到一般，"小题大做、借题发挥"。

真：即这些问题是在教育教学工作中真实存在、真正发生的，不是搞"拿来主义"，其他地方借来的，更不是凭空杜撰出来的，是我们身边的教学"困惑"或者疑难杂症。如若不真何必研究？

实：我认为主要是选题真实、注重实际，真抓实干，研究过程扎实。如果开完题后，就放下了，到结题时，东拼西凑，复制粘贴，敷衍了事。这就失去了搞小课题的意义。

短：研究周期短，1—2 年即可结题。不搞长篇大论。

新：两层含义，一是内容新，人家研究了多遍，多少年了，都有了很多现成的成熟的做法了，就没有必要研究了。二是有创新，就是在前人研究的基础上提出新的途径、新的发现，比如人家虽然研究过但我出了新意。

李延安

在徐家楼街道全体教师培训班上的讲话

尊敬的张主任、徐主任、徐家楼办事处教育界的各位同仁：

大家上午好！

昨天接到郑主任电话后，我立即向教科研中心的主要领导做了汇报。刘主任说："记得去年这个时节，徐家楼办事处举办班主任培训班。这体现了对教师培训工作的高度重视，展现的是教办对教师队伍建设的认识到位、行动到位，这是一种负责任的态度和意识。"刘主任让我代表他和区教研科研中心对本次培训班顺利开班表示热烈的祝贺！向徐洁主任回娘家来传经送宝表示热烈的欢迎！

年年岁岁花相似，岁岁年年人不同。去年，我讲了一些个人的见解，今年我再和大家分享些什么呢？我想到了三个英语单词？Why，What，How。

Why？为什么？那就是我们为什么要参加培训学习？有人说，培训是给教师的最大福利，也有人说培训是一种提醒。我认为培训是帮助我们告别"默默无闻两眼泪，别人潇洒，我后悔"的状态，走向职业幸福的一条重要途径。以咱们办事处为例，教育界曾经走出去很多名师，现在有马伟、韩婷婷、韩晓赟、罗晓宁等优秀中青年教师。今天上午给我们做报告的徐洁主任从南关中学的一名普通教师一步一步做起，现在是全国本真教育学会的创始人，齐鲁师范学院的教授，和张波主任，我们都是研究生的同学。面对他俩我也是暗自垂泪，同样是人，为什么人家能够干得这么有声有色？差距咋这么大呢？思来想去，我得出一个结论：人家在不断地学习进取，我则小成即满，停滞不前。

面对同性恋，你怎么看？现在世界上有些国家已经允许他们登记结婚。前些天在北京培训，有人讲笑话：在国外，一男一女住一个房间正常，两个男的或女的住一起那才是不正常。你觉得呢？看来，我们经常不正常。面对这些新事件、新词汇，面对90后、00后的学生，我们不学习能走进他们的世界吗？能读懂他们的心吗？读不懂学生，你怎么教学？鲁迅说：孩子的世界与成人截然不同，倘不进行理解，一味蛮做，便大大妨碍孩子的成长。为了自己的孩子，为了祖国的孩子，我们必须好好学习，天天向上！

问题来了，学什么？那就是我今天讲的第二单词：What。我觉得首先，要解决教育理念不先进、教育理论功底不深厚的问题。

先谈一下理念问题。在去年底的齐鲁名师、名校长评选中，我区实现了"零"的突破。泰安六中刘建国校长被评为齐鲁名校长。泰山区是泰安市的泱泱大区啊，齐鲁名师评了三届了，我们没有一位教师被评上？为什么？你们不服气吧？我也不服气，请教一下专家、领导，我们的短板在哪里？人家给出的答复是：理论基础薄弱。泰山区的老师很能干，很优秀，可是，缺少有分量的教育论文，没有像样的出版物，更没有自己的教育主张。学校、教师都缺失了标志性的东西。像杜郎口、洋思中学这样的名校，像魏书生、李希贵、李镇西这样的名师，我们都还没有。

其次要解决教育方法问题。现在教育方法、教育模式满天飞，翻转课堂、先学后教，等等，你准备学哪个？顾明远教授说：教育方法千万种，没有最好，只有适合。教育不是跟风赶潮的事，不能玩时尚，不要跟着感觉走。我们的选择必须适合我们的学生、我们的教师、我们的学校。俗话说：有多大荷叶包多大粽子。

最后要解决教育技术问题。3D打印大家知道吗？据说现在能做到：扫描你的左腿，打印你的右腿。将来哪个器官坏了，不用移植了，给你打印一个换上。当我们的孩子玩微信、上QQ的时候，你知道人家都在想什么？说什么？做什么？我们再抱残守缺，拿着一支粉笔、一本教材上课真的不行了。现在的教师不会做点微课，不会玩转多媒体，真是不行了。

我要讲的第三个单词：How。那就是怎样学习？读书看报、网络研修、参加培训等。途径很多，方法也不少。时间关系不再赘述。我们把宝贵的时间留给专家。

李延安

甄玉霞工作室启动仪式讲话稿

尊敬的赵校长、雷主任、各位老师：

大家好！能有机会到咱们学校参加本次活动，非常荣幸，也非常忐忑，毕竟东岳中学是藏龙卧虎之地，在座的各位都是我们初中段的骨干教师。时间关系，我谈四个"关键词"供大家参考，不当之处，欢迎大家批评指正。

首先是祝贺。甄玉霞老师的工作室是全省首批、全区唯一的一个初中班主任工作室。工作室的启动将是一个具有里程碑意义的标志性事件。为什么这么说？我个人觉得，它标志着大家对班主任工作的重要意义达成了共识，认识到这是一项非常专业性的工作，是需要加以研究探索的一项工作，需要专业的技能和方法，不是随随便便就能干，随随便便就能干好的事。大家加入这个工作室，也就成为首批吃螃蟹的探索者、引领者，成为弄潮儿。希望通过咱们的共同努力，提炼一批可复制、可推广的典型经验，将原来的各自为政、凭经验、浅层次的班主任工作模式转向科学化、规范化，将我区初中班主任工作推向全省先进行列。这是一份责任，更是一项荣誉，使命光荣，责任重大，十分可喜，值得庆贺。

其次是方向。古人说：预则立，不预则废。今天工作室正式开工了，那么在接下来的三年建设期间，我们要做些什么，怎么做？说一句直白的话，就是我们忙活了三年能得到什么呢？我想要找准努力方向。大家都知道初中学生进入青春期阶段，正是断奶阶段，他们身体迅速成长，思想非常活跃，精力无限，渴望自由，有时特别任性，有时特别讲理，而有时又特别不讲理，难以驾驭。作为班主任，需要关注的热点、难点问题非常多，然而我们又不可能眉毛胡子一把抓，因此，我们的工作室必须要定好突破口，找到本土化、原生态、属于甄玉霞工作室独有的灵丹妙药。

建议咱们的工作室制定一个可执行、能落地的规划，绝不能搞空中楼阁。这个三年规划，从时间上来讲要具体到每年，每学期，每个月，甚至每周，决不可大而化之。从任务上来讲要具体到每个人，要人人有事干，人人干成事。从方法上来讲就要有创新、有特色、可推行。

其三是学习。成长的方式千万条，搞好学习是第一条。学习的方式有很多，比如请进来、走出去，读书学习，线上学习，教育考察等方式。我个人觉得其中一个最高效、能逼自己一把的学习路径有两个。

一是写作。泰山区老师的最大特点就是能干不会写。大家都知道，山东省齐鲁名师已经评选了四届，齐鲁名校长已经评选了三届。根据我的记忆，刘建国校长是第三届齐鲁名校长，实验中学的张淼主任和炳峰是第四届齐鲁名师，在此之前，我们是空白，截至目前，我们拥有的齐鲁名师和齐鲁名校长数量在泰安市六个县市区是最少的。这与我们的感觉不相称。记得大约是第三届齐鲁名师评选的时候，我们区里仍然没有人能入围，局长很着急，派我去市局咨询求证原因是什么？市局领导答复：泰山区教师很优秀，教学成绩很好，但是齐鲁名师不光要干得好，更要有教育思想。教育思想怎么体现出来？就看你是否正式发表过文章，最好是核心期刊的文章。要是能出版专著，那就更没的说了。回来之后，局长就要求教科研中心启动卓越教师、专家型教师的培养培训活动，目的是培养一批能干、会写、善讲的骨干教师。由此，我就想，咱们的工作室是否将这个列为一项目标呢？

给大家透露点小道消息，去年泰安市评选了21名正高级教师，泰山区一个也没评上，市直学校包括市教育局评上了7个，我和市直学校的一位领导交流，他说你们区里没有符合条件的，没有文章（核心期刊），更没有专著，泰山区正高级的名额还有不少。希望大家把研究成果转化为文章，甚至专著，那么你就可以跨入新时代了。

第二个就是"开讲"。泰山区教师的第二特点就是能干不善讲。讲个笑话，记得有一次带着一批老师去南京参加培训学习，主讲专家安排了互动环节，很多老师站起来侃侃而谈，特别能说。这是哪儿的老师？东北的，打小练二人转；天津说相声的；肯定没有一个泰山区的。因此，我们发现，我们有全国优秀教师，有特级教师，就是缺少能在全国做讲座的老师。老师们，当你准备"开讲"的时候，你会发现你的精神高度紧张，注意力特别集中，需要准备的知识容量陡然增加，"书到用时方恨少"的感觉特别强烈，很多词语"吹尽狂沙始到金"，"吟安一个字，捻断数茎须"。一次公开课、一次讲座不但能在身体上让你减肥，更新一批脑细胞，更能让你豁然开朗，茅塞顿开，蜕掉一层皮，洞见一片新天地。

最后一个关键词成果。我看到的省教育厅的文件上说一个工作室三年给15万的经费，鼓励学校也给予配套经费支持。三年培养期结束后，省里要进行考核评价。这些东西都是外在的要求，或者说是底线要求。那么，我们工作室对自己有什么要求呢？满足于达标吗？是不是需要将现在画的大饼变成现实呢？怎么才能变成实实在在的成果呢？成果有千万种，哪一种是教师最好的成果呢？

印度一部叫《嗝嗝老师》的电影讲述了一位患有妥瑞氏综合征的奈娜老师的故事。其中有几句经典台词特别引人深思。"一般的老师教授知识，优秀的老师教人理解，如果他更优秀，那他会告诉你如何运用，有些老师也会激励着我们。""我年轻的时候，觉得当老师是最难的一件事，教了 20 年学，我知道了，做一个学生，甚至更加困难。一个学生如果学到了错误的知识，便不可能得分，老师如果教错了，却不会失分，教起来容易，学起来却难。""二流的老师教学习，一流老师教人品，伟大的老师教你教育的真谛。"上述这些话是什么？我觉得就是一位教师或者教育工作者对教育的个人主张。我们在卓越教师培训、专家型教师培训的时候最希望的就是让我们的老师有教育主张。这是最值得珍视的教育成果。这是教师的底气。

如果我们研究三年班主任工作，却仍旧停留在人云亦云的阶段，那么即使我们通过了考核，我们也失败了。我们要形成一套行之有效的班主任工作"套路"，对学生可能出现的常见问题，胸有成竹，对症下药；对学生管理的疑难杂症能打出一套组合拳，药到病除。对如何与学生家长沟通我们要建立"话术"体系，不能被家长带节奏，而要成为家校共育的指路灯、方向舵。班主任要成为教书育人的引领者，社会公德的示范者，学生成长的陪伴者、见证者，像一座灯塔照亮孩子前行的路。当他们回首自己的学习生涯时能够想到是教师给了他成长的力量，当他遇到挫折痛苦时能回忆起是班主任给予他人间大爱，学会笑傲江湖，温暖世界。这样的成果胜过一切，就像点亮世界的火炬彪炳史册，因为你的高尚人格、高超技艺、教育能力镌刻到了每一个学生的心灵上，并被他们带到世界的角角落落。

聚是一团火，散是满天星。在这美好的季节，我们的工作室成员聚在一起坐而论道，用心灵启迪心灵，用智慧激励智慧，用思想唤醒思想，这必将是一段难以忘却的人生历程，然后我们又回到自己的工作岗位上像星星之火点亮学生的人生。祝愿我们的工作室能够成为我们人生的一段高光时刻，祝愿我们的班主任之路越走越宽广，祝愿在座的诸位都成为学生的重要他人！

李延安

三劝

——泰山区新教师结业考核活动讲话稿

刚才宋琳琳老师上了一节展示课，三位教师谈了自己从教一年来的真实感受，近20位教师结合宋老师的课进行了点评，同时也展示了自己对课堂教学的理解和认识，这些观点都是原生态的、真实的、宝贵的。这说明大家从教一年来，既收获了教师职业的酸甜苦辣，更收获了满满的幸福！下面，我谈三方面的建议，供大家参考。

一、打破"己所不欲"之僵局

不知道，大家有没有这样的感受，作为教师，你不但有许多自己喜欢的工作要做，而且有很多自己不喜欢的工作要做。比如，学校里的迎检任务，正所谓"己所不欲"。然而，上级评价学校、学校领导评价教师，恰恰是以这些"己所不欲"为评价的标准。自己喜欢的事，谁都能做好，把自己不喜欢的事干好更能看出一个人的能力和水平。

有些事，我们不喜欢，可能是因为我们对它认识得不够到位。特别是新教师更有这种可能。这就像爬山，学校领导经历了那么多年的磨砺，已经跨越许多沟壑，身在半山腰，或者已经登顶，他们的视野和全局意识已经远在新教师之上。青年教师还要"更上一层楼"或更多层楼才能看得到他们所看到的世界。青年教师要虚心聆听他们的指导，认真完成他们安排的工作，尽管这些工作你可能很不"欲为"。当你突破了一次又一次"己所不欲"的时候，你就迎来了一次破茧成蝶的机会，得到了新的成长。校长也就对你的政治觉悟、大局意识、责任担当有了新的认识。

身边的有些老教师工作了几十年，还是日复一日地重复自己的工作，不但失去了当初从教的热情，更是变得怨天尤人，对周围的人、事充满着不满，看什么都不顺眼，做什么都不高兴，他们没有收获幸福，却得到了满满的倦怠和负能量，既影响了自己的身心健康，也对别人产生了负面影响，更成为团队的绊脚石。原因是什么？就是他们只沉醉在"己所欲"之中，而无法跨越"己所不欲"这道坎。希望青年教师要以此为戒。

二、努力践行"勿以善小而不为，勿以恶小而为之"之劝诫

秦朝末年，被逼无奈的人民揭竿而起，形成了群雄争霸的局面，在经历了一次又一次你死我活的激烈争夺后，最终形成了刘邦、项羽两大集团争天下的局面。起初，项羽集团处于绝对优势，而且无论是从个人能力还是颜值、气质，年轻强壮的项羽都要比刘邦略胜好几筹。最终的结局大家都知道了。项羽兵败乌江自刎。有人说，项羽死后很多人困惑不解，一直到南宋，女词人李清照还说"至今思项羽，不肯过江东"，替他惋惜。有人还说，项羽死后，中国历史上最后的贵族消失了。

项羽兵败的原因历史上有很多论证。我以为，项羽的失败不是败在个人能力上，而是败在做人上，也就是说败在"情商"上。能力再强，得不到周边人的认可就是孤家寡人，就缺乏团队的支持。这就提醒我们无论何时何地绝不可仅以自己"喜欢不喜欢"为原则，要学会考虑他人的感受，进行换位思考，积小善而养大德。当你成为校长眼中的好部下，同事心目中的好伙伴，学生眼中的好老师，家长眼中的好教员，你就实现了"一个篱笆三个桩，一个好汉三个帮"，拥有了自己的坚强后盾，也就拥有了隐形的翅膀，助你飞翔。

三、记"以直报怨"之忠告

在一个单位，新教师就像新入门的"媳妇"，大家都看着你！观察你！然而你初来乍到，显得笨手笨脚。所以会有很多"婆婆"要教育你一下，指点你一番。请你一定要虚心接受。人有七情六欲。有的孩子就是招你喜欢，有的家长就是让你满意，有的同事就是令你舒服，有的领导就是使你折服。当然，也有的你打心眼里感觉到讨厌，就是无法喜欢他们，尤其是个别学生、个别家长。如何与这些不喜欢的，甚至感觉有些处处和你对着干、看着你不顺眼的人打交道就成了考验你的一道难题，解决好了一帆风顺，解决不好天天心烦意乱。

首先，请大家明白，在这个世界上你不是太阳，不可能让大家围着你转，围着你转的也不都是你喜欢的人，"婆婆们"绝不会像你的父母那样宠着你！在他们面前你绝不可任性而为！

怎么办？古人告诉我们要"以德报怨"，就是用我们的最大度的"德"去回应人家的"不德"。但是以德报怨好像有点委屈了我们自己去迎合别人，为取悦别人而活着的意思，有时让人感觉很憋屈，凭什么呀？你对我不好，我还要强忍着心中的怒火与委屈对你好！这的确不是一种好活法。我最欣赏的还是

"以直报怨"。作为新媳妇你已经尽力了，"婆婆们"还是不满意。这时你就要想，俗话说"一人难称百人心"，一个人不可能让每一个人都满意。但是你绝不可以眼还眼、以牙还牙，最好的办法是"以直报怨"。那就是用一颗公正、正直的心去对待自己不喜欢的人、不喜欢自己的人。在一切大是大非面前，不以自己的个人好恶做出决定，而是公平对待所有的学生、家长和同事。

　　以上纯属个人建议，不当之处，欢迎大家批评指正！祝愿大家都能过上幸福的教师生活！谢谢！

李延安

农村教师培训调研座谈会总结讲话

各位校长、各位教师：

刚才四所学校分别做了会议交流，对下一步的教师培训工作提出了意见建议，让我们了解了大家在教师培训方面作出的辛勤努力，也听到了大家关于加强农村教师专业发展的强烈呼声。告别的时刻即将来临，在座谈会即将结束之际，我谈一下自己的感受，与大家分享下面几个关键词：

一、成功

个人感觉，今天的会议开得非常成功，达到了预期效果。尤其是听了四位分管校长的经验和意见建议，感受很深，大家在自己的工作岗位上，尽自己所能，为教师培训做了很多有益的工作，付出了很多的努力。同时也听到了很多好的意见建议，这些意见建议管用、实用，这对于改进我们的培训工作具有很强的实践价值。

二、钦佩

虽然近几年农村学校的办学条件有了很大程度的改善，在某些方面甚至超过了城区学校，尤其是大家近期的工资待遇大幅度提高，令人羡慕，但是仍然存在这样那样的困难和制约条件。因此，听大家谈到了很多工作能做得这么出色，取得了这么多成绩，深感钦佩。

作为一名从农村走出来的学生，我深深感知到农村孩子在求学、升学等方面存在诸多不容易，而正是当年那些坚守农村的教师，甚至还是些学历层次不高、教学能力不突出的民办教师给我们这些土包子带来了一束阳光，打开了一扇通向外面世界的一扇窗，带领我们艰难跋涉在知识的原野上，才有了我们的今天。甚至可以说整个中国大半个教育的半边天就是他们撑起来的（中国大多数人当时都在农村）。最近看了一个怀念当年师范生活的视频，很受触动。

因此，我个人认为大家在乡村教育的坚守和坚持是伟大的，值得称道的。最近，教育部部长怀进鹏在全国教育系统"十四五"重大工作部署会上讲道：乡村教育振兴，振兴乡村教育。振兴乡村如果没有教育振兴怎么能实现？在一个偏僻的乡村里如果能听到琅琅读书声，那么这个村庄就有活力，就有文化高地，就有希望。反之，一个失去了学校的乡村，恐怕会越来越成为空心村。我想在大家手里不一定培养出顶天立地的大人物，但一定能出现有文化、有知识、有素养的一批新时代的劳动者，他们将在社会的各个方面发挥着不可或缺的作用。而这样的普通大众才是整个社会的大多数，才是社会文明木桶中的短板，只有短板提升了，整个社会的文明才会提升。

三、希望

希望就像生活的灯塔照耀着我们前行的方向，给我们以力量，没有了希望，生活也就失去了努力的方向和动力。因此，希望咱们各单位借助强镇筑基的大好时机，拿出更多实招、真招，规划好咱们的教师培训工作，开展好各种教师培训活动，提高教师队伍的整体素质，建设好农村孩子家门口的好学校。择校的本质是择师。有影响力的教师多了生源自然回流。

为了实现这个愿望，我个人觉得首先是要有系统的规划，做好顶层设计，比如说，至少五年内我们的老师要发展成什么样？其次，要细化，将总体规划分解到每一年度，每一学期，甚至每一个月，我们在这个时间段要采取什么样的方式实现我们的规划。同时，也要将细化到人，哪一项工作谁来干，都要明确一下。最后是行动。一分部署九分落实，写在纸上，挂在墙上，那都是给外人看的，关键是行动起来。久久为功，坚持不懈，自有成效。当我们的教师素质高了，知名度大了，我们的学校也就有希望了。农村教育将为农村孩子奔驰在希望的田野上助力加油。在这里，我也表个态，如果在教师培训方面需我帮忙，比如请区内外名师、专家到我们的学校传经送宝之类的事，我将不遗余力。

四、感谢

感谢大家为乡村教育所作的一切努力，感谢大家为农村孩子提供了良好的教育。当然更要感谢大家为本次会议所作的认真准备工作，感谢省庄一中为本次会议提供的优质服务，也感谢大家能认真答好每一张问卷，为我们的教师培训工作提出真知灼见。

最后，祝愿大家及广大的农村教师日子越过越好，祝愿农村教育越办越好。会议到此结束。谢谢大家！

李延安

在全区名师工作室现场会上的讲话

刚才，我们一起参观了名师工作室现场，听取了先进单位的名师工作室工作经验介绍，感受到了全区名师工作室所在单位领导、领衔人以及工作室成员的辛勤工作，他们的典型经验及做法值得大家借鉴交流。

下面，我就 2014 年全区名师工作室取得的成绩，以及今后一段时间内"名师工作室建设"的一些想法，讲几点意见。

一、发扬成绩，切实发挥"名师工作室建设"工程的效益

为推进名师工作室建设健康发展，2013 年以来我区先后召开名师工作室建设座谈研讨会 3 次，开展工作室交流活动 4 次。各工作室开展教学研讨、课堂展示活动累计达 40 余次。通过这些活动的开展，工作室成员及参与教师感受到了自身业务提高的点滴变化，受到了学校及广大教师的欢迎。

目前，各工作室领衔人及成员都已经获得了区级以上优质课一等奖、区教学能手以上奖励，拥有特级教师 1 人，省优秀教师 3 人，功勋教师 2 人，泰山名师 6 人，卓越教师 20 余人。名师工作室已经成为我区教师队伍建设发展的领头雁，成为学科教学建设的风向标。

《中国教育报》记者专门就名师工作室建设问题到我区进行了采访，李慧静工作室成员的典型经验得到了上级领导的一致好评，并以较大篇幅在《中国教育报》上发表。区领导小组成员撰写的泰山区名师工作室建设经验在《泰安日报》上发表。

各单位都按照市、区教育局要求成立了一把手任组长的名师工作室建设领导小组，专门划出了办公与活动场地，购置了必要的办公设备，如电脑、打印机等设备。例如，泰安第一实验学校、六中、南关中学、文化中专、泮河中学等单位都为名师工作室人员订阅了教育教学刊物，购置了一大批教育理论、教学书籍，给予了时间、物资、经费等方面全方位的支持，大大激发了工作室领衔人、成员的积极性。

部分名师工作室依托学校的课题研究内容，形成了系列化的研究课题与研究内容，大大提高了活动的实效性，引领互助，效果显著。例如，迎春学校肖

立新工作室、乔玮工作室依托学校广泛开展的"学生专注力"研究课题,让工作室成员与国家、省级专家面对面交流、答疑解惑,既开展了课题研究,又使团队成员得到了锻炼提高。南关中学曹秀玲、刘文静工作室成立之初,就形成了统一的科研方向,申报了统一的研究课题,如曹秀玲名师工作室申报立项了山东省"初中研究性学习课程资源开发的个例研究"规划课题。在课题的带动下,开展了参观热电厂、假期调查报告、生物养殖等研究性活动,教师与学生参与其中,教学相长,集慧共赢。

泰安市第一实验学校李慧静名师工作室成立一年来,工作室成员一直秉承在"规矩"中追寻教育的自由与幸福的教育理念!将工作目标定位为:凝聚——提升——示范——辐射。坚持"读书引领——聚焦课堂——课题带动——专题研讨——网络互动"研究思路,将工作室打造成了青年教师成长的平台,优秀教师展示的舞台,骨干教师发展的擂台。

市文化中专任永红工作室把握职专学生的专业特点,在"自主合作式教学"和"理实一体化教学"模式改革中,全室成员积极参与教学改革,潜心研究教材,制作课件及教学模具,探讨教法与学法,课堂"活"了起来,学生"动"了起来,教学效果和教学成绩显著。

桑家疃小学张海燕工作室创新常规工作,实行"四化措施":制度管理精细化、例会活动制度化、教学研讨常态化、交流方式多样化,取得良好成效。

"走出去,请进来"是培训教师的有效途径之一。我区依托在全区开展的"卓越教师"培养活动,积极鼓励工作室参与名师、名专家的教育教学培训,成效显著。部分团队成员北上北京、南下南京,遍寻名校参观学习。同时部分学校教师参与了在天津举办的"简约智慧·减负增效"全国著名特级教师工作室成果展示观摩活动。聆听了北京特级教师刘德武,天津特级教师徐长青、马向东等名家的讲座,在一次次的学习中,通过与教育专家互动交流,老师们教育理念得到了更新,教育激情被激发,发展欲望更强烈。

市教育局于 10 月 28 日至 30 日对全区 21 个名师工作室进行检查视导。评委组以市教育局对名师工作室检查评分表内容为主,采取了听取领衔人汇报、查阅档案材料、实地查看等形式梳理了目前我区名师工作室的基本情况。我区名师工作室的工作特色、活动案例、保障措施赢得了检查组的认可和高度评价。

二、着眼将来，精心打造"名师工作室建设"工程的品牌

1.让名师工作室成为教研教改的制高点

加入名师工作室已充分说明每个人的实力和水平，具备了称之为名师的资格，不是荣誉却十分光荣。大家有能力、有责任、有义务站在教研教改的制高点上，发挥带头示范、榜样引领作用。发挥名师工作室人数少、精英多、功能强、效率高的优势，真正俯下身子搞研究，扎扎实实干出实效。

名师工作室领衔人以及成员要自我加压，关注课改前沿、学科前沿，不断增强专业发展的动力，克服惰性，不给自己找偷懒混日子的借口，不断反思自己的教育教学研究思路与方法。开展具有前瞻性、创新性的课题研究，同时注意"接地气"，不搞大而空。

2.让名师工作室成为骨干教师孵化器

名师工作室虽然是以名师姓名命名，但却是由学科骨干教师共同组成的一个团队，是集教学、教研、培训于一体的"加强连"。

名师工作室的领衔人通过示范引领，首先让工作室成员受益并得到提高，进而辐射带动周边学校教师共同提高。工作室通过开展讲座、公开课、示范课、送教下乡等活动形成"以室带点，以点带面，以面带片"培养骨干的良好氛围。

3.让名师工作室成为特色创新的试验田

名师工作室搭起的是教研教改的平台，是改良教育教学方法种子的"试验田"，一个良好教学方法的形成，一种经典课堂教学模式的探索，都不是一朝一夕就能做到的。在名师工作室这块"试验田"里，青年教师可以尽可能实践自己的新思路、新方法，优先参与听课、评课、观摩，优先参与培训学习交流活动。领衔人可以毫无保留地示范自己的成功理念与方法，通过"对比播种、对比管理、对比收获"，最大程度地激发青年教师的教研热情，促进青年教师快速成长。

三、做好"名师工作室建设"工程今后工作的设想

名师工作室开展的时间较短，现成的资料及参照模式较少，我们在工作过程中也发现了自身的一些需要改进的地方。

1.平时材料积累不够。表现为领衔人材料多，成员材料少。

2.交流有局限。表现为校内交流多，校际交流少。同学科交流多，跨学科交流少。

在今后的工作中，我们的思路是充分开展多种形式的研究交流活动，开阔

思路，反思改进，尽早突出我区每个名师工作室的教学特色、教研特色、团队特色。希望全体领衔人、工作室成员，能把握契机、明确目标、踏实工作，早日成长为一名优秀的教师，预祝全区名师工作室再接再厉，取得丰硕成果。

李延安

在泰山区教育系统心理咨询师培训班开学典礼上的讲话

尊敬的孙主任，宫校长，肖校长，全体学员老师们：

上午好！

经过前段时间的精心准备，教育系统心理咨询师培训班今天正式开班了。非常高兴参加这期培训班的开学典礼。根据区教育局、区教研科研中心的要求，我讲三点感受：

一、必须真正认识开展心理咨询师培训的重要意义

伟大的教育家夸美纽斯曾说："教师是太阳底下最崇高的职业。"这么多职业为什么单单说教师是最崇高的？我想其主要理由恐怕就是教师不仅能够传递人类文明，传承文化知识，而且能够对我们的下一代进行心灵的呵护和疏导。在座的教师在知识的传授方面都已经是行家里手，因此举办这期培训班落脚点就是给教师一把引导学生心理健康的"火炬"。教师用这把"火炬"照亮孩子的心理成长之路，温暖青少年的心。教师掌握了这把"火炬"就与其他职业发生了本质的区别，就更有能力实现"崇高"。

参加这次心理咨询师培训的学员，是在全区范围内经过逐级筛选推荐，选派出的素质好、责任心强的骨干教师。相信大家一定会以高度的历史责任感和使命感参加培训，把握住宝贵的学习机会，取到心理咨询的"真经"。

二、必须真正沉下心来认真学习心理咨询的基本知识

目前，社会迅速发展变化，竞争日趋激烈，人们面临更大的压力。这些压力如果不能得到适当的疏导必然会导致极端事件的发生。因此，组织教师参加此次培训学习，不仅是各位教师的"福音"，更是我区莘莘学子的"福音"，同时也是每一位家长乃至整个社会的"福音"。试想，如果全社会所有人员都能掌握一些心理健康的基本知识，懂一点心理学知识，那么我们的孩子是不是会有一个更美好的成长环境？我们的社会是不是更和谐、更温馨？

希望各位能够克服酷暑炎热等各种困难，真正沉下心来，全身心地投入到培训学习中，掌握基本的心理咨询知识，把自己武装成一位心理健康、精神乐观的骨干教师，回到单位后能够运用所学知识服务于本职工作，培养更多自尊自信、理性平和、积极向上的学生，在家庭中能够为家人"排忧解难"，营造舒心舒适的"港湾"。

三、抓住机遇，快乐学习，修身养性

此次培训，区教育局、区教研科研中心是经过慎重考虑认真研究才决定组织的，特别是朱局长对这期培训十分关注，多次询问进展情况。泰安市心理学会也是做了许多艰苦的努力，多方论证邀请了省内外知名的心理学专家给大家授课。各单位的领导肯定也十分关心大家的学习情况，花了这么多钱，是不是能够学有所成？

因此，大家身上承载着多方的期望，更传递着泰山区教师的形象。希望大家克服客观困难，既来之则安之，进入教室就暂时抛却外边的一切繁杂事务，专心听课，把这次学习当作一次修身养性的大好机遇。十几天的学习既要学到心理咨询的知识更要修炼自身的品行，调整好个人情绪，能够在学习结束后以一副崭新的精神风貌进入到新学期的工作之中。如果，9月1日开学后，大家发现你变了，变得开心愉快，积极向上，不再怨天尤人，那么你的学习效果就真正达到了！

为取得这种效果，大家必须遵守学习纪律，维护学习秩序，做一名优秀的学习者！同时希望心理学会能够为大家的学习创造舒适的环境，让大家学得安心、舒心！

老师们，紧张而有意义的集中培训就要开始了，我预祝培训班圆满成功！预祝各位圆满完成学习任务！

谢谢大家！

李延安

和"泰山星火"教研团队教师的交流

今天能有机会和在座的各位教学精英进行交流，个人感觉非常荣幸，时间关系和大家说说个人观点，实话实说，如有不当之处，敬请大家批评指正。

一、本次活动的感受

刚才听了两位教师的课，大家的交流发言，还有张铭刚老师的讲座，李清主任的总结发言，王勇主任的工作安排，感觉到这次活动很成功，效果很好，达到了预期目标。大家都谈得这么好，把好词好句都用完了。我都不知道怎么说了。

组织这样的成长共同体或者教研团队是教体局领导根据我区教师队伍建设的实际需要做出的重要决策，领导对大家寄予了很高的期望。根据我的了解，山东省搞了四届齐鲁名师评选，三届齐鲁名校长评选，我区在前三届齐鲁名师评选中都得了"零蛋"，只有今年张淼和陈炳峰破了纪录，成为我区仅有的齐鲁名师，是泰安市最后一个破"零"的。我区只有一位齐鲁名校长（刘建国），去年的齐鲁名校长我们继续得"零"。新泰评上了 5 个。这样的成绩与泰山区地位不匹配。下一步的希望就在大家身上。

二、和谁在一起很重要

大家在一起既有同学科的也有不同学科的，既有管理干部也有一线名师，肯定能碰撞出更多的火花，星星之火，可以燎原。"你站在桥上看风景，看风景的人在楼上看你。明月装饰了你的窗子，你装饰了别人的梦。"希望大家利用好近观身边名师的机会取人之长补己之短，把"三人行"变成携手行，把团队做成自己最宝贵的教育资源。

三、一定要学会两条腿走路

哪两条腿？

第一种说法：课堂—教育理论。课堂是教师最大的舞台，但教育理论欠缺将影响老师的发展后劲。齐鲁名师失败的经验已经证明了这一点。我曾经就这个话题咨询过省市领导。谁发表过核心期刊？谁出过教育专著？教育理论素养是我区很多名师的短板。

还有一种说法：教学成绩—教育科研。只会实实在在抓教育成绩，信奉水多泡倒墙，大量的强化训练固然提高了成绩，但也造成了不少后遗症。有几个老师提出了属于自己的教学主张，拿出了像样的教学科研成果？应让大家吃上巧粮食，而不是只会笨打实踹地埋头苦干，活得像个苦行僧。

因此，在这里我送给大家一套"三精口服液"：

精力：所有的好课都是打磨出来的，提高教育理论素养绝不是一朝一夕的事。大家投入多少时间、多大精力研究课堂、研究学生、研究教法？收获与付出成正比。

精心：这是做好教育教学工作的基本态度。认真对待，精益求精，深挖深钻，专注专心。

精致：如果前面说的"精力"是指你对自己训练量的要求，那么"精致"就是质的要求，这是教育教学的质量标准，不能马虎，不能当差不多先生。

最后送大家两个字："精彩"，教育教学是一门值得用一生研究的事业，得天下英才而育之是人生之幸事，祝愿大家在教育教学岗位上做得精彩，活得幸福！

谢谢大家！

李延安

和东岳中学青年教师的交流

能够近距离看到各位青年教师我非常的高兴，非常的荣幸，看到你们年轻的、充满朝气的、富含胶原蛋白的脸和纯净的眼神，不禁想起了自己刚参加工作的场景，感到十分亲切。时间关系和大家交流三个话题：

一、和谁在一起很重要

东岳中学是藏龙卧虎之地，是每年暑假家长们要想尽办法把孩子送进来的名校，拉动了周边房价。校长具有丰富的管理经验、治校良策。拥有一大批教学经验丰富、教学能力卓越、师德高尚的优秀教师。在这所学校你将会遇到唯一的一名中学特级教师、正高级教师、国家级优秀教师，你将会遇到雷主任这样的教学前辈，王德秀、焦学玉、吴真等名师。近朱者赤，和他们在一起，大家一定会迅速成长起来。

二、站稳课堂是根本

"三精口服液"：

精力：所有的好课都是打磨出来的。你投入多少时间、多大精力研究课堂、研究学生、研究教法？收获与付出成正比。

精心：这是做好教育教学工作的基本态度。认真对待，精益求精，深挖深钻，专注专心。

精致：如果前面说的"精力"是指你对自己训练量的要求，那么"精致"就是质的要求，这是课堂教学的标准，不能马虎，不能当差不多先生。比如以基本功训练为例，你的板书字体如何？你的普通话讲得是否标准？你的课堂用语是否合适？等等。

三、三大关系与底线意识

用三大关系帮你守住三条底线：

1.和学生的关系，守住有偿补课这条底线。良好的师生关系胜于一切，亲其师才能信其道。不要把纯洁的师生关系搞成金钱交易。教育事业不是挣大钱的事业。如果想发财那就离开教师这个行当。古往今来的名师都是守得住清贫的人。

2.和学校领导、同事的关系，守住体罚学生这条底线。老教师、老领导长期浸润于教育界，对各方面的事情怎样处理富有丰富的经验，会在你想发火、想骂人甚至打人的时候给你支招儿。

3.和家长的关系，守住廉洁从教这条底线。家长是社会人，形形色色，良莠不齐，为了自己的孩子能做出任何牺牲。作为年轻教师一定要理解他们的心理，接纳他们的合理需求，更要学会拒绝不合理的。吃人嘴短，拿人手短。一位校长讲过这样的故事：你拿了别人的东西答应了别人的要求，就好比给自己的脖子里系了一根绳，别人一有点事就会牵着绳拽拽你。习近平总书记在谈到政府官员和企业家的关系时提出了新型政商关系，概括起来说就是"亲""清"两个字。咱们借用过来讲一下，所谓"亲"，就是要坦荡真诚同家长打交道，特别是在他们教育孩子过程中遇到困难和问题情况时更要积极作为，对学生最近的情况深入了解，靠前关注，多谈心、多引导，帮助解决实际困难。所谓"清"，就是同家长的关系要清白、纯洁，不能有贪心、私心，公平公正对待全体学生，不能因为家长的作用不同就区别对待学生，把家校关系搞成了等量交换、等价交易。

最后送大家两个字："精彩"，教育教学是一门值得用一生研究的事业，得天下英才而育之是人生之幸事，祝愿大家在教育教学岗位上做得精彩，活得幸福！

谢谢大家！

李延安

扬帆起航恰逢其时

老师们：

大家好！

今天上午，我们有 10 位新教师进行了说课展示，10 位新教师做了专业成长交流。我个人感觉大家无论是从教学基本功方面，还是职业素养方面都已经达到了我们结业考核的相关要求。为了帮助大家找准下一步职业生涯的努力方向，我们邀请了两位齐鲁名师培养对象为大家做了现身说法。这两位教师都代表着我区教师队伍的新标杆。插句题外话，齐鲁名师是山东省教师队伍业务荣誉的最高奖，现在我区只有两名齐鲁名师。将来算上今天的苏晓林主任、徐杰主任我们将来会有四位齐鲁名师。

应该讲，根据新教师培训的相关要求，经过了今天的结业考核活动，大家作为新入职教师的阶段就要结束了。你们将从"生手"晋级到"熟手"阶段。接下来，人们至少要用对待青年教师或者"老"教师的眼光来看待在座的各位朋友了。

去年的 9 月份大家历尽千辛万苦，想尽千方百计，终于在千军万马的竞争中脱颖而出，实现了当教师的梦想。时隔七八个月，我估计大家激动的情绪已经平复了，对教师职业有了更直观、更真实、更立体的认识，现在的你们还那么愿意当老师吗？你的思想是否有了新的认识？为了帮助大家坚定做教师的理想信念，少走弯路，在这里，我请大家思考三个问题：

一是你的优势与特色是什么？经过了这七八个月的教育实践磨炼，你找到自己的专业优势了吗？比如你是擅长做教学管理还是擅长课堂教学？你的课堂教学风格是怎么定位的？和同龄人比，你最擅长哪些工作？是文案撰写，还是班级管理？建议大家有一个准确的职业定位，这是你走好下一步的起点。

二是你存在的问题与不足是什么？金无足赤，人无完人，没有一个人是全才全能的。大家都知道木桶理论，决定一只桶能装多少水的恰恰是最短的那块木板。那么决定一个人能走多远、多高的也正是你的问题与不足。大家可以与身边的老教师、名师做一下对照，也可以与今天作报告的两位名师做一下比较，找准问题与不足，解决短板，做大优势。建议大家一定要主动找到一个能引领你做好教师工作的"师傅"，可以是身边同事，也可以是学校领导，还可以是区里的教研员等。有了这样的领路人，你会走得更高、更顺。

三是思路与设想。有人说工作的前 7 年将决定你这一辈子的教育生涯。第一年，你做得不好，大家会说，理解他，还是一个新手，还年轻。第二年开始人们就会给你贴标签：大家就会说××老师擅长带班，肯定是一个做班主任的料；人们也会说，××擅长教学是个好苗子，在学科教学方面值得培养！工作七八年了，在大多数人眼里你是个什么材料也就可以盖棺定论了。因此，我建议大家回去以后好好想一想，规划一下自己这前 7 年的职业发展之路。同时，我也提醒大家，不论别人怎么说，你一定要有自己的想法和主张，不能被"定义"而应该自我"定义"。

最美人间四月天，不负春光不负卿。在这美好的季节里，祝愿在座的莫负青春好时光，抓住青春的尾巴，期待看到大家精彩的表现，听到你们人在江湖的美好传说！

谢谢！

李延安

收获盛夏的果实

各位专家、老师们：

大家上午好！

古人说："芳菲歇去何须恨，夏木阴阴正可人。"在本学期行将结束，我们即将迎来美好惬意的暑假时光的时刻，江苏教育同行走进了泰安树人外国语学校，我想他们不仅为我们带来了精彩的课堂和讲座，更将让我们收获"天下教育一家亲，心连心"的深厚友谊。为此，让我们用热烈的掌声向各位专家老师的到来表达衷心的感谢！

作为这所学校的督学，这是我第二次走进这所以"博学善教"为校训的学校。联想到上一次学校与曲阜师范大学合作开展师资培训活动的签约仪式，结合本次活动的安排（每一节课后面都有专门的讲座进行解疑释惑）我个人认为，虽然我对学校还不够熟悉，不够了解，但仅从这两件事上来看，我个人感觉学校锻造培养师资队伍的选择是非常正确的！只有重视教师素养的提高，建设一支素质优良的教师队伍，才能实现"现代化、精品化、高质量、有特色"的办学目标，也才能吸引家长把孩子送进校园。这与全国著名教育家李希贵校长提倡的"教师第一"理念一脉相承。

没有好教师，哪来好教育？我认为，好教师首先应该是幸福的老师。今天一走入会场，看到这么多年轻、英俊、靓丽的脸庞，我在想这就是我们教育的未来和希望啊！前些天在一所学校，陪同迎接山东省教育厅的一次检查活动，看到老师们那疲惫的身影，一脸倦怠的表情，大而无神的眼睛，我感到很揪心、很心疼！给我的第一感觉就是老师们活得很累，很不幸福！校长把学校办成了苦大仇深的学校，老师们天天拖着无力的身躯走入学校、走进教室，怎么能教好学、上好课，还有心情去关爱学生吗？我没有责怪校长的意思，更没有指责老师的意思，我只是在想：我们的校长该如何给老师打鸡血、充能量，让大家喜欢学校、愿意走入学校、放假了还盼望着尽快返校。让他们在这里收获幸福、快乐和价值感！我只是希望看到老师们意气风发、朝气蓬勃地走入学校、走入课堂，充满活力地带领学生遨游知识的海洋！

有人会说,现在学校里有那么多的事需要做,校长、老师天天面对各种各样的压力,哪有什么幸福可言?校长无力改变这一切,更不要说老师了。于是我就想到了那个"把枪口抬高一厘米的故事"。据说,在第二次世界大战结束之后,德国首都柏林城中间筑上了一道墙,一个国家被分解为东德、西德两个国家。这座柏林墙就是两个国家的边界,越界者就要被枪杀。"分久必合"。本来就是同一个国家的人们盼望着国家的统一,于是经过近 50 年的对立之后,双方领导人终于做出了合并统一的决策。在即将拆除柏林墙,实现国家统一的前几个月的一个晚上,一位东德年轻人企图翻越柏林墙到西德去。巡逻的东德士兵按照当时的规定开枪射击,翻墙者中弹身亡。几个月后,1989 年底两个国家终于走到了一起,成为一个统一的国家。被射杀的年轻人克里斯·格夫洛伊的家人向法院起诉了巡逻兵因格·亨里奇。亨里奇的辩护律师说道,"作为一名守墙士兵,亨里奇是在执行命令。作为一名军人,执行命令是他的天职,他别无选择。"虽然戈弗罗伊的死让人感到惋惜,但如果亨里奇因此被判有罪,也让人摸不着头脑。负责任地履行自己的职责有错吗?然而,当时的法官西奥多·赛德尔却认为:"作为守墙士兵,不执行上级命令是有罪的,但打不准是无罪的。作为一个心智健全的人,此时此刻,他有把枪口抬高一厘米的主权,这是他应主动承担的良心义务。这个世界,在法律之外还有'良知'。当法律和良知冲突之时,良知是最高的行为准则,而不是法律。尊重生命,是一个放之四海而皆准的原则。"

不管这个故事是真是假,有一点倒是可以提醒我们的校长和老师,尽管我们无力改变大环境,那么我们是否可以稍微改变一下我们的小环境呢?比如,当老师走进教室前,是否可以整理一下自己的情绪,平复一下自己的心情,就像你要上公开课时那样的和颜悦色、和蔼可亲?毕竟,关上教室的门,面对几十双儿童的眼睛,你就是最高"主宰"。比如,我们的校长当你准备进入学校的时候,你是否可以抛开各种不愉快,换一张平易近人、慈眉善目的脸,就像面对上级领导那样对你的员工笑脸相迎呢?毕竟,校长是一校之长,决定了校园里的"生态环境"。

在这里,我又想起了一位医生朋友讲的一句话:"其实,病人及家属并不一定关注你的医术如何高明,他们更关心你的态度和作风!"当你呈现一副拒人千里之外的神态时,病人及其家人的心里是冰凉的,他感受到了被忽略、被拒绝、被冷眼对待,那么医患关系还能好吗?同样我们的老师是否想一想面对家长时你是怎么样的？有人说家长不讲理，横挑鼻子竖挑眼！那么，我们的老师是否被这样的人带节奏了呢？当一位老师失去了定力，失去了理智和冷静的时候，肯定惹火上身！我又想到一位高中老师的话。他说："我自己才是一个曲阜师范大学毕业的学生，那些能考上清华北大名校的学生怎么能说是我教的呢？那都是人家孩子天生资质，那都是家庭教育的结果！"我想，这位老师不是在推卸责任，他在描述这样的事实，尽管教师的学历不高却照样能培养出名校大学生，因为决定孩子是否成才的因素是多方面的，比如遗传基因、家庭环境等。那么，当教师的又何必因为你讲了几遍、十几遍孩子却还不会、不懂而大动肝火呢？你应当冷静地想一想到底问题出在哪里？

当下，我们的家长学历越来越高（相当一部分家长的学历比老师高！），对孩子的期望也越来越高，给老师压力就越来越大。这样的现状，就是大环境，是老师们、校长们乃至每一个教育从业者必须面对的现实。这就提醒我们，时刻保持谦虚谨慎、虚怀若谷的学习者、谦卑者心态。学习永远在路上！不要以为自己从教几年、十几年、几十年了，什么大风大浪都见过了，阴沟里还能翻了船？我个人以为永远做学生，才是一位教师应有的姿态，也是一件永不失效的法宝！

教师学习，学什么呢？我觉得主要是学习教学的方法，把课上好，上得有吸引力，让孩子喜欢听、爱上你的课。今天就是一个很好的学习机会，虽然只有一天的时间，但是内容安排得很好，既有课堂教学示范，也有专题讲座。希望大家能以"三人行，必有我师焉"，"取人之长，补己之短"的良好心态，认真观摩课堂、仔细聆听专家报告，同时对照反思自己过去的教学生涯，找到新学期努力的方向。

以上，纯属个人思考，如有不当之处，欢迎大家批评指正！

最后祝本次活动圆满成功，祝大家学有所成！收获"接天莲叶无穷碧，映日荷花别样红"的盛夏大礼包！

谢谢！

李延安

让爱与责任同行

尊敬的各位领导、老师们：

大家好！

能有机会和各位领导老师交流汇报思想，感到非常荣幸。今天我也算不上演讲，就当是和各位兄弟姐妹就我从教 20 年来的一些感悟和大家进行交流，说说心里话，不当之处欢迎大家批评指正。

交流的第一点是：服从分配，勇挑重担。

作为一名教师，我认为服从组织安排，勇挑重担是基本的工作原则。

还记得刚毕业那年，我被安排到离家比较远的农村小学，粥店办事处大佛寺村小学，那时自己刚刚毕业，满怀着干好工作、当一名好教师的炽热情怀。由于师资紧张，校长安排我包班教学，即一个班的语文、数学、音乐我全部都要教，还要担任班主任工作，面对着刚入学的一年级小学生，一天 6 节课的重任，我没有叫苦叫难，而是觉得校长信任咱，家长相信咱，咱就要把工作干好，不能辜负大家的厚望。

虽然那时，年轻气盛，但是每天下班回到家，我还是常常累得连饭都不想吃，只想躺着。躺着也不闲着，大脑里还在琢磨着第二天如何改进教学，做好学生工作。这时，我就有一种感觉：教师工作不能仅仅以一天上了几节课来衡量，而是看你真正投入了多少精力。学生、教学质量常常占据了我整个的灵魂，让我一有空就想着、念着。

2003 年 9 月，办事处领导根据当时的家长、社会需求，决定在凤台小学开设实验班，我被安排到实验班担任数学教学、班主任工作并担任学校教导主任。当时，我住在南关中学，离学校大约 10 里路，孩子才刚刚 4 岁，丈夫在外上学，可以说面临着重重困难，但是经过一番思想斗争，我还是觉得咱已经是一名老教师了，还是个党员，平常经常说要讲奉献，这时如果拈轻怕重，岂不是辜负了领导的信任，违背了自己的人生信仰？共产党员是块砖，哪里用到哪里搬！我把婆婆叫来做家务看孩子，安排当时经常生病的儿子在家休学，义无反顾地站到了实验班的讲台上。

　　交流的第二点是：爱岗敬业，敢为人先。

　　教师工作是个良心活。记得在泰安师范上学时，学校门口有："身正为师，学高为范"的名言。踏上工作岗位后，我一直铭记着、践行着这句话。不论干什么工作，只要干就尽最大努力干好，干出个样来，不能让人笑话咱！

　　2004 年春天，儿子先后两次住进中心医院。我每天早晨天不亮就从医院往学校赶，中午再到医院陪孩子，晚上孩子入睡后再批改作业，准备第二天的课。每天奔波 30 多里路，身心疲惫，但是只要一进入学校，我就要调整好自己的情绪，笑容满面地出现在学生面前，充满激情地活跃在讲台上。

　　那时，实验班刚刚起步，承载着领导们的厚望，也寄托着家长热切的期待，压力非常大。上课时，我是一名教师，教学质量必须保证是一流的，要走在平行班的前列；下课后，由于学生大多在学校吃中午饭，我又变成了一名保育员，为学生分发餐具，搬运饭菜，收拾餐具、打扫卫生。刚入学的一年级孩子太小了，怕磕着怕碰着，我就像妈妈一样照顾他们，有挑食的，有需要中午吃药的，有需要提醒脱外套的，有肚子疼的，有尿裤子、拉裤子的，有需要提醒经常喝水的……我基本上是以"老师+母亲+保姆"的多重身份和他们共同度过了最艰辛的 3 年。

　　功夫不负有心人。实验班的数学成绩始终名列全办事处前茅。有一年市里出题统考，我们班光满分就有 19 个。实验班得到了家长的认可，得到了领导的充分肯定。我个人也被评选为市、区优秀教师。今年，实验班的孩子已经进入初中四年级了，国庆节期间孩子们自发地到我家里来聚会，向我汇报他们的学习成绩，有好几个学生在初中依然名列前茅。他们说，老师，我们还是特别喜欢学数学！这对我就是最大的肯定啊。

　　交流的第三点是：学无止境，不懈登攀。

　　辛勤的劳动，得到了大家的认可，我获得了一些荣誉，个人也觉得自己该歇歇了。但是，在读了美国著名教育心理学家吉诺特的一句话后，我觉得自己不能停下前进的步伐。他说："在经历了若干年的教师工作之后，我得到一个令人惶恐的结论：教学的成功和失败，'我'是决定性的因素。我个人采用的方法和每天的情绪是造成学习气氛和情境的主因。身为教师，我们虽然无力改变教育的大环境，但是在自己的班级里，我们却决定着这个班的生态环境。当我们充满爱心地从事教育工作，给孩子关心、宽容、满面春风地对待每一个学生时，孩子们就生活愉快，学习生活就是快乐的，班级就成为一个互相关心的大集体；相反，当我们每天气急败坏，怒气冲冲，不给孩子好脸时，孩子们生活在恐惧中，他们的学习生活就是悲惨的，痛苦的，班集体可能就会一盘散沙。"

2003年9月，面对第一批使用新教材的学生，作为第一批参与小学课改的老师，我和大家一样充满着困惑，新教材怎么教？什么样的课堂是新课改理念下的课堂？我一方面积极参加培训学习，阅读课改理论书籍，一方面大胆尝试自主探究、合作交流等教学模式，着重培养学生的五个学会：学会提问、学会质疑，学会交流，学会合作，学会评价，努力营造一个宽松、平等、和谐的班级氛围，让学生愿说、敢说、爱说、会说。凡是回答问题的我就大张旗鼓地表扬，针对不同的孩子，用不同的鼓励方式、不同的表扬措辞。比如：从来没站起来的，今天终于站起来回答问题的，如果不对，我会说：你是个勇敢的孩子！让我们大家为他的勇敢鼓掌吧！如果答对了，我会说：我又发现了一个人才，希望你能带给我们大家更多的精彩！如果声音太小的，或者说话说不完整的，我都会先肯定他，然后再委婉地告诉他：如果你以后怎样做就会更优秀了！在这个基础上，我又引导学生与学生之间怎样交流，比如：交流时可以这样说，"我想给他补充，我还有一种算法"，评价他人时，一定要真诚、尊重别人，先要看到对的优点，再委婉地指出对方努力的方向。经过一段时间耐心细致的训练，我们班形成了"比学赶帮超"、课堂常规训练有素的良好氛围，学生们变得大胆自信，回答问题声音响亮，表达完整，有个性思维，喜欢创新，敢于质疑，积极参与。每当有公开课时学生们出色的表现，让前来听课的专家、教师惊叹不已。

2008年9月，我送走了毕业班又重新接一年级，下班途中，不幸遭遇车祸，腰部受到重创，医生嘱咐必须卧床休息3个月，而此时，学校都在忙着迎接省规检查，总结反思上一级的经验，我内心有很多想法要兑现，家长的信任期盼，让我无暇考虑自己，只休息了一个半月，就拖着病痛的身子回到了讲台，每天家人接送我上下班，硬撑着上完课，然后就趴在三把椅子拼成的小床上批改作业、辅导学生，有的老师见到此情此景，就劝我说：何必这样呢？你不来，学校自然就会安排人。有时，我也觉得自己有点傻。但是江山易改本性难移，多年以来形成的职业习惯已经让我深深地爱上了这份工作，忙碌着劳累着也愉悦着，自己觉得很充实，当我真正闲下来时，一天两天还可以，时间长了就觉得空落落的。不断充电学习，不断改进工作，不愿意辜负家长的期望、领导的信任，不愿落在后面已经成为一种自觉行为。

　　老师们，我和在座的很多人一样也是一名学生家长，我们的孩子也在不同的学校里接受教育，我们对教师都充满着期望，希望他们能够爱护关心自己的孩子，希望他们把自己的孩子教育好，将心比心，我们的家长又何尝不是这样期盼我们的呢？在一个个鲜活的生命面前，我们又怎么敢懈怠呢？怎么能忍心将遇到困难和问题的孩子弃之不顾，置之不理呢？有人说爱自己的孩子是本能，爱别人的孩子则是神，而我们老师就做着这种神圣的事情。

　　真情换真心。我在给予孩子们真善美的同时，他们也还给了我无限的职业幸福。每到春节、教师节都有学生给我发来祝福短信，他们那真情流露让我在家人面前不断炫耀：看！孩子们多么懂事！

　　我们班刘华宇是个体弱多病的孩子，经常感冒发烧肚子疼，我对她就格外地关心。后来，家长专门给我写来一封感谢信，信中这样写道：王老师，孩子经常生病发烧，我的心情也不好，平时和您交流不多，今天无意看到孩子在作文中这样写道：每当我生病，王老师总是露出焦急的神情，关切地先摸摸我的额头，有时还用眼皮触摸我的脸，来确定我发烧了没有。我生病住院，王老师多次打电话鼓励我，安慰我，还给我补课，以后我一定要坚强，不能再让王老师为我操心了……王老师，孩子的话，让我真切地感受到了您对孩子的真情付出。

　　现在，家长都很忙，无暇照顾孩子，但是他们对孩子的教育还是十分关心的，尤其关注孩子的在校表现和学习成绩，为了能够及时解答家长的问题，我一方面阅读有关教育书籍，了解学生教育的理论知识，提高自己的理论水平和实际能力，一方面悄悄观察每一名学生的在校表现，发现他们的优点和不足，当家长来电话时，我就可以应对自如、有的放矢了。时间久了，我和家长都成了无话不谈的知心朋友，我的电话成了"爱心热线"。无论是深夜还是节假日，只要是电话响起，我总是尽可能地给对方满意的帮助和答复。我的真诚得到了家长的认可、尊重和信任。

　　常有人对我说："你是老师啊！不错呀！一天就那么几节课，风吹不着，雨淋不到的，一年还有寒暑假……"每次听到这些，我只是一笑置之，因为，只有从事教师工作的人才能真正体会到这份工作的辛苦。

　　老师们，一分耕耘，一分收获。在20年教书育人的道路上，我付出的是汗水、心血和泪水，然而我收获的却是学生带给我的无法抗拒的幸福！一块糖，一个苹果，一声甜甜的老师好，一个亲手做的卡片，一个毕业多年学生或家长的问候短信……这些都是让我幸福和满足的源泉。我常常这么想，当我退休以后，回首自己的教育生涯：我会骄傲地说，在过去的岁月里，我兢兢业业，奉献了我的青春年华，现在在××岗位上工作着的工程师、科学家、公务员、个体工商业者……都是我的学生！作为一名教育工作者，我问心无愧！

　　谢谢大家！

王玲

"亲子共读"演讲

尊敬的各位领导、各位家长朋友：

5月4日上午，温家宝总理在北京大学与青年学子座谈时，希望同学们做到"读好书、好读书、读书好"。这让我很有同感，是读书给我和孩子带来无限的乐趣。

记得从儿子牙牙学语开始，我就时常买一些书回家，从朗朗上口的童谣，到生动有趣的童话故事，只要是我喜欢的儿童读物，我都会买回来。与儿子共同读书成了我生活的一项重要内容。这既增进了母子感情，也弥补了自己小时候"无书可读"的遗憾。那时的儿子什么也不懂，我就拿着他的小手指着色彩斑斓的图画，一字一句地读给他听。开始的时候小家伙无动于衷，随着时间的推移，他似乎听出了滋味，每晚睡觉前总是缠着我给他读书。

儿子渐渐长大了，上学了，认字了，《三字经》《安徒生童话》《一千零一夜》《幼儿三国》《成语故事》等走进了他的生活，《嘟嘟熊画报》《幼儿智力画报》《幼儿画报》《小哥白尼》《我们爱科学》印证着他成长的脚印，为他打开了通向知识海洋的一扇扇门窗，让他认识了古今中外的新朋友，也给他带来了无穷的欢乐。

自从儿子学会了自主阅读之后，读书已成为他的一项重要兴趣。每天回到家，做完作业后，他就要拿本书来看看，从历史掌故到天文科学，从幽默笑话到古今中外名著……他都涉猎过。前段时间他迷上了曹文轩、杨红樱的书，就求我们给他买了一套又一套，既有单本的故事也有全套的汇编，吃饭时看、睡觉前看、醒来还要看，有时还在我面前不停地议论着书中的人物，看到精彩处，不自觉地就笑出来了。

各位家长朋友，如果我们想要孩子专心致志地学习，那么不妨自己也常坐在书桌旁聚精会神地看书读报；如果想培养孩子课外阅读的兴趣，那么不妨亲自参与读一些孩子的课外读物并和他一起品评、讨论，分享其中的愉悦。常记得，我们娘儿俩偎依在温暖的被窝里读着《窗边的小豆豆》，读着书，就睡着了。看到儿子那份愉悦，那份坦然，生活的烦恼也放到了脑后，自己的心境得到了升华。"万般皆下品，唯有读书高"。

我们常说"近朱者赤，近墨者黑"，可见环境对人影响之深。如果一个家庭里，父母闲暇之余手捧一本书或读或沉思，那么孩子在这个飘满书香的氛围中一定对书情有独钟。为了帮助孩子养成爱读书的好习惯，我们家变成了书的海洋，茶几上、床头上、餐桌上、沙发上、椅子上，甚至厕所里、阳台上，等等，到处都堆着书。让孩子随时随地都能找到书看。这些书既有孩子喜欢的，也有我们大人的。就连孩子的姥娘姥爷也开始戴上老花镜看报、读书了。

我们曾经为卖火柴的小女孩流下同情的眼泪，也曾经为小乌龟战胜小白兔而开心。我们曾经一起想象皮诺曹的鼻子有多长，也曾经羡慕孙悟空一个筋斗十万八千里……书籍让我们坐上雪橇和圣诞老人一起，给世界各地的小朋友送去礼物，也让我们游览了祖国的名山大川；书籍让我们认识了南极的企鹅，也让我们和宇航员一起漫游太空。

孩子的读书就好像往储蓄罐里存钱。你存得越多，可利用的资源就越多。当孩子需要写作文时，就会拥有了永远不会枯竭的源泉。"行万里路，读万卷书"，让我们登上这"人类进步的阶梯"，充分汲取这大千世界的"高级营养品"，在亲子共读活动中，陪着孩子共同成长，帮助他最终成为德智体全面发展，对社会有用的人！

谢谢大家！

王玲

优质教育在这里发生

尊敬的各位领导、各位老师：

大家上午好！非常感谢学校给我这个和老师们交流的机会！

元代著名诗人、画家王冕在《墨梅》一诗中写道：

吾家洗砚池头树，朵朵花开淡墨痕。不要人夸颜色好，只留清气满乾坤。

在凤台学校小学部，就有这样一群默默无闻、坚守初心的老师。他们孜孜不倦地做着自己心爱的教育事业，犹如散发着淡淡清香的朵朵梅花，盛开在学校的每一个角落，让小学部这棵参天大树日益焕发着青春和活力。

下面，我从管理做"根"，教学为"干"，活动哺"繁枝"，春风催"硕果"四方面，向各位领导老师做以汇报。

一、管理做"根"

（一）谋划在前。凡事预则立，不预则废。"四个计划"让新学年工作开好局，起好步。下面我就以新一年级工作的开展为例作讲解。

1.招聘计划。每年新学期，根据学校招生的班数，精心组织选聘教师。

2.育新计划。根据老师自身特点，用心选择出班主任和任课教师，做好班级管理培训计划和新教师培训计划。

3.养成计划。根据一年级新生特点，做好学生校园行为习惯和课堂学习习惯养成的计划。

4.衔接计划。根据新一年级家长特点，做好幼小衔接，赶在开学前，召开第一次家长会。

其他年级也会根据上学期的教学质量和新任教师的情况，做出有针对性的调整提高计划。

（二）培训跟进。"六项培训"让蓝图落地，生根发芽。工欲善其事，必先利其器。相信没有一个老师不想当好老师。班级管理和课堂教学是每位老师的看家本领和立足之本，所以当新老师来到学校后，必须抢在开学前进行全方位的岗前培训。

1.教材培训。暑期里，分级部、分学科，由老教师对所有的新教师进行了前两周教学内容的教材解读。弄清教学目标、重点、难点、易错点，还对学生本身的身心特点和已有的生活知识经验——作介绍，便于新教师及时把握好学情，做到教学有的放矢。新一年级数学教师先每人一本田字格，练习书写规范的1—10数字。

2.常规培训。分教研组学习学校的教学常规的具体要求。如：备课要提前一周备好课，备课的类型和具体要求；上课提前到位，不得接打手机；作业分家庭作业和课堂作业，具体要求是什么，单元测试怎样等各方面的具体要求。

3.班主任培训。将全校班主任的经验和智慧，无私分享给全体新教师。干和不干班主任的老师都要进行班主任培训，因为每位教师都应该是班级的管理者、组织者。班级是我们大家的，而不仅仅是班主任的。班级管理好了，每位老师都是受益者！每个班级好了，学校自然就好。学校好了，老师们身为其中一员自然就倍感荣耀！去年在假期招聘完新教师之后，未等开学，马上安排16位班主任分主题培训新教师，全体班主任，不管是下学期干还是不干的，没有一个请假，都积极认真准备，拿出自己的绝活，培训了满满的一上午都12点多了，大家都还意犹未尽。有的新教师在听完之后，被老师们的工作热情感动，被他们的经验所折服，立即跃跃欲试，好似马上奔赴战场的战士们只等集结号一声令下。培训为新教师的班级管理、课堂组织学生提供了宝贵的经验，让他们少走了不少弯路，为学校工作的顺利开展提供了有力保障。

4.家长培训。群策群力，设计开学前的第一次家长会的内容，包括家长日常沟通常见问题的分析和应对措施的培训。让家长提前了解幼小衔接的注意事项，明确学校的各项规章制度，积极做好配合、支持工作。

5.行为习惯培训。一年级良好行为习惯和课堂学习习惯的培训和养成活动陆续展开。书包整理、课前准备、课上纪律、课间活动、放学上学的路队、课间操、打扫卫生等训练有序展开，并在一个月后进行级部的比赛和大检阅。

6.课堂培训。上好过关课。开学后，第一周新教师先听老教师的课，听一节上一节，先模仿、摸索着上课。第二周，老教师听新教师的课，进行一对一的精准指导点评。随后，学校陆续开展新教师达标课的亮相活动。集全校老师智慧，从教态、语言、教材把握、学情分析、组织教学、课堂结构、板书、作业布置与批阅等方方面面进行全方位、开诚布公的点评和指导，助力新教师站稳讲台。

其实我们老师的课时都不少，备课、看作业的事也很繁忙，我们的老教师们能抽出时间来听课、评课真的是为了学校的发展。因为某方面来说把新教师培养出来，就是自己的竞争对手，尽管如此，老师们都不计私利，放下小我，一切为了大局，构建"百花齐放才是春"的优秀团队。在引领新教师方面，学校非常感谢全体老师们的无私奉献！庆幸的是新教师们非常谦虚好学，态度认真，懂得感恩，这一点也让老教师们纷纷为他们点赞！

六项培训不仅仅有具体的内容方法，更重要的是在培训过程中展现了小学部管理的求真务实、真诚待人的管理作风，老师们的严谨扎实、团结互助的工作作风。新老师明确感受到了来自于团队管理者和老教师们的尊重、信任、帮助、温暖，同时也深切感受到了这个团队的敬业、专业、乐业的精神。这样的培训是学校文化氛围和价值理念的传承，是熏陶，是感染，是点燃，是引领，是影响，是薪火相传，是润物细无声，使每一个新加入小学部的老师如影随形，立即融入了这个大集体，对学校产生了强烈的归属感和认同感。

有新教师曾自豪地说，非常愿意在小学部工作，因为在这里身心愉悦，能获得充分的信任、充分的成长，能获得职业的满足感、成就感，甚至有点小小的幸福感！

在学校管理中，我们力求：看见每一位老师，践行信任文化，相信教师，激发活力，大力营造"我和你一起干"，"跟我干"，"我带着你干"，坚决反对"给我干"的良好氛围。整个学校氛围简单而纯净，积极而透明。在学校活动中，管理者冲锋在前，担当在前。老师们之间也因此相互看见、相互欣赏、相互影响。从上到下整个团队肩并肩、手拉手、心连心，同舟共济、同频共振、同甘共苦。

（三）评价推动。"两把尺子"激发自主发展动力。我们用两把尺子评价教师。一是《教师绩效考核方案》，二是《班主任考核方案》。考核方案是在征求了广大老师的建议后形成的，并且每年随着新情况适当做微调，不断适应新情况，让老师们亮亮堂堂、心悦诚服地开展各项工作，引领老师只需要全心全意地做好工作，不需要把精力放在拉拢人际关系上。每位老师只需要呈现"敬业+专业+乐业"的工作状态，赢得工作，必然赢得尊重，也会赢得荣誉称号。

二、教学为"干"

教学工作是学校的中心工作，教学质量是学校的生命线。

1.教学常规抓实。教学常规工作是教学工作的基础。小学部教学常规多年来一直坚持每月一检查，检查必反馈，反馈必落实，抓铁有痕，踏石有印。特别是在备课作业单元测试等方面多次获区、办事处视导的认可和好评。

2.课堂教学抓磨。教学首先看课堂教学。本学期，我们重点研究课例的打磨，并在多个学科形成精品课例。形式有：一课多人磨和一人多次磨。王玲玲老师一节语文课磨了 8 次，董仲石老师的一节科学课磨了 5 次。

3.教学研究抓真。每周四和周五的 90 分钟大教研是老师们最期待的时刻。每次活动主题突出，有计划有准备，带着真问题来，静下心来真研究，群策群力出真招，力求有真效。

三、活动哺"繁枝"

1.德育馨香，润泽童年。小学部坚持以学生为本，以德育为先，努力培养学生的良好习惯，引导学生求真、向善、尚美，为学生的幸福人生打下良好底色。每年都会精心策划并举行开学典礼、入队仪式、表彰大会、毕业典礼，给学生强烈的仪式感，渗透情怀教育。每年举行的运动会、拔河比赛、快乐接力、广播操、跳绳比赛、校长杯足球赛等各项赛事磨炼了学生的意志，培养了学生奋勇争先、团结合作的优良品质，增强了身体素质和集体荣誉感。

2.教学芬芳，滋养生命。在教学方面，今年开展了手抄报、诵读诗词、作业展评、百题（百词）大赛、古诗词擂台大赛等活动。这些活动像一颗颗晶莹的露珠滋润着学生幼小的生命，又像一颗颗亮晶晶的小星星，照亮着孩子们前行的人生之路，使孩子们绽放出生命的活力与朝气，提高了学习兴趣，培养了学生勤奋学习、积极向上的优良品质。

四、春风育"硕果"

凤台学校有四面春风，春风和畅，各美其美，美人之美，美美与共。

1.校风优良

一所学校师生的工作，学习和生活处在两大环境中，一个是物质环境，就是校舍，场地，教学设备等，一个是精神环境，就是风气，即校风。校风是一种无声的命令，校风是一种精神力量，这种精神力量的作用是任何规章制度和任何管理机构都不能代替的。

管理者的工作作风，教师的教风，学生的学风，是校风的基本构成。三者之间互相影响，其中管理者的工作作风，是形成优良校风的关键因素。

每位老师呈现的状态是校风的重要组成部分，每位老师的一言一行在无形中会影响到学生和周围同事的情绪思想，你给别人带去的是积极担当还是消沉颓废？美好的事物大家都喜欢，如果每个人主动先成为美好的人，比在那等待着别人的美好，效果要好得多！作为管理者也好，作为老师也好，自带光芒，先成为一个灯源，照亮别人，这是最好的选择！

2.教风敬业

孔子说："执事敬"，朱熹说："敬业者专心致志，以事其业也"。就是要用敬业精神来从事工作，敬业就是专注于自己的职责，敬业就是做一切有利于工作的事，敬业就是做事要全力以赴。

敬业乐业的教风在小学部的老教师身上展现得淋漓尽致，是小学部一笔宝贵的精神财富，已成为学校文化底蕴的一部分，并被新教师很好地继承了下来。像冯老师、乔老师、展老师、徐老师、曹老师、范老师、贾老师、刘老师等一大批老教师，几十年如一日，秉持兢兢业业的态度对待每一节课，这让身边的年轻教师心生几分敬重！而年轻教师的有干劲、有活力的敬业态度也让老教师们纷纷为其称赞！

3.师风高尚

陶行知先生说：爱是一种伟大的力量，没有爱就没有教育。育人之道，爱心为先。

小学老师有时就像妈妈一样关心爱护着学生，特别是低年级，有时学生情不自禁地会把老师喊成妈妈。记得龚主任说过，小学的孩子有一次不小心喊他爸爸。

一向默默无闻的露露老师，不论是做带队训练的体育老师还是做班主任，经常自己掏钱为孩子们购买各种奖品，这已成为她多年的习惯。

张敏老师不忍心丢下那些成绩落在后面的孩子，经常牺牲自己的课间和休息时间，为孩子们补课、买奖品已成为家常便饭。

王玲玲老师为了让孩子们在冬天里喝上温度适宜的牛奶，每天坚持给孩子们提热水烫牛奶。

宗世红老师、陈月平老师经常把自己孩子非常新的衣服捐给班里家庭困难的学生。

洒脱俊逸的"95后"老师诗雅，虽然不是班主任，但是学生的一切活动她都积极参与。班里学生足球比赛，从微薄的工资中拿出豪款给孩子们购买了最时尚的足球赛服……这样的故事还有很多很多，说也说不完……这种风尚就像空气，弥漫在学校的角角落落，温暖着孩子们幼小的心灵。

4.作风优良

勤奋在词典里的意思：认认真真，努力干好一件事情，不怕吃苦，踏实工作。

我想勤奋应该是小学部老师们最显著的工作作风。

镜头一：勤奋向上。小学部的各种活动密集，节奏紧张，学生年龄小，每次活动都要考虑得万事周全才好，老师们累心费力，忙得不亦乐乎，很多时候，加班加点已俨然成为一种工作常态！比如我们今年"六一"节目《追梦，我们在路上》中的快板内容由王诗雅和陈月平老师负责，朗诵内容由李纤纤和彭燕老师负责，为了把学校的各项活动都能穿插进去，把学校良好的校风校貌展现出来，四位老师绞尽脑汁，苦思冥想，不厌其烦地修改，力求完美呈现，有时连做梦都在推敲词语。同办公室的老师看见我都说：为了这块板词，诗雅天天都快魔怔了。

镜头二：团结友爱。

团结就是力量。人多力量大，众人拾柴火焰高。三国时期的孙权曾说：能用众力，则无敌于天下矣。能用众智，则无畏于圣人矣。我想团结也是小学部老师们最显著的工作作风。

早上，有的老师忙卫生区，有的盯晨读，有的老师就把提水任务给主动包了，一切都是那么自然、和谐，就像一家人的感觉。在办公室里，常常看到老师一起研究课堂问题、学生问题、家长问题，老教师毫无保留地给新教师想法子、支点子。平时老师们请假，老师们之间主动互相补位，自己调课。

在学校举行的以级部为单位的诗词擂台大赛中，面临组织策划、课件、主持、会场的卫生、音响、灯光、座位补充、抢答器安排等一系列细小琐碎事情，所有级部都近乎完美地完成了任务，团结友爱、积极向上的工作作风被诠释成了一场场令人震撼、直抵心灵的诗词盛宴。全校老师都参与了这项活动，二年级、三年级还分别承担了上高中心幼儿园、金鹏幼儿园到小学部开展的幼小衔接的观摩活动，受到了社会的广泛赞誉。

在活动中，老师们人人有事做，事事有人做，积极担当、主动补位、争先恐后、热火朝天，忙得不亦乐乎。流传千年的诗词文化滋养着人们的心灵，而我们小学部全体老师展现出来的团结奋发的状态，也深深感染着其中的每一位老师！工作群里时时洋溢着欣赏、感谢、赞美……

累累硕果：和煦风气春满园，莘莘学子结硕果。近几年来，学校的教学质量稳固提升，端正的学习态度，良好的学习习惯，优秀的学业成绩，出色的综合素养，赢得了社会的广泛赞誉，招生人数逐年增加。小学部向上级学校输送了很多优秀的生源，这也就是小学部在社会上口碑好、生源不断增加的原因。

芳林新叶催陈叶，流水前波让后波。小学部全体教师将继续秉承"求真务实、勤奋向上"的工作作风，怀揣着"功成不必在我"的精神境界和"功成必定有我"的责任担当，走好属于我们的长征路，创造更加辉煌美好幸福的明天！

王玲

尊重

——小学数学教学的基点

尊敬的各位评委老师：

上午好！

我今天阐释的教学主张是：尊重——小学数学教学的基点，我将从以下五个方面展开陈述。

一、主张提出

《数学课标》的课程理念指出，人人都要获得良好的数学教育，不同的人在数学上得到不同的发展，逐步形成适应终身发展需要的核心素养。

结合30年的教学经验，我深深体会到：尊重，让数学学习真实地发生；尊重，让自主学习的能力不断提升；尊重为终身学习提供源源不竭的动力。可以说，尊重，是小学数学教学的基点，这也是我一直不断追求和实践的教学主张。

二、主张阐释

尊重学生的知识基础，就是尊重学生已有知识的生长点、起点、源头，在学生认知的矛盾处用力，在学生的最近发展区设计教学活动。

尊重学生的认知规律，就是尊重学生的身心发展规律和思维特点，顺应儿童与生俱来的好奇心，选择适合儿童的教学方式方法，在观察、思考、尝试解决真实的问题过程中培养自学能力。

尊重学生的个体差异，就是接纳学生在数学上表现出来的差异，允许不同的人在数学上有不同的发展；学生的学习是终身的事情，没有差生，只有差异。

尊重学生的情感需求，就是尊重、信任、倾听、理解学生，根据每个学生的个性特点，关注到每个学生的情感需求，给予心灵的滋养，从而亲其师、信其道。

尊重数学的学科特点，就是尊重小学数学本有的学科特点和思维逻辑规律。

三、理论支撑

无论是孔子的教育思想，还是美国教育心理学家奥苏贝尔的认知教育理论，抑或建构主义理论，都从不同角度给予本主张有力的支撑。

1.孔子的教育思想：因材施教、学思结合、温故知新、循序渐进、循循善诱、不愤不启不悱不发，知之者不如好之者，好之者不如乐之者。

2.美国认知教育心理学家奥苏贝尔曾说过：如果我不得不将全部教育心理还原为一条原理的话，我将会说，影响学习最重要的因素是学生已经知道了什么，我们应当根据学生原有的知识状况进行教学。

3.建构主义理论

（1）学生观：教学不能无视学习者已有的知识经验，而是应当把学习者原有的知识经验作为新知识的生长点。

（2）学习观：学习不是由教师把知识简单地传递给学生，而是由学生自己建构知识的过程。

（3）教师角色定位：教师是学生建构知识的支持者、帮助者和引导者。

四、实践途径

（一）尊重已有经验

1.认知冲突，激发兴趣

数学学习是学生在已有知识经验基础上的一种自主建构过程，教学中要尊重学生的知识体验，有意制造认知冲突。

比如，教学分数的初步认识时，我从学生熟悉的"一半"入手，追问：一半还能用以前学过的数来表示吗？此时，分数水到渠成地"隆重"登场，学生自然而然地感受到了分数产生的必要性，从而激活了学生的"最近发展区"，引发学生的学习动机。

2.激活原认知，重新建构

教师通过问题激发学生原有的生活经验，促进他们有效地开展建构活动。

比如，教学两种计时法时，教师问：你在哪里见过24时计时法？你有哪些疑问？

这样的教学活动，营造了一个"未成曲调先有情"的氛围，通过进一步的探究学习，使学生模糊的生活经验逐渐提升到清晰的数学知识，使学生的思维从"实际发展水平"自然而然地滑向"潜在发展水平"。

（二）尊重认知规律

1.追问本质，不厌其深

比如，在教学分数的初步认识时，教师提问：这些涂色部分，大小、颜色、形状各不同，为什么都可以用 1/2 来表示呢？在追问中，学生通过讨论交流，思维碰撞，逐渐明晰分数的本质特征。从而能总结出：只要是把一个物体平均分成两份，其中的一份就是它的1/2。让学生不仅知其然，更知其所以然，使思维更加深入，学习就会真正发生。

2.经历过程，促进理解

数学家华罗庚先生曾经说过，善于退，足够地退，退回到最原始而不失去重要性的地方，是学好数学的一个诀窍。让学生经历知识的探究过程，了解知识的前世今生，促进了学生对知识的理解和应用，特别有利于学生自主建构自己的知识经验体系。

比如，教学圆的面积时，引导学生依据已有的平面图形面积推导转化经验，动手将圆转化成一个近似的长方形，适时借助课件让学生感受极限的思想，进而推导出圆的面积公式。

3.重视体验，自然建构

体验是由身体性活动与直接经验而产生的感情和意识，体验使学习进入生命领域。

比如，教学质量单位时，孩子们去市场认识各种秤，通过掂一掂、估一估、称一称体会克和千克的轻重，帮助学生以自己熟悉的物品建立起自己的质量参照系。

比如，教学"时、分、秒"时，让学生体验在一分钟内能写多少字？读多少字？做多少题？让学生经历体验，丰富切身感受，在实践中感悟，在体验中建构。

4.自我反思，化为己有

千金难买回头看，及时回顾、总结、反思，有助于提高学生的思维深度和认知水平，建构学生的认知结构。

（1）通过课堂追问促进学生反思。比如，当学生自己知道回答错了，我会追问：那你刚才是怎么想的？这能培养学生逐步学会思考得更深，更合理，更清晰，更全面。

（2）通过课堂小结促进反思。每节课上完之后，习惯让学生回顾总结一下本节课都有哪些收获？

（3）通过单元整理促进反思。结束一个单元的学习，让学生利用数学手抄报、思维导图、知识树等形式梳理归纳本单元的各个知识点和重难点等，将知识整合内化，形成知识网络。

（4）通过错题整理养成反思习惯。我从二年级就开始培养学生整理错题、回望错题、重视错题的好习惯。

（5）通过考试后小结促进反思。在单元检测之后，让学生写出反思，肯定自己做得好的一面，找出值得进步的方向等。

（三）尊重学科特点，数形结合，化难为易

华罗庚说过，数无形时少直观，形无数时难入微。数与形的珠联璧合会有效促进难点的突破，提升学生的空间想象能力，拓展了思维的广度和深度。

风物长宜放眼量。我非常舍得花时间、心思着重培养学生的画图能力，化繁为简，化难为易。从低年级的一一对应、比多比少、倍等问题，到中年级的搭配问题、排列组合、植树问题，再到高年级的平面、立体图形、分数等问题，久而久之，学生画图能力逐渐增强，并运用得得心应手。

（四）尊重个体差异，微小视频，关注所需

真正需要老师教的是那些思维反应相对比较慢的学生。在做家庭作业时，我会在班级群里发一些难点突破的微视频。

比如：包装一个长方体的礼物盒，需要多长的丝带？根据4个数，既不重复又不遗漏地能写出几组比例？

让掌握比较好的学生录制一段小视频，发到微信群里，有需要的学生就会打开学习，这些视频，有效地帮助了学习困难的学生，让他们及时跟上学习的进度，找到学习的乐趣和信心，受到了学生和家长的欢迎，取得了令人满意的效果。

五、实践效果

"尊重——小学数学教学的基点"教学主张的实施，遵循了因材施教的原则，有效落实了小学数学的课程理念，适应了学生核心素养发展的需要，培养了学生自主学习的能力，使不同的学生在数学上得到了不同的发展。

王玲

第四编 教师成长四计之"创"

教育需要遵从的理念方法很多，但是教师不能成为盲从者，应当不断总结提炼、反复打磨自己对教育教学的独特经验，形成自己的看法、观点。教师思想独立，善于创造创新，学生方能推陈出新。

培养独立思考的人

英国学者李约瑟（Joseph Needham，1900—1995）在其编著的 15 卷《中国科学技术史》中提出："尽管中国古代对人类科技发展做出了很多重要贡献，但为什么科学和工业革命没有在近代的中国发生？"1976 年，美国经济学家肯尼思·博尔丁称之为李约瑟难题。很多人把李约瑟难题进一步推广，出现"中国近代科学为什么落后""中国为什么在近代落后了"等问题。对此问题的争论一直非常热烈，不得不引发我们的思考。

2005 年，温家宝总理在看望钱学森的时候，钱老感慨说："这么多年培养的学生，还没有哪一个的学术成就，能够跟民国时期培养的大师相比。"钱老又发问："为什么我们的学校总是培养不出杰出的人才？"这就是著名的"钱学森之问"。它与李约瑟难题一脉相承，都是对中国科学的关怀。

"李约瑟难题""钱学森之问"是关乎中国教育事业发展的艰深命题，需要整个教育界乃至社会各界共同破解。"为什么我们的学校总是培养不出杰出人才？"是哪里出了问题呢？"位卑未敢忘忧国"。作为一名教育从业者，对这个问题的思考催生了我的教育主张：培养独立思考的人。

回望中华民族的发展历程，与"百家争鸣"人才辈出、学术繁荣的鼎盛时期相比，近代之落后或许就源于当时的社会缺少一大批敢于独立思考的人。明清以来统治者实行的专制统治，残暴地镇压了"异己"分子，把人民"教化成"一群低眉顺眼、逆来顺从的"奴隶"。中华大地出现了前所未有的"万马齐喑"

的局面。不拘一格独立思考的人消失了，何谈科技创新、学术繁荣？落后于世界就是必然。我们拥有独立思考的人，也许可以破解李约瑟难题，回答钱学森之问。

我们来看一下，独立思考的人具有什么特质？第一，敢于质疑，绝不盲从权威。第二，敢于特立独行，绝不迎合大众口味，面对鲜花掌声与冷嘲热讽都能保持一颗独立的心，清醒的大脑。第三，敢于面对任何挑战，不惧失败，锲而不舍，持续探索，反思，总结，提升。第四，勇于担当，敢于承担独立思考带来的一切后果。

独立思考是杰出人才的首要特质。独立思考的人是一切创新进步的基石。作为教师要想培养出独立思考的人，就要把实施这个教学主张作为自己的首要职责，持之以恒地坚守下去。

在学校教育中怎样培养独立思考的人？

一、营造一个"无权威"的教学环境

在这样的教学环境里，没有禁区，学生不惧怕说出自己的观点，敢于质疑一切权威，即便他没有做出合适的、正确的答案都会受到肯定，无须担心来自教师、同学的讥笑嘲讽。

在这样的教学环境里，智慧自由流淌，层出不穷，余音绕梁而绵绵不断，不断撞击出耀眼的火花。孩子们说着"孩子话"，无须看别人的脸色。孩子们说着"心里话"，不担心因说错话而受罚。迎合尊长、讨人喜欢的话是不受欢迎的。

在这样的教学环境里，教师的任务不是"引导"学生得出正确的"答案"，而是鼓励学生发出自己的"声音"；教师没有"标准答案"，不是权威与裁判，而是学生思维的启发者、激励者和支持者；他们期待着不同的声音，不再期盼"异口同声，整齐划一"并因"嘈杂纷乱""五花八门"的"答案"而高兴、自豪。

二、营造一个"有异己"的教学环境

在这样的教学环境里，每一个人既是一个独立的个体，也生活在一个共同前行的群体中。大家相互扶助，共同攀登智慧的高山，共同探索知识的殿堂，感受阳光与温暖。

在这样的教学环境里，"异己"分子不会受到孤立打击，而是被包容、理解；大家因为自己与别人的不同而高兴，没有猜忌、怀疑和自我否定；大家既善于倾听别人的真知灼见，也可以自由地发表自己的见解，和而不同。

在这样的教学环境里，教师的任务是帮助每一个学生发现自己，认识自己，知道自己与他人是不同的个体，尊重理解每个人的不同感受与认知。因为发现一个新的领域，提出一个新的观点，得出一个新的结论……而兴奋不已，欢呼雀跃。

三、营造一个"可尝试"的教学环境

在这样的教学环境里，"跌倒"是被允许的、理解的、接纳的，"失败"是每个人的必然经历，没有什么大惊小怪的，"落后"是单方面的，暂时的，"成功"是属于每一个人的，"进步"是永远的。不断尝试努力，创造新的方法，是大家的共同追寻。

在这样的教学环境里，大家都可以找到自己的长处，明白自己的短板，可以不断寻求弥补短板的策略，可以把自己的优势做到极致；大家都是阳光的、自信的、坦诚的。

在这样的教学环境里，"鱼不必苦练爬树，乌龟不担心长跑……"因为教师拥有评价不同学生的多把"尺子"，因而每一个学生都是"优秀"的，都可以做最好的自己，而不是面对唯一的"评测标准"而自惭形秽。

四、营造一个"能担当"的教学环境

在这样的教学环境里，责任属于每一个人，事务是共同的，大家要独立承担自己的职责，为群体服务，而不是仅仅为了自己而存在。精致的利己主义者不受欢迎，善于合作、沟通交流、责任意识是每个个体的基本素养。

在这样的教学环境里，做出一种假设，提出一种方法，找到一个路径，都拥有自己的"知识产权"，必然负担起相应的"代价"，学会为自己负责。这是一个统一整体。

在这样的教学环境里，教师应当成为榜样、表率，言传身教，教学生如何尊重他人的观点，发表自己的见解，平静地、和平地对待不同意见，共商共存，求同存异，绝不会将学业上的"争论""意见相左"，转化成生活中的"争执""兵戎相见"。

如此下去，我们的学校，我们的班级，我们的课堂，才是我们的。这里是安全的，温暖的，让每一个人找到了"家"的感觉，更找到了属于自己的"天地"，实现了自身的价值与尊严。

作为教师，我们营造了这样的校园，创造了这样的环境，培养出一个又一个独立思考的人，功莫大焉。他们不是流水线上下来的零件，一模一样，而是个性不同、性格鲜明、思维迥异、气质独特的人。

要营造这样的场域，教师也要成为独立思考的教师，不盲从社会上的"教育专家"，不跟风，不折腾，坚定地做教育的守望者。

首先，教师要弄清楚教育的主旨要义是培养人。通过不断地终身学习来广泛吸纳先进的教育理念，梳理形成自己的"教学主张"，打通外部教育理念与自身个性风格的互联之路。

其次，教师要善于在实践中印证教育理论，完善自己的主张。通过不断地实践反思，研究学生，研究教法、学法，找到适合自己、适合学生的因材施教之道。

最后，教师要敢于坚持自己的教学主张，不受制于环境因素，不为五斗米折腰。教师不跪着教书，学生才会站直了身板。

学高为师，身正为范。"德者，才之帅也。"教师要胸怀为民族振兴、国家富强、人类福祉毓育俊秀的志向，做学生行为规范的表率，坚守三尺讲台，苦心耕耘，方可培养杰出人才。这是一切教学主张得以实现的基石。

李延安

泰安市泰山区区域推进教师专业发展调研报告

近年来，泰山区按照"高点定位再提升"的工作总基调，认真贯彻落实国家、省、市教育工作精神，规范办学行为，推进素质教育，教育质量大幅度提升，得到了家长、社会的普遍认可。但是，随着人民群众对优质教育需求的不断增强，教师专业发展不均衡，素质良莠不齐的现象逐渐凸显出来，并成为制约"办好人民满意的教育"的因素。2011年3月，我区根据山东省教育厅关于做好教育调研工作的有关要求，结合本区实际开展了全区教师队伍专业发展的调研活动，找到了我区教师专业发展的"短板"，为区委区政府、区教育局制定全区教师队伍建设的发展目标提供了决策依据。

一、泰山区区域推进教师专业发展的现状

（一）泰山区教师队伍基本情况

泰山区是泰安市委、市政府驻地，环绕在世界自然、文化双遗产的泰山脚下。北邻泉城济南，南接孔子故里曲阜，处于"一山一水一圣人"旅游热线中间。全区总面积281.39平方公里，辖岱庙、财源、泰前、上高、徐家楼5个办事处，省庄、邱家店2个镇。共130个行政村、64个社区，目前总人口65万。全区共有中学14所，完全小学65所，在编在岗教师3048人，其中农村教师1282人，全区校级以上领导干部234名，中、小学教师学历达标率分别为96.44%、98.69%，其中32人取得了教育硕士学位。

（二）区域推进教师专业发展方法多样，成效明显

调查显示，近年来，为提高教师专业素质，推进全区教师专业发展，泰山区严格按照上级干部教师培训要求，结合本区实际，累计投入资金1094.4万元，举办干部教师培训班40余期，12000余人次接受了各级各类培训，先后选派干部教师2600余人次参加地市级以上培训。魏书生等教育专家共计100余人先后到我区讲学、开设专题讲座。

1.培训对象多层次

不同工作岗位的干部教师对培训内容的需求是不一样的，泰山区根据实际确定了五个层面的培训对象，分别实施了富有针对性的培训。一是对校长实施

任职资格培训、提高培训及暑假封闭式专题研修，帮助广大校长开阔了视野、储备了知识、提高了素质，为全区教育事业"高点定位再提升"创造了条件、奠定了基础。二是对骨干教师进行提高培训，大大激发了骨干教师干事创业，发挥先锋模范作用的积极性、主动性。三是加强了新教师培训，大力开展了青年教师大练基本功活动，为教师队伍持续发展提供了保障。四是加强了班主任培训，1200 余名班主任接受了不少于 30 学时的岗位培训。五是在抓骨干带队伍的同时，紧紧牵住全员培训这个牛鼻子，对全体教师进行全员培训。先后组织全区 48 名高中教师、407 名初中教师、1163 名小学教师参加了全省远程研修全员培训，1900 名教师接受了信息技术能力培训。

2.培训方式多样化

在不断总结培训经验的基础上，积极探索适合我区实际的培训方式方法，培训方式方法实现了"三化"。一是培训手段远程化。积极利用互联网络开展干部教师培训活动，打破了时间、空间的限制，让干部教师在家中、办公室都可以接受培训，学习的时间、地点做到了自主化、个性化。二是培训活动系列化。立足"新理念、新课程、新技术、新道德"系列培训活动的同时，围绕义务教育均衡发展、素质教育深入实施等专题组织了一系列培训活动，提高了广大教师的终身学习意识、开拓进取意识、勇于创新意识。三是培训组织集团化。为实现区域内教师专业发展的整体推进，在为各学校提供"菜单式""订单式""跟进式"培训的同时，积极协调组建了 6 个教育集团，集团内各学校实现了培训资源共享，培训经费互助。

3.培训内容多种类

区教研科研中心先后制定下发了《泰山区干部教师培训"菜单"》《泰山区青年教师学科素养达标方案》《泰山区农村教师素质提升培训方案》《泰山区班主任培训计划》等一系列针对性强、内容丰富的培训计划，为不同年龄阶段、不同学科、不同学段、不同区域的教师提供了适合其实际需求的系列化、专题化培训内容，做到了培训内容可点可选，适应了不同岗位干部教师的需求。

各类扎实有效的培训活动促进了我区干部教师的专业发展，提高了干部教师队伍的整体素质。

二、存在问题及原因分析

调查发现，我区在区域推进教师专业发展的过程中还存在三个方面的问题。

（一）教师专业发展不均衡

调查数据显示，泰山区中小学教师的专业素养、教育教学能力、教科研水平近年来都得到了长足发展，全区中小学教师队伍已经形成了较为合理的年龄结构、职称结构，获得过省、市、区级骨干教师、学科带头人、名师、教学能手称号的教师已经达到了1298名，占到了整个教师队伍的43%。在教师专业发展成效显著的同时，也暴露出了不均衡的问题。例如，在业务荣誉方面，农村中小学中从未有教师获得过省教学能手称号，在获得过市级以上政治业务荣誉的教师中，农村教师仅占15%。

教师专业发展不均衡主要表现在两个方面：

一是城乡之间不平衡。农村教师老化严重，素质不高。个别农村学校的教师平均年龄达到了50岁以上。由于历史原因，这些教师年龄偏大、学历层次偏低、身体状况不佳、教学业务水平不高，个别人职业倦怠感较强，存有"当一天和尚撞一天钟"的不良情绪，无法适应新课程改革的需要，对有效实施素质教育造成了严重影响。

二是校际之间不平衡。个别薄弱学校教师由于学校规模较小，经费紧张，造成了培训机会少，教研活动开展不起来的现实问题。与其他学校相比，这些学校的教师队伍素质偏低，专业发展信心不足，发展欲望不强，有混日子的想法，无法满足家长、社会对优质教育的需要，已经成为生源流失的一个重要原因。

（二）青年教师的专业素质亟待提高

近年来泰山区先后补充招录了新教师近300名，35岁以下的青年教师已达教职工总数的29%。他们在学科素养、学历水平方面都具有得天独厚的优势，是我区教师队伍的一支强大的生力军。但是我们也不得不看到，这支承载着政府、家长、社会诸多厚望的青年教师队伍仍然存在这样那样的问题，如不解决，将影响全区教育发展的后劲。

这些问题主要概括为以下四个方面：

一是青年教师的师德素养需要进一步锤炼。表现为：个别青年教师敬业精神不强，奉献意识较差，在实际工作中不能很好地履行"教书育人"的岗位职责，在现实生活中尚不能较好地抵御外部物质诱惑。

二是青年教师的教学基本功有待提高。表现为：少许青年教师在"两字一画一技术"（粉笔字、钢笔字、普通话、教育技术）方面存在欠缺，对学生造成了不利影响，得不到家长、社会的认可。个别青年教师课堂教学组织调控能力差，效率低，班级管理、学生教育方法简单粗暴，导致教学任务完成情况不佳。如在教研室组织的教学视导中，对任教五年以下的教师进行了专项听评课，近700节课，只有5%左右的青年教师课堂教学效益比较高，课堂教学效益较低的课达到了45%。

三是青年教师的教育理论素养不高。虽然大部分青年教师取得了大学本科以上学历，但是他们对现代教育学、心理学的把握还存在偏差，特别是那些虽具有教师资格证却非师范类院校毕业的教师不仅课堂教学常规的把握出现问题，而且教育理论综合素养存在欠缺，他们不能适应素质教育、课程改革的要求，不能很好地胜任学生教育管理工作。

四是青年教师的合作意识不强。由于很多青年教师都是独生子女，他们的成长环境，决定了其在与人沟通交流方面存在着以自我为中心的意识，不能很好地融入教师群体中，也不能较好地与家长进行合作。个别青年教师甚至"眼高手低"，瞧不起老教师，在新老教师合作中遇到了障碍。

虽然上述问题仅发生表现在个别人身上，但是其影响却不容忽视。加强青年教师专业发展的培训指导不容小觑。

（三）名师名校长的提升空间仍然很大

虽然泰山区的教师队伍的素质整体较高，有不少教师获得了较高的政治业务荣誉。但是，我们也不得不面对齐鲁名师、名校长，省级创新型校长、创新型教师空缺的尴尬。泰山区教育品牌的打造，教育特色的形成与彰显，都需要一支能够发挥先锋模范作用的名师名校长队伍。下一步，加大名师名校长培训培养力度，帮助他们总结教学经验，形成教学风格，提升教育理论水平，增强创新意识，逐渐在市内领先，省内外有影响，并使他们能够主动积极地发挥辐射带动作用成为当务之急。

三、对策建议

针对教师专业发展调研发现的问题，提出以下对策与建议：

（一）加大对农村学校、薄弱学校专业发展的支持力度

1.开展针对农村、薄弱学校教师的专项培训

根据泰山区农村、薄弱学校教师队伍建设的实际情况，开发研制"农村中小学教师素质提高工程专题培训项目"，通过组织农村、薄弱学校教师参加省市区组织的各类专题培训活动推动其专业成长必须列为下一步工作的重点。

（1）有针对性地实施订单式培训：根据农村学校，农村教师的实际"量身定做"培训项目。具体操作模式：

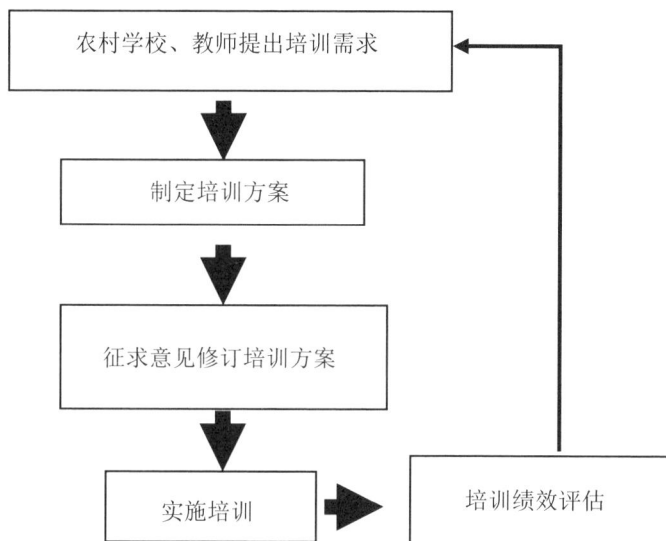

```
┌─────────────────────────┐
│  农村学校、教师提出培训需求  │◄────────┐
└─────────────────────────┘          │
           ▼                         │
┌─────────────────────────┐          │
│       制定培训方案          │          │
└─────────────────────────┘          │
           ▼                         │
┌─────────────────────────┐          │
│     征求意见修订培训方案      │          │
└─────────────────────────┘          │
           ▼                         │
┌──────────────┐     ┌──────────────┐
│   实施培训      │────►│   培训绩效评估   │
└──────────────┘     └──────────────┘
```

（2）城乡学校手拉手：城区强校（名校）与农村学校结成专业成长共同体，为农村学校实施校本培训，推进教师专业成长提供全方位支持。

（3）名师跨校带徒：选派骨干教师、名师成立教师专业成长团队并担任负责人，通过送课、研课、磨课、同上一节课、联片教研等形式与同学科教师共成长。

（4）送培训到学校：为农村教师提供"送货上门式"免费培训。

2.启动联片教研与培训

开展农村、薄弱学校与城区优质学校联动教研活动，使强校与弱校捆绑到一起，共同发展。

（1）业务联姻。为进一步加大城乡学校间的沟通和交流，按照"以强促弱、城乡接合、优势互补、共谋发展"的原则，由区教育局、教研科研中心牵线，每所农村学校都和城区一所学校建立业务联姻。城乡两所学校之间每年一个周期，相互交流业务领导和教师，使彼此间建立起长期合作伙伴关系。通过交流，使区内优秀资源得以共享，形成你追我赶、积极发展的良好局面。

（2）联片教研。为进一步加强城乡学校之间的教研合作，发挥区域教研的整体优势，提高教研工作的针对性、实效性，开展城乡联片教研活动。城乡教师共同策划和主持活动内容，形成城乡教师共同教研的格局。一方面，组织城区教师到农村学校开展教研活动；另一方面，组织农村教师到城区学校参与教研活动。这种联片教研模式针对性强、实效性高，有利于提高城乡教师参与教研的积极性。

3.构建教师专业发展共同体

构建教师专业发展共同体的目的是促进农村学校和城区学校的资源共享，实现区域内的教育资源均衡配置。

（1）城乡教师"对口交流"。城区学校教师，凡获得区级优质课一等奖以上单项荣誉或区级以上综合荣誉的骨干教师，必须到农村学校支教，并作为评聘职称重要条件。农村学校优秀教师到相应对口的城区学校任教锻炼。

（2）构建教师学习共同体。教师专业发展既需要自主更离不开合作、协作，为帮助教师把培训学习从"孤军奋战"变成整体推进，教育主管部门要帮助教师成立学习共同体。

共同体的组建方式可以是：①主管部门组建：处、镇成立教师发展学校、就近联片等。②上级倡导，资源结合：同学科教师网络研讨、专业成长QQ群等。

（二）对青年教师进行"n+1"专项培训

建立起以校级干部、中层干部、学科教研员、业务骨干、教育技术能手等"n"个人组成的指导团队，对青年教师进行"n+1"全方位、多层次、跟踪式分段培养，培养周期为五年，全面提升青年教师的师德素养、教育教学能力、科研能力、新课程改革的实践与创新能力，促使他们做到"一年入门、三年上路、五年成才"，为我区实施素质教育，提高教育教学质量建设一支师德高尚、业务精湛、结构合理、充满活力的教师队伍。

1.入门培训（第一年）

对当年分配到我区任教的新教师进行岗位培训，帮助他们巩固专业思想、坚定职业信念、掌握新理念新技能、夯实教育教学基本功，促使他们尽快融入团队，适应岗位要求。

（1）公共科目培训。培训内容主要包括师德修养、教育理念、政策法规、教学常规、师生交往、教育技术能力等，采取集中培训为主、分散研修为辅等方式进行。

（2）专业科目培训。主要内容包括新课程、新课标解读，课堂教学能力。采取集中培训、自主研修、校本培训等方式进行。

（3）分散实践。主要内容包括教学基本功和教育教学综合能力训练，可采取结对帮扶、指导备课、上课、听课、评课、见习班主任、基本功比赛等形式进行。

2.深入实施青年教师素养提升工程（第二、三年）

对已经完成岗位培训任务的青年教师实施素养达标提升工程，重点围绕教学基本功、教学才艺、"十个一"学科素养等展开。

（1）教师普通话：以《山东省普通话培训与测试指导用书》为基本指导用书，对普通话声、韵、调的发音要领及方言辨证、字词练习、朗读练习、说话练习等方面进行强化训练。

（2）硬笔书法：包括钢笔字、粉笔字训练。各单位结合自身实际，有条件的单位，可采取个人或集体购买的方式，购置硬笔书法字帖，每学期做到人手一册，学校统一制作小黑板，并做到人手一块。

（3）多媒体应用：根据教育部《中小学教师教育技术标准》和《山东省中小学教师教育技术能力建设计划实施方案》的规定要求进行训练。特别要熟练掌握 WORD、EXCEL、PPT 等常用软件。

（4）基本课型达标：青年教师要完成新授课、讲评课、复习课三种基本课型的达标任务。

基本课型达标由各个学校分三个阶段组织实施。第一阶段，指导教师、骨干教师要上好示范课，每种课型不少于 3 节。第二阶段，青年教师要上好研究课、教研组要组织好听评课，对青年教师的听评课活动每学期每种课型不少于 2 节。第三阶段，学校要组织好达标验收课，每位教师所讲课型不少于 2 种；对不能按时达标的教师，学校要进一步采取帮扶措施，限期半年内达标。

（5）教学才艺：主要指能树立教师良好形象、提高教师威信、增强教师授课感染力、吸引力、亲和力的"绝活"或者是与众不同的授课技巧。如：自制教具、简笔画、徒手画图、多媒体三维动画制作等。

（6）"十个一"学科素养：①每学期在全校进行一次精品课展示。②每学期结合所教学科精心设计一课教学设计。③每学期根据自身教育实情写一篇经典性教育叙事。④每学期结合课堂实例自制一个精品课件。⑤每学期读一本教育经典专著。⑥根据所教学科每学期自编一份标准试题。⑦每学年结合教学实践经验撰写一篇教改实践论文。⑧每学年在全校、教研组、面向学生或面向学生家长进行一次专题讲座。⑨每学年至少参加一次省、市及县（市、区）组织的专题培训。⑩每学年根据教学中存在的实际问题自拟一个研究课题并进行深入研究，形成研究成果。

（三）实施名师、名校长工程

在2011—2015年期间，分两批各培训培养名师150名、名校长20名，以带动建设一支师德高尚、素质优良、结构合理、业务精湛、充满活力的干部教师队伍，又好又快地实现全区教育现代化和教育均衡发展，办好人民满意的教育。

1.明确名师、名校长的职责待遇，坚持实践锻炼成才

各单位要为培养对象研修培训、教育考察等设立配套资金，每人年均不少于2000元，专款专用，重点资助培养对象征订书刊资料、进修学习、参加学术会议、出版教育教学专著等。培养对象在培养周期内每月享受60元津贴，由单位按学年专项考核合格后一次性发放。

各单位要在评优树先、职称职务晋升、评聘等方面向名师、名校长进行政策倾斜。名师、名校长培养对象要自觉严格要求自己，主动学习提升，坚持在教育教学实践中建功立业，锻炼成才，积极发挥示范带头作用，切实做到"亮身份、亮岗位、亮业绩"。

2.严格过程管理，确保工程实施质量

泰山区"名师、名校长工程"采取项目方式，严格过程管理。各单位要建立培养对象"专业发展档案"和考核评价制度。名师、名校长培养周期为3年，每年进行一次基本考核，不合格者黄牌警告，累计2次不合格者取消其培养对象资格；满3年进行全面考核，合格者公布为泰山区名师、名校长。

凡脱离教学第一线、不能履行岗位职责，或者违规违纪受到党纪、政纪处分等有损教师（学校）形象的，即取消其名师、名校长培养资格。

各单位要为培养对象的成长创造良好的工作、学习和生活环境，切实加强日常管理，严格年度考核。区教师教育试点项目办公室要对各单位该项工作进

行全面督导。

四、下一步的工作思路

根据调研发现的问题、总结我区推进教师专业发展的经验，经过分析研究认为下一步我区区域推进教师专业发展总体思路是：以省市培训主管部门的工作要求为统领，全面落实区教育局提出的师训干训工作目标，抓点带面，按需施训，为建设一支师德高尚、业务精湛、结构合理、充满活力的干部教师队伍服好务。主要工作任务是：抓好突破点，激活基本面，实施新探索。

（一）抓好培训突破点

1.推进青蓝工程，加强青年教师培训培养

按照"一年入门，三年上路，五年成才"的培训思路，制定下发青年教师"n+1"培养活动实施方案，大力加强青年教师培训培养工作。

（1）做好新教师试用期培训及跟踪培养考核工作，按照当年新招入中小学教师情况，组织公共课、专业课培训，培训合格率达95%以上。

（2）为青年教师专业成长搭台子、树梯子，在青年教师中间开展教坛新秀评选活动。

（3）开展青年教师基本课型达标活动，以"活动推动，评价拉动"等方式帮助青年教师扎根课堂，提高育人水平。

（4）围绕"两字一话一技术"，即钢笔字、粉笔字、普通话和信息技术开展青年教师教学基本功训练活动，举办青年教师基本功大比武。

（5）开展青年教师师德演讲、学典范等系列活动，帮助青年教师锤炼师德，转变作风。

（6）开展青年教师素养提升活动，通过每年研读一本教育理论书籍，开好一次主题班会，转化一名学困生，参与一项课题研究等活动，大力提升青年教师的理论素养，个人修养、实践能力。

2.实施领雁工程，加强名师名校长培训培养

采取项目管理、过程评价、年度考核等方式，大力开展名师、名校长培训培养工作。

（1）组织名师、名校长专题培训。

（2）组织名师、名校长高端论坛。

（3）组织名师、名校长参加高层次研修活动。

（4）采取各种激励措施发挥名师、名校长在校本培训、课题研究、课堂教

学等方面的示范带头作用，使他们真正成为教师队伍建设的排头兵、领头雁。

（二）激活全员培训基本面

全员培训事关教师队伍建设的大局，在抓好青年教师培训、名师名校长培养的同时，我们绝不能忽视全员培训工作。

1.以远程研修统领全员培训，在认真总结中小学教师远程研修工作的基础上，按照省市要求，促进我区教师队伍素质的整体提升。

2.巩固校本培训主阵地，在总结校本培训共同体培训经验的基础上，逐步扩大规模，提升质量，探索形成具有泰山区特色的校本培训模式。

（三）实施培训模式新探索

1.探索实施影子培训

（1）选拔名师名校长到区外名校跟踪蹲点接受异地培训，进行学术交流活动。

（2）加大校际交流培训力度，为各学校打造办学特色培训一支骨干力量。

2.探索实施高端培训

（1）加强与高等院校、科研机构、区外名校的交流活动，选派名师、名校长到高校进行脱产深造，接受"头脑风暴式"培训。

（2）试点聘请外地专家担任泰山区师训干训工作顾问或者导师，对我区干部教师培训进行"导师式培训"。

区域推进教师专业发展任重道远。我们必须立足实际，发挥区域优势，在教育调研中发现问题，研究对策，为区域推进教师专业发展提供决策依据。

李延安

（本文获得山东省 2011 年度教育系统优秀调研成果一等奖）

浅谈多媒体网络课件页面设计的总体规划

信息化是当今世界的发展潮流，是国家、社会发展的大趋势，积极推进国家信息化是我国国民经济和社会发展的重要战略举措。而教育信息化是国家信息化的基础，是重中之重。教育信息化是以现代信息技术为基础的新教育体系，包括教育观念、教育组织、教育内容、教育模式、教育技术、教育评价、教育环境等一系列的改革和变化。从技术层面来看，教育信息化的基本特征是数字化、网络化、智能化和多媒体化。网络化是教育信息化的重头戏。网络教育的迅速普及和发展不仅对我们的教学观念、学习观念、教学模式、学习模式等带来了巨大冲击，更对我们的网络资源建设提出了更高要求。可以这么说，如果没有以现代教育理念、学习理念为指导的高质量的多媒体网络课件，人们期盼已久的 e-learning 就无法真正实现。时代呼唤高品位、高质量的网络课件。

一个优秀的多媒体网络课件必须是：凤头、猪肚、豹尾。而凤头则是使课件先声夺人，吸引学生注意力，激发学习兴趣的关键。一屏创意独特、制作精湛、布局合理、视觉生动的网页，不仅能够传递丰富的教育信息，同时还能给人以美的享受。因此，多媒体网络课件的页面设计（以下简称网页设计）必须谋篇布局，精心策划，对整个页面的版式、显示层次、颜色搭配、立体形象、修饰美化等做统筹规划。不要盲目追求新颖、怪诞、花哨，应以结构严谨、内容规范、便于教育信息传递为原则；既要符合美学原理，又要融合教学精神要义于一体。通常应当首先对教学内容做深刻理解、剖析，领会其宗旨，然后进行整体策划，产生创意新颖的设计，使其既能有效地进行知识网络的传递，又具备较高的美学价值，给人以艺术熏陶。总之，多媒体网络课件的设计是一项大工程，它需要教育专家、多媒体技术专家等多方面人员的通力合作。本文仅就多媒体网络课件页面设计的一些问题做以讨论。

一、网页设计的形式要素

多媒体网络课件页面包含的形式要素种类很多，但从设计角度来说，主要有文字、图形图像、色彩、图标、按钮、动画、视频图像等七部分。

1.文字

多媒体网络课件的页面多以文字为核心，是文字的产品，视觉节奏、美感、功能等均靠文字进行变化调节，文字表现得当，才能更完整地表达教学信息。文字分为标题字和内文字两大类。标题章、节的字体造型设计是教学网页设计的重要环节，具有功能传达、美感诱导等特性。要严格遵循视觉规律与它所传达信息的特殊性相结合，精心设计字体形象。视觉规律即字体设计应与屏幕面积、图形、色彩等其他构成要素形成强烈视觉差，传达信息即理解字体字形的感情特性与表达内涵。以此为基础，把文字当成画面元素，作为形象来设计，按内容含义改变字体的大小、位置、方向、特效和形形色色的字体变化及富于逻辑性的排列，产生新的版式，使其文字信息和视觉形象自然结合。

文字担当着传播教育信息的主要使命，尽量选用普通印刷体，以利于传达、便于识别、便于阅读为原则，靠编排形式增强画面效果。

文字除上述功能外，还扮演着多个角色，可以演变为图像、图标、充当功能键，还可以发挥字体魅力，产生多样化的视觉美感。

2.图形图像

教学网页的图形图像主要包括：图形、图片、照片、图表、图标等除文字以外能配合教学思想的一切有形的部分。一般而言，客观的教学内容适合用文字来表达，而情绪性、主观性、意向性及其他无法用文字表达的意念等则适合用非文字的图形图像方式来表达。

图形图像有二重含义：一是从属性，是再现和补充文字语言所表达的视觉形象，使学生深入理解传达的思想内涵；二是独立性，突出页面形式之美，增强学生的趣味性，丰富页面的视觉效果。

图形图像的外框一般以长方形、方形、圆形等规则形状为主，在形式上显得不够新型，可以采用平面设计中常用的构成手法，如巧妙安排图形与图形的分解、组合、图形的分割、切断，精心设计边框。也可利用绘图软件里喷枪工具随意喷抹，利用画笔任意勾画外框，对完整的形有意识地破坏，使之显得轻快、自由、别致，削弱图片规整外形的刻板，成为有意味的洋溢生机的图形。

使用图形图像时应注意：①图像要清晰，有强烈的视觉性；②传达上要有简洁明了的易懂性；③图形上要有引向文字的诱惑性；④背景与主体在明度上要有较强的对比性。

3.色彩

有了好的框架和页面的设计，如果颜色把握不好，则会导致整个设计的失败。色彩设计在创造视觉冲击力、吸引受众注意力上起着重要作用。过于调和、灰暗、陈旧的色调，由于不会引起受众注意，反而会导致页面被熟视无睹，达不到视觉传达的目的。

色彩有明度、彩度、色相之分，对于教学网页的设计，在视觉传达的范围里，首先要求强调色彩的易读性和易记性。利用不同色相、相同明度的色彩来表现形体，得到的效果没有空间层次，完全属于色块分布的平面形象；同样，利用不同色相、相同明度、相同彩度的色彩去表现形体，得到的效果不是加强了形的表现，反而产生了神秘朦胧感。在对色彩三要素分析后发现，明度变化才是使视觉加强的最主要手段，色彩的易读性和易记性主要是色彩的明度对比的作用，明度对比使页面中的文字、图形与背景间产生一种力度和生命。其次，避免色相选择过多，色彩运用过分刺激，使视觉产生花乱与炫目的不良感觉，而使视觉传达适得其反。色彩选择以三到四个色相为宜。第三，确定主题色，是把握色调的关键，在页面上，除白色外大面积使用的颜色，就是这个网页的主题色。主题色调的选择要适应教学内容及受众对象确定，或理智平静、或欢快活泼，营造一个和谐舒适的页面效果。

4.图标及按钮

图标及按钮在网页设计中虽然所占的空间较小，或许不会引人注目，但它却是设计的亮点，是设计构思的浓缩。用一些有象征意义的形状、图形线条传达与文字相近的概念性的内容，甚至比用语言表达更形象。

按钮的设计：①在页面较单调的情况下，设计按钮来调整气氛；②要配合页面的整体要求，避免过于高调活泼和喧宾夺主；③如果选用插图或字体进行配合，应考虑字迹清晰和色彩简练；④按钮设计要小而精，点缀页面，为页面增加趣味性。

5.动画

动画是点缀网页设计的亮点，它会给页面注入新的血液。动画装饰表现手法除了具有教学内容的表现功能外，还能提高人们观赏页面的兴致，增加很多趣味性，因此将会逐渐形成一股设计热潮。

动画在教学网页设计中可以参与教学内容设计、片头设计、图标及按钮设计。

在做动态处理时，应当注意的是：①动态与静态部分要有密切关系；②动态变化不能过多，否则反而削弱动态效果，分散学生的注意力。

6.视频图像

照片记录的是人或事物瞬间的展现，屏幕上仍然是静止的运动。摄像机在表现形式上做到了集时间与空间、听觉与视觉、表现与再现于一身的有目标有主题的运动，通过恰当而巧妙地运用各种镜头、不同景别及剪接等艺术创造手段，使观者可以获得参与的快乐感和满足视觉要求，并可以通过摄像机不同方位角度的变化，将事物的一切细枝末节看得清清楚楚，用于网页设计中，印象会比静态画面表现更深刻。随着流媒体技术的日益成熟，视频图像的应用将会越来越广泛。

二、页面设计的基本原则

网络课件的每个页面都承载着对教学信息的表述，在网络课件整体结构确定以后，要想使教学内容以理想的形式表现出来，符合学习者的心理需求，富有吸引力，以取得良好的教学效果，研究探讨网络课件的页面设计原则十分必要。网络课件的页面设计应当在教育学、心理学理论的指导下，本着以下几个教学原则进行。

（1）具有较强的针对性和新颖性

网络课件的页面设计首先应根据不同学科的内容特点选择不同的表现形式，其次还要考虑不同的年龄的学习者的知识结构、心理特征、思维方式。页面设计时不能千篇一律，在色彩、构图等方面应充分考虑学习者的特点，体现出很强的针对性。根据心理学的理论，在人们认识事物的过程中，只有最新的信息才会产生刺激并吸引人们的注意。因此，在页面设计时应注意挖掘刺激物特性的异常变化或各种特性的异常结合，适当选用新颖的表现形式和手法，以引起学习者的充分关注。

（2）协调美观，富有艺术性和感染力

从心理学角度考虑，人们总是带着某种情感经历来接受外部的刺激，情感操纵着心灵大门的启闭，对外部的刺激起着催化和过滤作用。为了营造良好的学习氛围，网络课件的页面设计应将文字、图形图像、动画、色彩及各种动态效果有机结合起来，使整个页面协调美观，富有艺术性和感染力，给学习者以视觉美感，使他们在精神愉悦的最佳状态下分析、理解教学内容。

（3）富有动感及变化

根据心理学的理论，活动及变化的刺激物比不活动、无变化的刺激物容易引起人们的注意。在进行页面设计时，应充分利用心理学的上述理论，将教学内容用动态元素以动态变化的形式来表现，使学习者产生兴奋愉悦感，从而促进和强化他们的注意。

（4）突出主体

在进行页面设计时，为了突出主体内容，经常在色调、亮度等方面加大主体与背景的反差。此外，还可以通过虚化或简化背景以及在不动背景上设置活动主体的方法达到突出主体的目的。

（5）类似原则

根据心理学的理论，互相类似的部分容易被感知为一个整体。在进行页面设计时，可以将属性相似的内容归类组合，这样可以缩短感知时间，提高学习者的感知速度。

（6）简洁明快、清新亮丽

简洁明快是指页面主题清晰明确、内容概括集中。清新亮丽是指媒体组合恰当、修饰得体。这样的页面使学习者感觉舒服，有利于内容的理解和记忆。

（7）布局设计

网络课件发布后，学习者是利用浏览器来浏览课件内容的。在进行页面设计时，当页面上包含素材的具体内容确定后，就应该考虑如何将这些素材以最适合浏览的方式安排在页面的不同位置上，这就是布局设计要解决的问题。布局设计应根据上述页面设计原则，由粗略到精细，一步步将版面布局具体化。下面总结了几种常见的页面布局形式，供大家参考。

①口型布局

页面的上、下分别设置导航栏，左边是主菜单，中间是主要内容，右边是友情链接。这种布局的页面包含较大的信息量。

②对称对比布局

页面采用上下或左右对称的布局结构，着色原则是半深半浅，给浏览者很强的视觉冲击。

③T型布局

页面上方设置导航栏，下方左边是主菜单，下方右边是主要内容。这种布局的页面主次分明、结构清晰。

④POP 布局

以整张精美图片为依托进行页面布局设计，富有艺术感染力。

多媒体网络课件页面设计是一个新生事物，相信在教育技术专家和教育学科专家共同呵护、培育下，我国的网络课件设计事业会得到迅猛发展，满足人们日益增长的网络教育需求，促进我国教育信息化水平的大发展、大提高。

李延安

（本文发表于 2003 年《山东师范大学学报》增刊）

浅谈网络直播课堂在中小学的应用

网络直播课堂作为跨越时空限制的一种现代教育模式对于满足人们个性化、碎片化学习具有重要意义。自 2020 年 2 月 10 日起，泰山区利用这种教学模式有效解决了"停课不停学"问题。

一、前期准备

1.直播平台选择

目前支持直播授课的平台很多，除常见的 QQ、微信等，还有 Classin、CCtalk、轻课堂等专业直播授课平台。一般专业平台都会提供丰富的配套工具支持教学，教师需根据自身需要选择适合的平台。

泰山区各学校在实施过程中主要依托钉钉、学习强国、教育云平台、教育官方微信、学校网站、微信群、QQ 群等平台开展网络直播。其中钉钉的使用率达到了 91.3%。本文以下所述的实践过程均以钉钉直播平台为例。

2.直播条件准备

教师居家教学可以使用的设备很多，如台式电脑（需要加摄像头和麦克风等外围设备）、笔记本电脑、iPad、智能手机等。为保证手机直播效果需要另外配置稳定器、手机支架等。

为做好居家直播准备，教师可以根据自身情况选择一间相对封闭的房间当作自己的"直播间"。直播间最基本的要求是无杂音、背景相对整洁、光线充足。

3.学习条件准备

学生居家学习可以选用的设备也很多，电脑、手机、iPad 等都可以。这些设备必须保证能够和直播中的老师进行"连麦"，以便及时和老师进行互动交流，解疑释惑。

4.教学资源准备

为保证直播课堂教学的顺利进行，教师除了和线下教学一样备好课之外，还需要准备好直播的课件资源、音视频资源、图片素材资源等。

二、直播实施

1.建立直播组织架构

泰山区共有 73 所学校，其中城区中学 10 所，城区小学 48 所，农村中学 4 所，农村小学 11 所。经过近几年"三通两平台"及义务教育均衡化建设，城乡学校的网络条件、硬件设施都有了较大提升，基本能够胜任网络直播课堂的需要，足以应对突发的"停课不停学"状况，但是学校之间、学生家庭之间仍然存在着较大的不均衡。各学校师资条件和教师个人家中的直播网络、电脑等硬件配置也有差异。为保证直播教学质量，圆满完成"居家学习"任务，应对各种教学事件，整体推进网络直播课堂，应提前做好组织架构建设。

（1）区教体局网络管理中心与钉钉平台联系为泰山区开放了直播端口、扩大了直播间在线人员数量，建立起统一的网络直播平台，保证课堂教学、作业批阅、网络教研等接口统一，衔接顺畅，同时编制了平台使用手册，供全体教师使用。

（2）学科教研人员牵头成立学科教学研究钉钉群。同学科、同学段教师可以在群内共同研究解决直播课堂遇到的问题。

（3）各学校根据实际需要建立起班级、学科、年级等钉钉群，方便信息发布、共享。

2.开发教学资源

这是保证网络直播课堂教学质量的关键，直播微课资源一般要满足如下条件：

（1）资源内容包含 5 个板块：课件资料、参考资料、预习指导纸、微课精讲、课后作业。其中后三类资料主要服务于学生居家学习。

（2）微课不是一节课的"压缩版"，而是针对重点知识、难点知识或解题方略等方面的专项指导。根据一节课的知识点或者重点难点可以将一节课分解为 2～3 个微课，每个时长约 8 分钟。

（3）预习指导纸简练明了，目标要求明确具体，问题设计精心到位。字数一般不超过 1000 字。

泰山区结合延期开学的课程进度要求，选拔区内名师 359 名专门录制开发了 413 节微课供各学校选择使用，并推荐了泰安市教育局开发的空中课堂资源、山东省"一师一优课"资源和学习强国山东平台提供的课例资源等作为直播课堂备用资源。

3.网络直播技术培训，网络直播课前应做好人员培训，尤其要对网络直播技术不熟练的教师（老年教师居多）加强技术培训。以钉钉直播为例进行以下培训：

（1）培训教师

①如何组建群，建立群规，禁止发布违规信息，禁止在直播时刷屏。②怎样向学生推送教学资源？③如何与学生"连麦"互动？④如何点评、批改作业？

（2）培训学生

尤其要加强小学低段学生的培训。

①技术培训，怎样进行课堂提问，怎样上传作业，如何查阅老师批改退回的作业等。②网络学习习惯的培训。教师必须教会学生如何正确应用电子设备开展学习，注意保护视力，避免无关因素的干扰，养成良好的使用习惯，增强自制力。

（3）培训家长

大部分家长都能够熟练操作手机、电脑等现代电子产品，指导孩子的网络学习，但也有极个别家长（尤其是农村学校家长）需要技术培训。对家长的培训除了技术要点之外，重点是提醒家长为孩子创造合适的学习环境，在陪伴孩子学习时要保持平和的心态，防止出现急躁情绪。

4.课堂直播。教师利用已经建立好的钉钉群实施直播课堂。基本流程：

①教师登录钉钉，进入相应班级群，开启视频会议模式。②查看学生课前准备和在线情况。对尚未进入直播课堂的学生进行提醒。③开始直播。直播时间20～30分钟为宜。④师生在线互动。学生可以采取发语音、发图片、发文字、连麦、视频等方式和老师互动交流。⑤作业布置。教师利用钉钉"家校本"功能发布作业、批阅作业、评价学生作业完成情况，也可以将优秀作业推荐给全体学生借鉴学习。

5.网络教研。学科教研人员采取视频会议形式开展在线教研活动。

6.网络教学视导。学科教研人员可以选择以教师、家长、学生三种身份进入到相应的班级群听评课。在教师授课结束后，教研员可以把相同学科的教师组织起来对刚才的课堂教学情况进行评价分析。

7.网络答疑。一般有两种方式：①集体答疑。对共性问题面对全体学生进行答疑。主要利用视频会议模式组织实施。②个别答疑。师生连麦或者视频进行。

8.网络测试。教师在班级群内发布测试题目。学生可以选择线上、线下两种模式完成测试题。为保证诚信测试，可以选择开启摄像头的方式，学生面对镜头完成测试题。也可选择家长监考的模式进行。

三、直播课堂模式比较

网络直播课堂实施模式很多，方法各异。目前比较常用的主要有两种模式。

单播模式：即每位任课教师在本班级群内进行直播授课。这种模式相当于将课堂平移到网络平台上。这种模式的优势是师生互相熟悉，可以针对学情自主调控教学进度，单位时间内学生参与率较高，不足是受制于教师个人因素，教学质量不均衡。

群播模式：即学校选派本校最优秀教师或者借用区域内名师为学生上课（目前实施中有一位教师同时给十几个班同时上课的做法）。这种模式的优势是实现了名师资源的最大化，教学进度、质量达到了一体化，不足是针对性有偏差，由于在线学生数量大导致单位时间内参与率下降。

这两种模式都可以应用资源推送、直播课堂、微课+直播三种方式进行。

直播课堂模式比较

直播课堂模式	操作方式	优势	不足
推送微课资源包	将事前准备好的资源直接推送给学生。学生自主学习	（1）操作方便； （2）有利于自主学习； （3）学生可随时回放，自由掌控进度。	（1）教师的引导作用缺失； （2）学生的学习状态失控； （3）学习效果检测滞后； （4）学习同伴缺失，无现场感； （5）资源包应用不充分。
直播课堂	教师自行备课，利用直播平台开展教学	（1）可以及时互动交流； （2）教师可对每个学生的状态及时进行调控； （3）有现场感； （4）学伴作用明显。	（1）个别学生的个别状况可能影响教学进度； （2）受网络等外部条件制约有卡顿现象； （3）对课前准备的要求高； （4）对教师的教学机智和掌控能力要求高； （5）资源包应用不充分。

续表

直播课堂模式	操作方式	优势	不足
微课+直播	教师利用微课资源（自制资源或者共享资源）辅助直播教学	（1）微课资源包得到充分应用，根据现场情况适时适度使用资源或者暂停资源的使用； （2）教师可以适时调节课堂教学进度； （3）教师对每个学生的状态及时进行调控； （4）有现场感和同伴作用； （5）实现了网上面对面教学	（1）个别学生的个别状况可能影响教学进度； （2）受网络等外部条件制约有卡顿现象； （3）对课前准备的要求高； （4）对教师的教学机智和掌控能力要求高

四、评价反馈

网络直播课堂的评价与线下教学有差异。目前常用的评价量规是：

1.在线调查问卷，可设计家长、学生两种类型的问卷。

2.在线测试。教师可以通过发布测试题的方式了解学生的学习情况。

3.在线互动研讨。可邀请家长、学生、学科教师参与研讨，做学情分析、教学进度调整、经验分享等。

4.学生汇报，可包括作品、作业上传分享、发布学习总结音视频等。

5.学科教研员听评课，教研员深入到学校家长群或者教师群中关注指导直播课堂教学。可实行"一天一汇总、一天一汇报"反馈制。

五、问题与反思

相较于线下教学，网络直播课堂具有其自身的天然优势：不受时空、地域限制；实现名师资源的最大化覆盖；课堂教学视频可以随时回放，有利于学生的课下复习；师生可随时随地进行互动答疑；在线作业批阅迅捷高效。但是，在实施的过程中也应注意以下问题：

1.角色适应与转换

（1）教师

网络直播课堂让中小学教师变身"网络主播"，每节课都是"公开课"，教师的压力比平常大，需要注意以下问题：教师着装仍需符合身份，教态应自然大方，语言要简洁明了，声音要适中。教师更需注意控制情绪、注意课堂用语。直播前也要注意组织教学，查看学生是否都已经做好学习准备，能否听到直播声音，看到直播画面。

（2）学生

中小学生面对屏幕学习，和老师、同学相对分离，极可能进入懒散状态，需要注意以下问题：熟练应用直播硬件和软件；适应无人监管、周边干扰的直播生态，特别是一些电子设备弹出广告等无关因素的影响；集中注意力，保持上课的精神状态。

（3）家长

自控能力差的小学生需要家长监管，其实根据直播课堂反馈的情况看中学生也离不开监管。有的老师反映，一节45分钟的直播课，有的中学生在线时间只有五六分钟。家长要注意以下问题：做好设备调试等准备工作。停止一切不必要的家务，为孩子创造合适的听课环境。适度监管，既不可放任自流，也不可如警察一般监视着孩子的一举一动。这里的"监管度"需要根据自家孩子的情况来灵活把握。

2.关注网课直播课堂"温度不足"问题。教师应该及时准确地了解学生在线学习状态，不定期开展师生互动，保持"紧密"真实状态。采取在线家长会、班会、小组研讨等方式密切师生、生生、家校联系。

3.长期使用电脑或手机参与学习带来的孩子视力问题不容小觑。目前，较为适宜的网络授课时间应该控制在20分钟左右，初中年级也不要超过30分钟。同时要适当加大课间休息时间，合理安排音体美活动。

4.注意提高听课效率。脱离了学校的学习环境，或多或少存在"假听"状况。因此，教师、家长应及时跟进关注自己孩子的学习状态，形成教育合力，培养、增强孩子的自控能力。

李延安，王玲

（本文发表于《中国教育技术装备》2020年第17期，略有修改。）

让教学设计更具有人情味

全面推进素质教育是基础教育改革和发展的根本任务。在全面推进素质教育的过程中，基础教育课程改革是一个关键的环节。为此，2001 年 6 月教育部在对基础教育进行深入调查研究的基础上，经由学者、行政官员和中小学教师组成的"三结合"专家组的长期研制，正式颁发了启动新一轮课程改革的纲领性文件《基础教育课程改革纲要（试行）》，由此拉开了全国实行课程改革的序幕。在新课程改革中一个新的重要的变化就是师生角色的转变。它要求教师彻底改变过去那种"高高在上"的教育者和管理者的角色，走下讲台，走到学生中间，成为学生的"良师益友"。教学设计作为教学过程的一个关键环节必须突出"以人为本"，始终贯穿新课程标准的要求。

一、引言

目前的主要教育体制（学校教育体制）和教学模式（以教师为中心的班级授课模式）基本上是在 300 多年前的工业化社会初期形成的，当时的生产力水平较低，社会节奏和社会发展步伐迟缓，知识的增长较慢，教学手段落后、单一。原来的教育体制和教学模式与这种状况是比较适应的。到了工业化高度发达，甚至开始进入信息化社会以后，社会节奏与知识增长速度大大加快。据联合国教科文组织的统计：人类近 30 年来所积累的科学知识，占有史以来积累的科学知识总量的 90%，而在此之前的几千年中所积累的科学知识只占 10%。英国技术预测专家詹姆斯·马丁的测算结果也表明了同样的趋势：人类的知识在 19 世纪是每 50 年增加一倍，20 世纪初是每 10 年增加一倍，70 年代是每 5 年增加一倍，而近 10 年大约每 3 年增加一倍。可见，知识总量在以爆炸式的速度急剧增长，老知识很快过时，知识就像产品一样频繁更新换代。显然，低速率的传统教育体制与教学模式难以适应信息社会中知识爆炸式增长并且迅速更新换代的教育需求。按照传统的教学模式与落后的教学方法，许多知识还没等到学生把它学会，可能就已经过时了。知识爆炸式增长并且迅速更新换代这种现象，还对在职教师的继续教育与培训提出了全新的、紧迫的要求。

随着新课程改革的日益深入，如上所述的学校教育改革和教师继续教育与培训的问题将日益紧迫地提到我们面前。这两方面问题的彻底解决是一项庞大而艰巨的系统工程，有赖国家教育行政部门制定正确方针和教育战线全体人员的共同努力才能完成。对于教育技术领域来说，根据我们的经验，在各级各类学校教师中（尤其是在中小学教师中）大力普及有关"教学设计"（Instructional Design，简称 ID）的理论知识，尽快提高他们在教学设计方面的能力素质，对于以上两方面问题（教育改革问题和教师培训问题）的解决将起至关重要的作用。事实上，近二三十年来，特别是 20 世纪 80 年代以来，教学设计（ID）理论研究已有了很大的进展，而这些进展就是在信息时代对教育改革和教师培训强烈需求的推动下取得的。

据安德鲁斯（Andrews）和古德森（Goodson）在 1980 年的统计，当时见诸文献的 ID 模型只有 40 个，到了 1991 年这个数字就增大到数百个。不仅 ID 模型多种多样，令人目不暇接，其理论基础也在花样翻新，不断发展。目前从世界范围看，ID 领域可谓流派纷呈，百花齐放，这种学术繁荣景象令人鼓舞。但是模型太多，难免鱼龙混杂。正像 Begona Gros 等人所指出的："有些模型看起来是新的，却对 ID 的发展没有什么贡献。"不少学者甚至为此忧虑，发出"ID 模型已经过多、过滥，急需完善和提高现有模型"的呼吁。可见，ID 模型大量涌现，尽管从一个侧面说明对教学设计理论与方法的研究已成为当前教育技术理论研究的一个主要热点，但这并不一定是件大好事，因为它有可能鱼目混珠，使我们陷入模型的迷宫之中，以致抓不住要领。因此，为了能借鉴国外真正有用的经验，能吸收国际上 ID 理论的精华，以便为我国教育的深化改革服务，为我国教师的继续教育与培训服务，我们认为，对 20 多年来，国外在教学设计领域的主要研究进展作以总结并加以评述，指出其中最有价值的成果，对于我们是富有启迪意义的，是必不可少的。

认真总结多年来国外在教学设计领域的研究，尽管模型的名目繁多，但从其理论基础看，不外乎以"教"为中心的 ID 理论和以"学"为中心的 ID 理论这两个方向发展。《基础教育课程改革纲要（试行）》指出：教师在教学过程中应与学生积极互动、共同发展，要处理好传授知识与培养能力的关系，注重培养学生的独立性和自主性，引导学生质疑、调查、探究，在实践中学习，促进学生在教师指导下主动地、富有个性地学习。教师应尊重学生的人格，关注个体差异，满足不同学生的学习需要，创设能引导学生主动参与的教育环境，激发学生的学习积极性，培养学生掌握和运用知识的态度和能力，使每个学生都能得到充分的发展。因此，大力开展以建构主义理论为基础的教学设计培训，使在职教师迅速掌握以"学"为中心的 ID 理论，努力营造以人为本的教育教学环境变得十分迫切。

二、以"学"为中心的 ID 理论的发展

1.以"学"为中心的 ID 的理论基础

在研究儿童认知发展基础上产生的建构主义，不仅形成了全新的学习理论，也正在形成全新的教学理论。建构主义学习理论和学习环境强调以学生为中心，不仅要求学生由外部刺激的被动接受者和知识的灌输对象转变为信息加工的主体、知识意义的主动建构者；而且要求教师要由知识的传授者、灌输者转变为学生主动建构意义的帮助者、促进者。可见在建构主义学习环境下，教师和学生的地位、作用和传统教学相比已发生很大变化。这就意味着教师应当在教学过程中采用全新的教学模式（彻底摒弃以教师为中心、强调知识传授、把学生当作知识灌输对象的传统教学模式）、全新的教学方法和全新的教学设计思想。以"学"为中心的教学设计理论正是顺应建构主义学习环境的上述要求而提出来的，因而很自然地，建构主义的学习理论就成为以"学"为中心的教学设计的理论基础。

2.以"学"为中心的 ID 理论研究的几种偏向

当前以"学"为中心的 ID 理论研究，随着建构主义的流行，正日益引起人们的重视，尤其是在多媒体计算机网络或基于互联网的教学环境下，对以"学"为中心的 ID 理论的应用更有其得天独厚的土壤。因此，这个方面的研究近年来有较大的进展，但与此同时，也出现了一些不容忽视的偏向，应引起我们的警惕。

（1）忽视教学目标分析

在传统教学设计中，教学目标是高于一切的，它既是教学过程的出发点，又是教学过程的归宿。通过教学目标分析可以确定所需的教学内容和教学内容的安排次序；教学目标还是检查最终教学效果和进行教学评估的依据。但是在以学为中心的教学设计中，由于强调学生是认知主体、是意义的主动建构者，所以是把学生对知识的意义建构作为整个学习过程的最终目的。在这样的教学设计中通常不是从分析教学目标开始，而是从如何创设有利于学生意义建构的情境开始，整个教学设计过程紧紧围绕"意义建构"这个中心而展开，不论是学生的独立探索、协作学习还是教师辅导，总之，学习过程中的一切活动都要从属于这一中心，都要有利于完成和深化对所学知识的意义建构。在学习过程中强调对知识的意义建构，这一点无疑是正确的。但是，在当前以"学"为中心的教学设计中，往往存在一种偏向，即看不到教学目标分析这类字眼，"教学目标"被"意义建构"所取代，似乎在建构主义学习环境下完全没有必要进行教学目标分析。这种看法则是片面的，不应该把二者对立起来。因为"意义建构"是指对当前所学知识的意义进行建构，而"当前所学知识"这一概念是含糊的、笼统的。某一节的课文内容显然是当前所要学习的知识，但是一节课总是由若干知识单元（知识点）组成的，而各个知识单元的重要性是不相同的：有的属于基本概念、基本原理（是教学目标要求必须"掌握"的内容）；有的则属于一般的事实性知识或当前学习阶段只需要知道还无需掌握的知识（对这类知识教学目标只要求"了解"）。可见，对当前所学内容不加区分一律要求对其完成"意义建构"（即达到较深刻的理解与掌握）是不适当的。正确的做法应该是：在进行教学目标分析的基础上选出当前所学知识中的基本概念、基本原理、基本方法和基本过程作为当前所学知识的"主题"（或曰"基本内容"），然后再围绕这个主题进行意义建构。这样建构的"意义"才是真正有意义的，才是符合教学要求的。

（2）忽视教师指导作用

在以"学"为中心的 ID 研究中出现的第二种偏向是忽视教师的指导作用。建构主义倡导的教学是教师指导下的以"学生"为中心的学习，它强调以学生为中心，但并未忽视教师的指导作用。学生是信息加工的主体，是知识意义的主动建构者，教师则是教学过程的组织者、指导者，教师要对学生的意义建构过程起促进和帮助作用。因此在以"学"为中心的教学设计过程中，在充分考虑如何体现学生主体作用，用各种手段促进学生主动建构知识意义的同时，绝不能忘记教师的责任，不能忽视在这一过程中教师的指导作用。事实上，以学为中心的教学设计的每一个环节（如情境创设、协作学习、会话交流和意义建构）若想要取得较理想的学习效果都离不开教师的认真组织和精心指导，以"学生"为中心，并不意味着教师责任的减轻和教师作用的降低，而是恰恰相反——这两方面都对教师提出了更高的要求。如果以学为中心的教学设计忽视了教师作用的发挥，忽视了师生交互的设计，那么这种教学必定失败无疑：学生的学习将会成为没有目标的盲目探索，讨论交流将成为不着边际的漫谈，意义建构将会事倍功半，花费很多时间，不得要领，甚至可能钻进牛角尖。必须明确：

在以"学"为中心的教学设计中教师只是由场上的"主演"改变为场外的"指导"（主演改由学生担任），教师对学生的直接灌输减少了，甚至取消了，但教师的启发、引导作用和事先的准备工作、组织工作都大大增强，所以对教师的作用不应有丝毫的忽视。

（3）忽视教学模式设计

建构主义的核心是强调学生主动建构知识的意义，这无疑是正确的。但是不少研究人员都由此得出结论：基于建构主义的、以"学"为中心的教学设计主要是学习环境的设计，即如何设计适合于学生主动建构知识意义的学习环境。而教学模式的设计则认为与意义建构过程无关而完全被忽视。

事实上，只要是有教师参与的教学过程（不是纯粹的自学过程）就存在对教学过程即教学活动进程的控制与优化问题，也就是存在教学模式设计问题。如前所述，教学模式存在对理论的依附性、动态性、系统性和层次性等重要的基本特性并能反映和体现教学系统的整体性能，所以，如果只考虑学习环境的设计而忽视教学模式的设计，必将导致对整个教学活动进程总体结构设计的忽视和对各要素之间彼此关联与协调考虑的欠缺。也就是说，对教学系统中某一个或某几个要素的设计考虑可能是很周密、很完善的，但从整体配合即从系统的观点考虑则很可能有问题（不能体现出整体效益）；或者说，有关学习环境的设计，在"静态"（例如在教学活动开始之前）情况下看起来可能很不错，但是一旦实施教学活动进程，即转入"动态"运行以后教学系统性能就急剧下降。这些都是只考虑学习环境设计（属于静态设计）而忽视教学模式设计（动态设计）的必然后果。在以"教"为中心的教学设计中存在这样的问题，在以"学"为中心的教学设计中同样存在这个问题。因为只要是教学系统（而不是无教师参与的自学系统），就必须要考虑该系统的运动变化，即要考虑其教学活动进程才有意义，因为教学过程总是由教师与学生之间以及学生与学生之间交互作用而形成的动态过程。不把重点放在动态的教学模式设计，而是放在静态的学习环境设计，将难以达到理想的效果。

近年来，教育技术领域的专家们在建构主义学习理论的指引下，进行了大量的研究与探索，力图建立一套以"学"为中心的、能与建构主义学习环境相适应的全新教学设计理论模型。我们认为，这将是新一代即第三代的教学设计理论模型（ID3），其主要标志就是以建构主义作为其理论基础。它与前两代ID（即ID1和ID2）的主要区别在于：ID1和ID2的理论基础涉及四个方面，即系统论、教学理论、学习理论和传播理论，而 ID3 的理论基础主要是系统论和建构主义理论。

尽管 ID3 理论体系的建立是一项艰巨的任务，并非短期内能够完成。但是其基本思想及主要原则已日渐明朗，概括如下：

①强调以学生为中心。明确"以学生为中心"，这一点对于教学设计有至关重要的指导意义，因为从"以学生为中心"出发还是从"以教师为中心"出发将得出两种全然不同的设计结果。至于如何体现以学生为中心，建构主义认为可以从三个方面努力：要在学习过程中充分发挥学生的主动性，要能体现出学生的首创精神；要让学生有多种机会在不同的情境下去应用他们所学的知识（将知识"外化"）；要让学生能根据自身行动的反馈信息来形成对客观事物的认识和解决实际问题的方案（实现自我反馈）。

以上三方面，即发挥首创精神、将知识外化和实现自我反馈可以说是体现以学生为中心的三个要素。

②强调"情境"对意义建构的重要作用。建构主义认为，学习总是与一定的社会文化背景即"情境"相联系的，在实际情境下进行学习，可以使学习者能利用自己原有认知结构中的有关经验去同化当前学习到的新知识，从而赋予新知识以某种意义；如果原有经验不能同化新知识，则要引起"顺应"过程，即对原有认知结构进行改造与重组。总之，通过"同化"与"顺应"才能达到对新知识意义的建构。在传统的课堂讲授中，由于不能提供实际情境所具有的生动性、丰富性，因而将使学习者对知识的意义建构发生困难。

③强调"协作学习"对意义建构的关键作用。建构主义认为，学习者与周围环境的交互作用，对于学习内容的理解（即对知识意义的建构）起着关键性的作用。这是建构主义的核心概念之一。学生们在教师的组织和引导下一起讨论和交流，共同建立起学习群体并成为其中的一员。在这样的群体中，共同批判地考察各种理论、观点、信仰和假说；进行协商和辩论，先内部协商（即和自身争辩到底哪一种观点正确），然后再相互协商（即对当前问题提出各自的看法、论据及有关材料并对别人的观点作出分析和评论）。通过这样的协作学习，学习者群体（包括教师和每位学生）的思维与智慧就可以被整个群体所共享，即整个学习群体共同完成对所学知识的意义建构，而不是其中的某一位或某几位学生完成意义建构。

④强调对学习环境（而非教学环境）的设计。建构主义认为，学习环境是

学习者可以在其中进行自由探索和自主学习的场所。在此环境中学生可以利用各种工具和信息资源（如文字材料、书籍、音像资料、CAI与多媒体课件以及互联网上的信息等）来达到自己的学习目标。在这一过程中学生不仅能得到教师的帮助与支持，而且学生之间也可以相互协作和支持。按照这种观念，学习应当被促进和支持而不应受到严格的控制与支配；学习环境则是一个支持和促进学习的场所。在建构主义学习理论指导下的教学设计应是针对学习环境的设计而非针对教学环境的设计。这是因为，教学意味着更多的控制与支配，而学习则意味着更多的主动与自由。

⑤强调利用各种信息资源来支持"学"（而非支持"教"）。为了支持学习者的主动探索和完成意义建构，在学习过程中要为学习者提供各种信息资源（包括各种类型的教学媒体和教学资料）。但是必须要明确：这里利用这些媒体和资料并非用于辅助教师的讲解和演示，而是用于支持学生的自主学习和协作式探索。因此对传统教学设计中有关"教学媒体的选择与设计"这一部分，将有全新的处理方式。例如在传统教学设计中，对媒体的呈现要根据学生的认知心理和年龄特征作精心的设计。现在由于把媒体的选择、使用与控制的权利交给了学生，这种设计就完全没有必要了。反之，对于信息资源应如何获取、从哪里获取，以及如何有效地加以利用等问题，则成为主动探索过程中迫切需要教师提供帮助的内容。显然，这些问题在传统教学设计中是不会碰到或是很少碰到的，而在以"学"为中心的建构主义学习环境下，则成为亟待解决的普遍性问题。

⑥强调学习过程的最终目的是完成意义建构（而非完成教学目标）。在传统教学设计中，教学目标是高于一切的，它既是教学过程的出发点，又是教学过程的归宿。通过教学目标分析可以确定所需的教学内容；教学目标还是检查最终教学效果和进行教学评估的依据。但是在以"学"为中心的建构主义学习环境中，由于强调学生是认知主体、是意义的主动建构者，所以是把学生对知识的意义建构作为整个学习过程的最终目的。在这样的学习环境中，教学设计通常不是从分析教学目标开始，而是从如何创设有利于学生意义建构的情境开始，整个教学设计过程紧紧围绕"意义建构"这个中心而展开，不论是学生的独立探索、协作学习还是教师辅导，总之，学习过程中的一切活动都要从属于这一中心，都要有利于完成和深化对所学知识的意义建构。在学习过程中强调对知识的意义建构，这一点无疑是正确的。但是，在当前建构主义学习环境的

教学设计中，往往看不到教学目标分析这类字眼，"教学目标"被"意义建构"所取代，似乎在建构主义学习环境下完全没有必要进行教学目标分析。这种看法则是片面的，不应该把二者对立起来。因为"意义建构"是指对当前所学知识的意义进行建构，而"当前所学知识"这一概念是含糊的、笼统的。某一节的课文内容显然是当前所要学习的知识，但是一节课总是由若干知识点组成的，而各个知识点的重要性是不相同的：有的属于基本概念、基本原理（是教学目标要求必须"掌握"的内容）；有的则属于一般的事实性知识或当前学习阶段只需要知道还无须掌握的知识（对这类知识教学目标只要求"了解"）。可见，对当前所学内容不加区分、一律要求对其完成"意义建构"（即达到较深刻的理解与掌握）是不适当的。正确的做法应该是：在进行教学目标分析的基础上选出当前所学知识中的基本概念、基本原理、基本方法和基本过程作为当前所学知识的"主题"（或曰"基本内容"），然后再围绕这个主题进行意义建构。这样建构的"意义"才是真正有意义的，才是符合教学要求的。

三、对教学设计理论的反思

不管是以"教"为中心的 ID 理论，还是以"学"为中心的 ID 理论都或多或少地充满着科学理性主义的精神，带有工业化生产的痕迹。这是由于来源于美国的教育技术领域的教学设计与"工业化设计"有着深厚渊源的缘故。在这里"教学科学"好比是自然科学，是被证实的"发现"，而教学设计就像其他技术一样，是依据发现的教学科学原理而展开的创造发明，就像制造飞机必须把各种有关升力、阻力和飞行的原理联合用到一起一样。教学科学就是关于教学策略中自然原理的发现，教学设计就是运用这些原理发明教学模式的程序和工具。按照这种思想，教学设计就只能遵循科学的标准，模式化、模块化，设计的结果就是"产品"，是"实验室"中的标准件。然而，这在充满着复杂情境，具有多种可能性的课堂上是根本不可能实现的。因此，我认为开展教学设计理论的培训时必须注意剖析这两个方面的问题，防止思维的非"人性化"：①教学设计是否融入了过多工业化理性认识，充满了优化的思想，遵循严格完整的实施步骤，适合于"产品"的开发，来源于"工业化生产模式"，希望达到如同产品优化一样的教育最优化，提高"生产效率"；从而忽视了教师、学生在实际教学中的能动性发挥。②教学设计是否缺乏交互设计，变为非人性化教学；虽然注重了学习主体的主动建构，但却无法真正实现师生互动、生生协作，人际情感交流缺失。③媒体传播理论考虑不充分，甚至没有考虑。

教学过程是知识传播的过程，应当遵循媒体传播理论。

著名教学设计专家维恩（Winn）列举了认知心理学中的学习结果，元认知发展，情境认知和人类思维方式等方面的研究成果，强调了人类行为不可预测的观点，倡导"教学设计者的活动需要发生在学生与教学材料互动之时，而不是之前"。这就意味着可以在"运行"中选择与拓展方法，并对学生的所思所为作出迅速的反应。显然能够实现维恩教学设计理想的只能是任课教师。开展教师教学设计理论培训必须让参训者掌握理论的精髓，融会贯通，不能生搬硬套。

人本主义理论强调以学生为中心，尊重学生人格，发挥学生的主观能动性，着眼于学生的自主意识与创造能力的发展。其代表人物罗杰斯认为：教育的目的是促进学生的发展，使他们成为能够适应变化、知道如何学习的"自由人"。这样的人与传统教育中注重知识传授，养成顺从特性的人相比，具有更大的自由性、适应性和能动性。因此，教师在教学设计时应充分结合学习者的特点，为学习者的终身发展服务，不要用"产品"生产的眼神看待教学过程，使教学设计的结果更加充满人性的光辉。

任何真正的理论从来就没有规定实践者必须如何做，理论的价值在于解释和指导。教学设计理论就在于对教与学的现象给予合理解释，从而可以指导设计者思考如何更好地帮助学习者在不同情境下"建构知识"；同时，理论也需要不同的解释、诠释和运用发展，教学设计必须根据真实的、复杂的教学情境创造性地运用。

李延安

（本文发表在《泰山学院》2005 年学报）

"5+1"模式奏响教师培训协奏曲

"双减"背景下，中小学教师面对工作时间延长、责任增大、节奏变快、任务加重、精神压力增加等问题，为保证减作业、减校外培训，不减教学质量，泰山区以问题为导向，化挑战为机遇，探索实施了"5+1"干部教师培训模式，拿出了"双减"背景下的泰山区教师培训方案。

理念先行，制度保障，培训效能节节高

一线需要即培训动力。"双减"政策的实施减轻了学生的课业负担和校外培训负担，受到家长和学生的欢迎，同时衍生出了"教师更累了""教师的焦虑情绪明显增加了"等问题，也引发了"教学质量会不会下降"的担忧。问题即导向。泰山区提出了"对症下药、精准实施、层级推进"，帮助教师提能增效，提高应对"双减"工作能力的培训理念。"5+1"培训模式应运而生，即在认真研判，做好培训需求分析的基础上，将教师队伍划分为"新教师、青年教师、卓越教师、专家型教师、教育系统先模人物"五个层级分别设计培训内容，制定实施方案，同时采取分学科、分学段、分主题推动全员培训模式。该模式的实施提高了培训实效性和针对性，增强了教师的教育教学能力和情绪管控能力，为"双减"提供了强大的师资基础，保证了教育教学质量的稳步提升。

2022年2月10日，山东省教育厅公布了"优秀班主任工作室"名单，泰山区推荐的2个工作室全部入围，再次展现"5+1"培训模式的强大魅力。

政策制度为"5+1"培训护航。区教科研中心根据干部教师培训的实际需求，优化了内设科室，探索实施了"科研引领、培训助推、实践检验、全面发展"的培训实施策略，研制了《泰山区干部教师"5+1"培训五年规划》《泰山区中小学教师全员培训计划》《泰山区干部教师培训"菜单"》《泰山区青年教师学科素养达标方案》《泰山区农村教师素质提升培训方案》《泰山区班主任培训计划》等一系列培训政策文件，为教师培训工作保驾护航。

加大经费投入让"5+1"培训"粮草充足"。区教体局将教师培训工作纳入对各单位的督导评估，确保公用事业经费的5%用于教师培训工作，且实现

了逐年递增,近五年先后投入的培训专项经费达到 2000 余万元,平均每位教师可以获得 600 余元的培训经费支持。教师参加区级培训全部实现了"免费"。

强化组织,统筹规划,构建"三三四"培训体系

培训网络"三层级"。泰山区整合教研、科研、培训等教育资源,成立了"研训一体,小实体,多功能"教师教育机构——泰山区教育科学研究中心,统筹规划全区教师教育工作,构建起了以区教科研中心为龙头,辐射带动直属学校、乡村学校,"区域推动、校校联动、片区互动"的教师培训网络。

培训对象"三分段"。根据全区地理特点将各学校划分为"东、中、西"三个片区,片区内设置培训牵头学校,分别组织开展基于本片区实际的培训活动,同时关注不同学科、不同学段教师的培训需求。区教科研中心不定期开展片区联动活动、竞赛比拼活动,奏响培训协奏曲。

培训实施"四可以"。实现了培训内容"可以点"。教科研中心制定教师培训"菜单",供全区各学校自主"点菜"。培训针对性明显增强。研修学习"可以定"。基层学校在充分了解一线教师培训需求,做好分析研判的基础上向教科研中心定制培训,满足了学校、教师个性化、自主化培训需要。培训专家"可以挑"。建立起包含不同层次、不同风格专家,专兼职结合的培训专家库,开设了涵盖教育理论、学校管理、班级管理、课程改革、课堂教学等内容的各种讲座,为参训干部教师提供了更多选项。培训方式"可以选"。提供线下、线上、交流研讨,分散研修、封闭式培训、请进来、走出去等多种培训形式供参训教师选择。

区域推进,精准实施,"5+1"培训显魅力

"三段式"实施新教师培训。建立起"岗前培训、分散实践、结业考核"新教师培训链条。岗前集中培训的主要内容是职业道德、教育法律法规、教学技能、班级管理、教研科研等。主要方式是集中培训、面对面讲座等,侧重于把握规范,适应岗位。分散实践的主要内容是师德涵养、"三字一话一技术"教学基本功训练、基本课型达标等,主要方式是师徒结对、实践锻炼,侧重于岗位历练、教育实践。结业考核的主要内容是师德、课堂教学、基本功等,主要方式有学校全考、区内抽考、课堂展示、专业交流等,侧重于以考促培、以练促提高。

对于 2020 年 9 月分配到泰安市财源办事处仓库路学校的新教师肖冰来说，"三段式"培训让她对教师这个职业有了更加全面、深刻的认识，教师不仅是知识的传递者、学生的示范者，更是学生的"朋友""父母"，要富有爱心，关心爱护每一个学生；让她对教育教学方法有了更熟知的把握，在教学中要讲究一定的方法和策略，在攻坚克难上要加强教师之间的团队协作，在教师发展上要适时调整和更新自己的知识结构，做到久久为功、终身学习，全面发展。

"竞技式"实施青年教师培训。制定青年教师培养方案和评价细则，在"实战"中培养锻炼青年教师的教学技能，让其在基本功大比武、课堂教学达标考核等竞赛中脱颖而出，达到以赛促培、以赛促提升的目的。在各类考核达标活动中发现的佼佼者，将晋级为卓越教师培养对象，将成为科研项目领衔人、课题研究主持人，参与送课下乡、课改攻坚等活动，发挥领头雁、排头兵的示范带动作用，个人综合素养得到全面提升。

洒青悦是泰安市粮食学校的一名青年教师，自从参加青年教师培训以来，她先后赴华东师大、浙江大学等地参加高端研修，还被吸纳为徐长青工作室成员，得到了教育名家的面对面指导，教学技能和个人素养得到全面提高，先后斩获了泰安市优质课一等奖、泰山区小学语文教学能手、泰山教坛英才、泰山教学新星、泰山区优秀教师等荣誉称号。

"量身定制式"实施卓越教师和专家型教师培训。在新教师、青年教师培训的基础上，通过个人申报、学校推荐、竞赛选拔等方式，全区遴选出了 112 名卓越教师培养对象、39 名专家型教师培养对象，先后赴天津、南京、上海、杭州等地高等学府参加高端研修，依托徐长青工作室等高端培训机构进行重点打造。根据他们的学科特点、个人教学特征等制定专业成长目标、建立专业发展档案，实施"高端研修"+"成长共同体"等"量身定制"培训，促其成为"双减"中流砥柱。为"双减"政策的落地实施提供了强大的师资支持。卓越教师培养对象经过三年的培养培训，经过成长成果报告、现场答辩等认定环节，则可以被命名为泰山区卓越教师。然后将其与专家型教师按照分学科、分学段的原则成立了成长共同体，实现了资源共享、切磋发展、示范引领、成果辐射的培养目标。

泰安六中的田昌凤老师是山东省教学能手，"山东省创新课一等奖""全国协作区中小学课堂教学展示一等奖"的获得者。她深情地谈及自己参加培训的感受。她说："'5+1'培训让我找到了教学前进的方向，特别是卓越教师培养及专家型教师培养改变了我的教育生活状态。"秉承"学习、钻研、实干、奉献"的诺言，她在平凡的岗位上兢兢业业、默默奉献着青春与智慧，赢得了领导、同行的赞许，学生和家长的信赖。

"领衔式"实施教育系统先模人物培训。泰山区将获得过省级以上优秀教师称号等荣誉的中老年教师纳入到"教育系统先模人物培训"体系中来，支持他们建立名师工作室、组建学科教学团队、担任青蓝工程指导教师，成为教师专业发展"首席专家"，同时择优吸纳为培训师资专家，承担到各学校传经送宝、授业带徒任务。此项培训活动，让这些先模人物扎根教育沃土，耕耘不辍，宝刀不老，成为教育政策制定的"智库"和教学管理的参谋助手。他们的示范带动作用让青年教师找到了职业发展方向和人生标杆。

泰安市第一实验学校的陈炳峰老师是山东省中小学优秀班主任工作室主持人、山东省特级教师、山东省教学能手，他带领的团队以"激扬生命"作为专业发展支撑点，搭建起学术交流、教艺切磋、智慧分享的互动平台，辐射带动城乡教师40余名，已在全国各地上示范课50余节，专业报告100余场次，受益教师逾万人，成为引领教学改革、培塑教育新人的示范样板，先后获得中国基础教育名师、中国小语十大青年名师提名奖、第四届全国青年教师阅读教学观摩活动一等奖、齐鲁名师等荣誉称号。

汗水浇得桃李艳。目前，全区拥有全国优秀教师（优秀教育工作者）6人，山东省优秀教师（优秀教育工作者）13人，山东省特级教师3人，齐鲁名师2人，齐鲁名校长1人，山东省级教学能手17人，"5+1"培训模式的实施带来了教师队伍综合素质的全面提升，为做好"双减"工作奠定了强大的人才支持，书写了"双减"背景下如何做好教师培训的泰山区答卷。

李延安

（本文经修改后，以"'5+1'奏响教师培训协奏曲"为题发表在2022年6月1日《中国教师报》）

国考背景下中小学教师资格面试

常见问题与对策研究

【摘要】国家级教师资格面试对于严把教师队伍入口关发挥着重要作用。山东省 T 市在面试实施过程中，严格执行面试纪律、规程，取得了卓有成效的成绩，同时也对面试过程中出现的问题做了深入的探讨研究，提出了改进对策和建议。

【关键词】教师资格；面试；对策

【正文】中小学教师资格面试作为国家级教师资格考试的重要环节，在严把教师队伍入口关，提高教师队伍素质方面做出了重要贡献。近年来，山东省 T 市认真执行教育部面试工作要求，加强对面试过程中考生、考官、考点等相关因素探索研究，促进了面试工作科学、规范、有序进行，取得了卓有成效的成绩。

一、国考背景下中小学资格证面试及其要求

国家级教师资格面试采取结构化面试和技能展示相结合的方式，主要从职业认识、心理素质、仪表仪态、言语表达、思维品质、教学设计、教学实施、教学评价等八个方面对考生进行考核。

面试的基本流程：考生提早 20 分钟来到备考室进行备考，而后根据从电脑随机抽取的题目，进行教学活动设计和准备。备考 20 分钟后，由专门人员将考生带至考场进行面试。面试分三个步骤：第一步，结构化面试必答题，时间 5 分钟。考生对考官从电脑中随机抽取的两个题目进行口头作答。第二步，模拟教学活动，时间 10 分钟。考生进行现场教学模拟展示。第三步，考官随机提问，时间 5 分钟。考官根据考生模拟展示情况随机提问，由考生给予口头回答。面试过程结束，三位考官根据考生表现，依照评分细则、评分标准和评分要求，逐项进行评判并给出分数，电脑随即按设定程序自动合成总分。

就整个面试过程看，结构化面试部分题目范围广，涉及时事政治、教育政策、国家领导人讲话、教育哲理名言、问题解决等。情境模拟部分涵盖教育理念、教学基本功、教材把握、学情分析、板书设计、课堂提问、课后作业等方面。考官需要根据考生的现场展示情况，提出与展示内容或者教学要求相关的问题。考生现场作答。

因此，面试工作对考生、考官、考场等都有着较高的要求，需要不断探索研究解决面试实施中的各种问题。

二、问题表现

（一）考生方面

1.职业认同感不强

近年来教师资格面试考生数量大幅度增加，以我所在地区为例，2016年本区域只有一个考点，1600余名考生参加面试，至2021年上半年已经设有7个考点，12000余名考生参加面试。概括起来，考生大体可以分为三类，一类是热爱教育工作积极投身教育事业者。第二类是因就业困难，抱着找一份稳定的工作心态参加面试者。第三类是被考试大军裹挟着多考几个证书以防万一者。很显然，后面两类考生要么把教师岗位等同于其他事业单位工作，要么把教育工作当作择业备胎，对教师职业的认识存在偏差，认同感较弱。

2.职业素养及知识基础欠缺

参加面试考生的知识素养千差万别。以报考小学教师资格考试的考生为例，除了为数不多的师范类专科层次考生外，相当多的考生是来自高职类或相当专科层次的考生，甚至是初中毕业起点的"3+2"大专生。这部分考生不仅在知识素养和基础方面存在短板，而且与高层次院校考生相比在学习习惯、学习能力、学习态度、学习品质及知识结构等方面存在不足。

专业类别五花八门。教师资格考试仅对考生的学历层次做了明确要求，而对专业几乎没有限制。相当一部分考生所学专业与教育教学相距较远，他们虽然通过了笔试环节，进入到面试环节，但与面试学科存在着专业知识和教育理论的明显差距。

3.职业规范缺失

中小学教师面试大纲明确指出，面试主要考察申请教师资格人员应具备的新教师基本素养、职业发展潜质和教育教学实践能力，面试环节要求考生具备：（1）良好的职业道德、心理素质和思维品质。（2）仪表仪态得体，有一定的表达、交流、沟通能力。（3）能够恰当地运用教学方法、手段，教学环节规范，较好地达成教学目标。在实践中，我发现相当数量的考生缺乏基本的教师行为规范训练和礼仪规范，表现为：着装搭配不合适，不符合教师形象。行为举止不自信、僵化甚至粗野缺乏，教学语言苍白，教学评价用语单一，眼神视线较为分散，言谈称呼也不准确等。

（二）考官方面

教师资格面试考官通过网络现场评分，直接决定了考生是否可以通过面试。这对考官是否准确、严格执行评分细则，是否具有相应的电脑技术操作能力以及考官的学科素养水平、责任心等都有较高的要求。实践中存在以下问题：

1.考官选拔机制需要完善

由于保密需要，面试考官都是在面试前临时选拔通知。这就在客观上导致了个别符合条件的考官无法参加面试，临时更换的考官未必完全符合要求，影响了考官队伍质量。

2.考官培训亟待加强。我所在地区要求考官自带笔记本电脑进入培训场地，因此出现了电脑型号杂乱、配置不统一，以及考官操作技术千差万别的问题。考点对考官的培训需要涵盖电脑配置、系统调试、操作技术、评分系统使用、评分标准把握等方面。繁重的培训任务在短时间内很难高质量完成。

3.考官管理仍需强化。由于选聘的考官都是异地参加面试，来源分散，考点对考官不熟悉，增加了管理难度。考官集中住宿、亲属回避和"未参与和面试有关的营利性培训"等规定的落实缺乏有效的监控手段。

（三）考点方面

1.网络软硬件环境方面

中小学教师资格面试与其他考试最大的区别是整个面试流程从面试候考、抽题、评分等全部在内部局域网络上进行，对考点网络环境和电脑等设备的依赖性极强。在具体实践中，考点存在服务器配置偏低，抽题机卡顿、网络掉线、考官自带电脑运行不稳定等问题。

2.教学用具及场地要求方面

面试过程中需要大量的教学用品，且消耗量大。以体育学科为例，小学体育需要各类用具21种，中学体育用具26种，特别是室内场地要求（见图1），几乎没有一个考点能达到相关要求。由于各考点面试学段、学科、考生数量不一致，往往需要考点自行购置面试用具，有时出现用具不达标现象，而当同一学科在两个考点面试时又会产生面试用具规格不统一的问题。

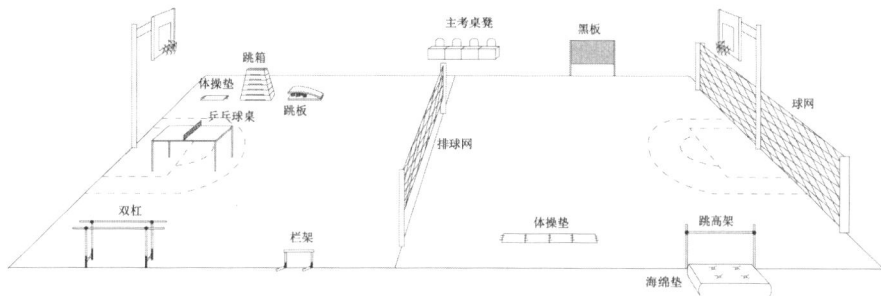

图1 体育面试场地布置图

3.功能室设置方面

教师资格面试需要保密室、候考室、抽题室、备课室、面试室等至少四类功能室。每类功能室因学科不同,对物品摆放、环境布置等方面都有不同的要求。较为突出的问题是因考生人数众多,功能室数量不足、内设不全、无法实现全程录音录像等。

4.面试考务人员配置方面

教师资格面试不但是一项要求严格、责任艰巨、任务繁重的工作,而且大都安排在周末进行,占用休息时间。考务人员参与积极性不高,许多考点不得不采取强制办法,导致个别考务人员的能力水平不高。而且由于面试期间的网络运行、电脑设备维护等需要大量技术人员,一所学校无法满足,只能从其他学校协调抽调技术员,这也给管理上带来了诸多麻烦。

三、对策措施

(一)考生方面

1.加强对社会考生的舆论引导。积极宣传中小学教师专业标准、面试等方面的要求,逐步提高教师的入职门槛,引导文化素质高、真正热爱教育事业的考生参加教师资格考试。

2.探索实施教育教学能力培训。对已经通过了教师资格笔试的考生开展以职业理念、职业规范、职业能力、教育理论素养等为主的教育教学能力专题培训,帮助考生端正职业态度、提高职业素养。培训合格者方可参加最终的面试。

(二)考官方面

1.建立教师资格面试专家库

围绕职业道德、纪律观念、电脑操作能力、业务水平、职称职务等方面制定考官选拔条件。吸纳特级教师、专家型教师、骨干教师加入到考官队伍中，建立教师资格面试专家库。每年度对专家库进行更新，在保证数量充足的前提下及时淘汰不合格考官，清理退休、离岗考官，保证考官队伍质量。

2.制定教师资格面试考官选拔轮换机制

明确考官选拔程序和相关制度，厘清主管部门、学校、考官三方责任。每次面试前随机抽取考官，并请考官及时反馈是否可以参加本次面试，如出现空缺则进行第二次抽取。对无故不参加面试的考官进行责任追究。

3.加大考官的培训

考官培训前置。按照当次面试所需考官数量 1：1.2 的比例从考官库中抽取参训人员。每年不少于 2 次。培训内容涵盖：（1）面试纪律。组织学习法律法规、纪律要求，收看教育考试违规现象案例。主管部门与考官签订工作责任承诺书，明确责任。（2）电脑操作技术。重点培训面试考官必备的操作技能。（3）行为技能训练。以实操训练为主，围绕有效沟通、评分标准掌握、评分系统使用等进行，熟悉网络评分系统、机构化面试的流程，确保考官能正确登录、退出面试系统，按要求提交打分数据，回收面试试题、草稿纸等相关资料。

4.强化考点管理责任

授权考点对考官履职情况进行考核评价，利用大数据分析考官面试评分准确度、操作流程进度、现场表现等，将综合表现欠佳的考官记录在册，上报主管部门，必要时进行通报反馈，不合格者清除出考官队伍，违纪者或者出现严重失误者按照有关规定进行处理。同时，可设立匿名举报信箱，鼓励考生对考官进行监督，考官之间互相提醒。

（三）考点方面

1.加大经费投入建设高标准考点

主管部门制定教师资格面试考点标准，建设标准化面试考点。统一安排预算，统一招标购置面试用具，配备软硬件设备，同时，建立面试经费投入保障制度，保证面试设备、教学用具日常更新维护经费充足。建立考官、考务人员薪酬保障制度，及时足额发放相关补助补贴。

2.加强过程管理

中小学教师资格面试是国家级统考。为确保考试顺利进行，可设立由纪检部门组成的巡视监管小组对考点运行情况进行监督检查。考前，对考点准备情况进行检查验收，发现问题，及时整改。考中，加强考点巡视，确保考试顺利进行。考后，对考点承担考务情况进行考核奖惩。

3.加强考务人员培训及监管

开展考务人员专题培训，认真学习考务工作规则、规程，明确岗位工作职责、任务，熟练掌握服务器安装、试题导入、网络配置、电子屏蔽仪、扫描仪器等方面的技术操作要领，学会正确处置面试中出现的设备故障、网络故障。考点与考务人员要签订工作责任书，对违纪违规考务人员进行严肃处理。

（四）制定奖惩措施

主管部门分别制定考官、考务人员、考点职责任务考核评价制度，对考核优秀的考点进行精神、物质奖励，颁发先进单位、先进个人证书、奖金，实行考务费用差别化发放，奖优罚劣，调动各方面积极性，同时可以计入一定的继续教育学分。

总之，实施全国统一的教师资格考试制度是建设高质量教师队伍的重要保障，必须不断研究与面试相关的各种问题，及时查缺补漏，才能保证面试工作的公平、公正实施，为教师队伍选拔出真正优秀、适合的人才。

李延安　王玲
（本文发表在《课程与教育研究》2021年第43期）

"成长式备课"促进青年教师专业成长路径探析

【摘要】"成长式备课"是山东省 T 市 X 学校在教育教学实践中总结提炼出来的一种备课模式，是集体备课与教师专业成长有机结合的产物。在该校实践中，不仅有效解决了备课、上课两张皮的问题，提高了课堂教学效益，更成为促进青年教师特别是非师范类专业毕业教师专业成长的重要途径。

【关键词】备课；专业成长；路径

【正文】"成长式备课"将集体备课与教师专业成长有机融合，既发挥了集体备课智慧共享的优势，也为促进青年教师提高课堂教学技能，加速专业成长搭建了平台。

一、"成长式备课"的提出

山东省 T 市 X 学校是一所新建学校，教师队伍平均年龄 32 岁，其中大约 39%左右的青年教师是非师范院校毕业，没有接受过系统的教育教学训练，普遍存在教学热情有余、教学经验欠缺、方式方法不足的问题。为此，该校在教育教学实践过程中提出了"成长式备课"模式。这种模式不仅把集体备课作为一种群策群力的备课模式，更作为一种促进教师专业成长，提高教师队伍素质的有效手段。青年教师在参与"成长式备课"的过程中既得到了老教师教育教学智慧的滋养，优化了课堂教学，也实现了专业成长。

二、"成长式备课"的基本概念

"成长式备课"来源于集体备课，是集体备课的一种应用变式，是智慧共享与专业引领的集体备课模式。它与一般意义上的集体备课最重要的区别就在于，侧重于发挥骨干教师的培训、引领、示范作用。青年教师（新教师）在这种模式中以学习者、受训者的身份出现，而非一种平等的、简单的智慧碰撞参与者、资源共享者。它的基本流程分为预设、生成、反思三个阶段。

预设即备课阶段，分为个人初备、集体汇报、指导点评、个人再备四个阶段。这一阶段的产品是青年教师用来实施课堂的个人教学案。

生成即教学实践阶段，把预设阶段的"设计蓝图"应用到课堂教学中，在实践中"对表对标"触发第二次集体备课，引发出青年教师的个人教学实践困惑、思考。其主要成果就是第二次集体备课后的教学案及教后记。

反思即课例打磨阶段，青年教师在骨干教师的指导下，结合自己上一阶段的教学实践，重新审视课堂教学。同时，也为骨干教师提供更多的教学实践思路。反思主要从个人、学科组、学校三个角度进行。反思的最终产品呈现形式为精品课例。

总之，"成长式备课"模式契合了波斯纳提出的"成长=实践+反思"的教师专业发展思路，成为青年教师课堂教学技能提升、专业成长的三部曲，是培训青年教师的重要手段。

三、"成长式备课"的实施步骤

（一）预设

此阶段是教学之初的"蓝图设计"，重点是帮助青年教师准确把握教学目标，找到适合自身的教法，实现"会上课"的基本目标。实施起来一般有两种路径。

路径一：①主备先行。学科组长指定一名青年教师担任某个教学内容的主备人。主备人先行备课，形成最初的教学案。②集体汇报。主备人在学科组内汇报自己的教学案。③点评指导。学科组长及组内骨干教师进行点评指导，提出修改建议。④个人备课。全体青年教师根据主备人的教学案及点评指导形成的修改建议，结合个人思考分别进行个人备课。

路径二：①个人初备。无主备人。每一名青年教师都要备课。②集体汇报。全体青年教师分别汇报自己的备课成果。③点评指导。学科组长及骨干教师对青年教师进行点评指导，提出修改建议。④个人再备。每一名青年教师根据修改建议进行再次备课。

"路径一"的优势是效率高、见效快，适合单元备课、学期备课。缺点是不利于发挥每一名青年教师的主体作用，也不利于青年教师对教材的整体思考。"路径二"的优势是充分发挥调动了每一名青年教师的主体性、主动性，实现了智慧共享和整体感知，有利于青年教师的厚积薄发。缺点是效率低，用时长，见效慢，需要一个长期的积累。在具体的实施过程中两种路径可以整合使用。

下面重点阐述一下"路径二"的实施过程。

1.个人初备

青年教师根据所任教学科的课程标准要求，结合个人思考，本班学情，选择最合适的表达方式，以保证学生有效有序地学习。为保证备课效果，需要做到"五有、五为、八备"。

"五有"是指教师个人备课中要有课标，有教材，有学生，有教法学法，有教学进度。

"五为"是指教师在备课中要体现教师为主导、学生为主体、训练为主线、思维为核心、能力为目标的教学理念。

"八备"是指教师在备课中要做到以下八点：①备学情：精准研究学生，准确掌握学生已有的知识经验、学习能力、认知规律、年龄特点、个体差异及可能遇到的学习困难。②备教学目标：认真研究课程标准，准确把握三维目标，教学重点、难点和易错点。③备问题设计：精心设计课堂教学问题，注意课堂提问的针对性、有效性、思维性。问题设计要落脚在知识的生长点、疑难点，避免低级、无效的问题。④备教学用具：根据教学需要，选择合理的教具、学具、教学资源、课件和多媒体设备等。⑤备教学评价：规范教学评价用语，评价学习行为要具体、指向性强，评价学习活动要标准清晰，层次递进。⑥备练习设计：课堂练习的设计要注意选择适宜的内容、形式，注意难易梯度和密度。⑦备板书设计：板书设计要抓住中心，突出重点，理清脉络，简明扼要，直观形象，符合学生年龄特点。⑧备课后作业：作业布置要精心选择，提高质量，体现基础性、导向性，切忌随便指定课本或者练习册某页面的习题。

2.集体汇报

本阶段由学科组长负责召集开展，重在发挥团队优势，解决青年教师上课前遇到的困惑或问题，帮助他们找寻到达成教学目标的基本路径，实现"能上课"的成长目标。青年教师带着自己的初备"产品"参加学科组集体备课。采取现场汇报展示的方式呈现个人思考的结果。

3.点评指导

学科组长带领本组骨干教师对青年教师的备课进行分析点评，提出修改建议，启发青年教师进一步深入细致钻研教材、准确理解把握教材，尤其要提醒青年教师关注学生的认知水平，设计符合学情的教学环节，并带领大家研讨出一种或者多种教学设计思路。点评指导一般着重以下四点：①对如何把握教学重点的指导，帮助青年教师特别是初次执教的新教师或者初次接触本教材的教师进行知识点整体感知和侧重点分析。②对如何落实课程标准的指导，帮助青年教师认真研读课标，指导青年教师有效解读课标，找准落脚点。③对教法学法的指导，帮助青年教师研究学生的年龄特点、分析学情、设计教学思路与教学方式方法。④对难点突破的指导，指导青年教师找准知识难点、学生易错点，找到突破点。

4.个人再备

英国教育家怀特海指出："在教育中如果排斥个体的特殊性，你就是在毁掉生活。"实现教学目标，达成育人效果的道路有千万条，适合教师自身特点的那一条才是最好的一条。这就要求青年教师除了做好教材分析、学情分析之外，更要找到一条适合自身风格气质的教学表达方式。因此，青年教师在参加完集体汇报、听取了点评指导之后，充分吸纳各方意见建议，深入思考"我的学生、我的班级和我个人"三方面的问题，根据自己的性格特点、教学风格和学生情况，进一步修订个人备课，形成最终的课堂教学蓝本。这里提倡"拿来主义"，但切忌"东施效颦"。

（二）生成

"实践是检验真理的唯一标准。"在完成预设阶段的基础上，备课成效如何最终要靠课堂教学实践来检验，从而引发出生成阶段。在此阶段，一般分为三个步骤。

1.验证。青年教师带着设计好的"教学蓝图"进入课堂，实施教学行为。课堂教学实践是复杂多变的，会发生各种各样突发事件。这些"意外"或"惊喜"将极大地促进他们深入思考备课的功效，也必然引发其改进教学策略，提高教学技艺的内生动力。

2.记录。为达到教学生成的真实性、实效性，执教教师必须在课后及时记录下课堂教学中的真实事件。记录内容主要包括：成功之举、败笔之处、教学机智、学生见解、再教改进点等。这是青年教师最宝贵的第一手教学资料，对于他们以后少走弯路具有重要价值。

3.生成。①个体生成。德国哲学家莱布尼茨说过："世上没有两片完全相同的树叶。"教师的差异、学生的差异以及教学情境的瞬时差异在每一名执教者身上会留下不同的印记，产生不同的教学碰撞，形成不同的教学经验，引发不同的思考，这就是个体的生成。②集体生成。个体经验只有变成普遍经验，才会产生传承、共享的价值。学科组适时召开第二次集体备课或者组织"课堂教学大家谈"活动。青年教师谈教学实践后的收获、困惑、感悟。骨干教师传经验，指点迷津。这样就把个体的经验升华提炼成集体的经验，从而产生集体生成。集体生成为整个团队找准了个性问题和共性问题，为再次上课提供了有益借鉴，也促进了青年教师的课堂教学技能的提升。

（三）反思

反思的目的是让青年教师"上好课"。叶澜教授指出："一个教师写一辈子教案不可能成为名师，如果一个教师写三年教学反思，就有可能成为名师。"青年教师在执教过程中的生成需要加以凝固升华，从短暂记忆上升到长久技能。发生这种变化的主要途径就是反思。

"成长式备课"的反思不是简单地写写教学感悟，梳理总结经验，而是契合"教学做"合一教育理念的反思，更强调反思的"实操"，即课例打磨，更看重反思的"产品"，即精品课例。在经历了预设、生成阶段之后，青年教师已经具备了"会上课"的基本能力，再经过反思阶段的反复打磨，达到了"上好课"的成长目标，实现了反思即成长的目标。这就如怀特海提出的"浪漫阶段、精深阶段和贯通阶段"，是一个循环往复，螺旋上升的过程，使得青年教师的课堂教学技能在反复磨炼中得以提升。

"成长式备课"的课例打磨一般分四步走。①亮相课。青年教师在生成阶段基础上结合个人反思在学科组范围内上公开课。这是第一次磨课。②汇报课。青年教师根据骨干教师的点评指导意见在学科组范围内进行第二次课例打磨。③赛课。青年教师带着本学科组的集体智慧在全校范围内进行课堂教学竞赛。④达标课。青年教师与骨干教师"同课异构"，不仅让前者对照"标杆"找到差距，也让后者在提供示范课的同时得到进一步的磨炼，从而促进全校教师课堂教学技艺的提高。

四、"成长式备课"的主要优势

1.智慧碰撞。著名教育家陶行知先生指出："独学寡闻，千虑一失，集会琢磨，厥利有三：一、可以交换知识也。二、彼此可以鼓励也。三、可以互益兴趣也。"在"成长式备课"模式下，智慧碰撞首先发生在青年教师之间，相同的教学内容、课程标准，由于任课教师之间的差异，大家在预设阶段拿出了不一样的"手稿"，产生了"横看成岭侧成峰的效果"。其次，发生在骨干教师与青年教师之间，新、老教师认识角度不同必然产生教学智慧交流，既指引了青年教师的个人发展，也带给老教师新的视角，引发新的思考。其三，发生在"师傅们"（骨干教师）之间。站在不同角度的"师傅们"提出不同的指导意见，碰撞出新的智慧火花。

2.传承创新。"成长式备课"名为备课，但不局限于备课，而是借助这样一种集体备课的变式，实现了教育经验、智慧的传承与创新。骨干教师向青年教师传送教学心得，指导青年教师系好从教的第一粒扣子。青年教师带来了新的视角、新的知识、新的活力，特别是新的教学媒体技术，帮助老教师拓宽了知识视野，打开了教学思路，突破了传统经验的束缚。由此促进了新、老教师的共同成长。

3.团队协作。教育教学工作需要团队合作。在这种备课模式平台上，大家既同台竞技，也教学相长。每个人都是教育智慧交流的受益者。特别是进入到课例打磨阶段后，学科组内互相支持、互相帮助，不分你我，帮助青年教师上好课的同时，也展现了集体的力量，体现了协作精神，凝聚了团队。

4.专业成长。这种备课模式让骨干教师的示范榜样、引领带动作用得到了全面体现，青年教师的教学基本功得到了有效指导和磨砺。青年教师在提高课堂教学的技能同时，从骨干教师那里学到了为人师表的优秀品格、奉献精神、良好习惯、管理智慧和家校沟通经验，在师德、品格等方面都有了新的提升，实现了专业成长。

"成长式备课"是以教师专业发展为核心，遵循课堂教学规律，在思考中实践，在实践中发展的集体备课模式。它有效解决了备课、上课两张皮的问题，将集体备课变成了教育科研的平台、专业培训的载体和专业发展的重要途径，对于促进青年教师特别是非师范类教师的专业成长发挥了重要作用。

王玲　李延安

（本文发表于《中国教师报》2023 年 4 月 26 日）

提高学生计算正确率的几点做法

计算在小学数学教学中占据着十分重要的地位，它是小学数学内容的重要组成部分，是学习数学的基础。在计算教学中，我发现数学计算正确率低是许多小学生的普遍问题，最令人难以理解的是有的高年级学生进行计算时运算顺序是正确的，但算到最后一步居然会 $11-9=3$，$2+3=6$。开始我也是认为是粗心的缘故，可经过一段时间的分析和研究，我认为学生计算率低并不是单纯的"粗心"和"马虎"，因计算法则没有掌握造成错误的仅占小部分，而大多是由一些不良的心理素质及其导致的不良计算习惯所致。所以，养成良好的学习习惯，有针对性地采取措施，是提高学生计算正确率的关键所在。

那么，如何提高学生的计算正确率呢？简单与大家分享一下我的个人经验：

1.加强算理的理解。在新授课中，借助数形结合图直观地帮助学生理解算理，不仅要知其然，还要知其所以然，这样算法就会水到渠成。

2.培养认真书写的习惯。我对作业（包括草稿本）的书写要求非常严格，要求学生每次计算都要态度认真、书写规范、整洁美观、步骤完整，逐步培养一丝不苟的优良品质。这也是提高学生计算正确率的前提。

3.养成正确打草稿的习惯。部分学生计算时不论数的大小能口算的全部口算，没有算草稿。有的虽有算草稿，但写得乱七八糟，有的直接写在桌面上、垫板上、课本上，甚至手心手背上……在教学中，我要求学生每人准备专门的草稿本，强调草稿本比作业本还要重要。学生一旦出错，先检查草稿本：是抄错数？算错数？抄错最后的答案？测验时，要求草稿本随同试卷交老师检查。这样做有利于培养学生严谨、细致、诚实、认真的作业习惯，而且还克服了乱写乱丢草稿的坏习惯。同时还有利于教师寻找并分析错误原因，帮助学生订正及调控以后的教学。

4.有针对性地训练。我发现，每个学生出错的原因都不太一样，有的是20以内的进位加和退位减不熟，有的是抄错数，有的是看错运算符号，有的是对不齐数位，有的是书写潦草，有的是态度和习惯不好造成的。所以我鼓励学生每人建立一本错题本，每道题旁边注明错误原因，然后"对手"（为了提高学生的积极性，增强他们的竞争意识，尽可能以两人水平差不多的编为一组）之间根据错题原因互相出题考查，根据做的对错情况再进行巩固，每次数量控制在3～5道。一段时间以内可反复训练，直到巩固为止。当然，教师要随时发现学生的进步，多鼓励，多表扬。

　　5.重视口算训练。我发现，所有的笔算离不开两个口算基础，一是20以内的进位加和退位减，二是乘法口诀。所以，平时经常性地进行口算训练和比赛，口算正确率的提高为笔算正确率的提高提供了坚强有力的支撑。

王玲

基于生活　学好统计

在以信息技术为基础的现代社会里，人们面临着更多的机会和选择，常常需要在不确定情境中，根据大量无组织数据，做出合理的决策。统计作为一种数据搜集、整理、分析和推断的重要方法恰好满足了人们这方面的需要，它为现代公民制定决策提供了依据和建议。统计观念成为现代社会公民的基本素质。结合自己的教学实际，我有以下几点做法。

一、联系生活，感受统计

我个人认为，在小学阶段学习统计知识就是为了落实新课标提出的"人人学有价值的数学；人人都能获得必需的数学；不同的人在数学上得到不同的发展"的目标。所以在二年级上学期学习了简单的统计表和统计图之后，针对我班学生身处城乡接合部，大多数家长是个体经营者的特点，我打破了教材上信息窗的限制，发动学生搜集、调查家长卖水果、卖服装、卖玩具、卖学习用品等实际情况。学生通过结合自身实际和所学的统计知识，在家长的协助下完成表格。在这个过程里，学生经历了数据的搜集、整理、描述、分析的整个统计过程，既体会了家长挣钱养家的艰辛，培养了勤俭节约、孝敬父母的美德，又能深刻体会统计在生活中的作用，统计的概念就变得非常亲切、易懂。

二、经历探索，培养观念

《小学数学课程标准》在总体目标中提出要使学生"经历运用数据描述信息、做出推断的过程，发展统计观念"，首次将"统计观念"作为义务教育阶段数学课程的重要目标之一。然而，观念的形成不是一蹴就成的，需要有一个逐步深化的过程，需要在亲身经历的过程中去体验、感悟和慢慢地沉淀。

在义务教育阶段，要想实现发展学生"统计观念"这样一个核心目标必须充分发挥学生的主观能动性。在教授青岛版数学四年级下册《获"联合国人居奖"的城市——统计》时，我们除了利用课本提供的信息外，还充分利用了学生自己搜集的信息，让他们自己动手绘制表格，引导他们提出问题，分析问题，筛选有价值的问题，逐步探索解决问题的策略。整节课充分发挥了教师的"导"，积极引领了学生的"学"。绘制折线图，预测未来的发展情况，同学们乐此不疲，并且提出了很多有个性的、精彩的见解。

这部分知识的传授既让学生学会了如何搜集数据资料，并进行筛选、整理、统计、分析、推断，逐步渗透培养了他们的统计观念，而且为家长的销售经营提供了一个直观形象的数据分析图，让学生充分体会到统计在生活中的重要作用。数学就在学生身边，学生学习数学知识的积极性得到了提高。用事实说话，科学分析的理念也得到了渗透。

三、积累总结，掌握方法

在信息时代，生活中充满了各种数据，这些数据经常用形象的统计图（表）来表示，报刊、杂志、电视、广播、书籍、互联网等随处可见。因此青岛版的教材从一年级开始，就有计划有层次地安排了有关统计的知识内容，而且随着年级的升高合理推进，逐步深入。

例如，青岛版二年级下册《我锻炼，我健康——统计》给出了学生课外活动的一幅图，让学生获取有价值的统计信息，回答问题。四年级下册给出了《威海市 1998—2002 年市区环保建设情况统计表》，让学生提出问题，分析解决问题。五年级提供了《成人和学生患近视年龄对比》的信息。

因此，让学生学会在繁杂的信息中获取有用信息，看懂统计图，学会统计方法就成为落实新课标的必然要求。在学习这些知识时，我们采取了充分利用教材，联系生活，逐步引导的方法，有效地帮助学生掌握了基本方法，形成了良好的统计观念。

获取信息的方法：一是从文本中获取，读懂统计图、统计表。教材中、生活中统计图（表）种类繁多，学生要能够从信息窗提供的各类信息中筛选出有价值的信息，简单归纳，采集，教会学生基本的读图方法很有必要。二是从生活中获取。数学来源于生活。帮助学生从生活中搜集到有价值的统计信息。

绘制统计图表的方法：只有懂得统计方法，才能产生正确的统计思维和有效的处理与数据信息有关的问题。根据课标要求和小学生的接受能力，应当使小学生基本掌握以下方法：学会对简单数据进行收集、整理、描述和分析，会画简单的统计图、统计表，会计算基本的统计指标（平均数、中位数等）。

统计方法的掌握离不开实践和经历的过程，而检验学生掌握与否最好的方法就是让其解决一个实际的问题。比如，给出全班同学的身高、体重，让学生对全班同学的健康状况作出评价。

形成统计思维的方法：统计思维类似于数学上的数感、符号感，以及人们对于音乐的乐感、节奏感等，是一种对给定数据及与数据有关的量、表、图的潜意识的反映，面对与数据信息有关的问题时，能本能地从统计的角度进行思考。如看到学校教学楼的建筑面积是 5000 平方米时，学生应该认识到它的内涵是什么，数据是怎么得来的，知道除去楼梯、厕所、走廊等才是可用的教室面积。学生经常从接触的各类统计数据、统计图表中获取信息，进行思考，自然就会形成统计思维。

合理预测的方法：统计数据的搜集处理、绘制统计图不是最终的目的，要指导学生对统计图（表）中的数据进行归纳、整理、分析，得出正确的有价值的结论，对带有发展形势趋势的图表可以尝试给出一定的合理的预测，让学生懂得统计分析目的是服务生活，帮助决策。

四、动手合作，形成能力

数学教学不仅要考虑学科自身的特点，更应遵循学生学习数学的心理规律，强调从学生已有的生活经验出发，让学生亲身经历将实际问题抽象成数学模型并进行解释与应用的过程，进而使学生获得对数学的理解的同时，在思维能力、情感态度与价值观等多方面得到进步和发展。统计这部分知识与现实生活中关系更加密切，在教学中可以采用合作学习、研究性学习等策略。

例如，在教授青岛版小学数学五年级上册《爱护眼睛——统计》时，可以运用合作教学的基本理念把学生进行合理分组，让他们采用课题研究、研究性学习的形式来学习本单元知识。这对培养他们的信息搜集、处理、识别、判断、合作能力很有帮助。

1.异质分组。根据学生的不同知识、生活背景分组。选定组长、合理分工。

2.动手合作。小组成员根据分工情况，收集数据，记录分析，整理，完成统计图。大家一起动手，共同合作研究的兴致浓厚。

3.开阔视野。数学是人们对客观世界定性把握和定量刻画、逐渐抽象概括、形成方法和理论，并进行广泛应用的过程。20 世纪中叶以来，数学自身发生了巨大的变化，特别是与计算机的结合，使得数学在研究领域、研究方式和应用范围等方面得到了空前的拓展。因此，除完成课堂教学任务外，还要积极组织学生开展课外实践。比如在教授统计知识时，进行数学知识与信息技术的整合，教师帮助学生利用已学习的信息技术知识，把搜集到的数据输入到电子表格中，利用计算机绘制出各种各样精美、形象的统计图。现代媒体、传统统计方法得到了完美结合。

　　4.培养批判能力。批判意识是一个人思想独立的重要标志，是育人的重要目标。然而日常生活中，误用和滥用统计数据的情形随处可见，大多数人对此并没有足够的警觉和质疑，因此，加强学生的批判意识尤为重要。在教给学生统计方法的同时，还要让学生能对数据的来源、处理数据的方法及有关信息与结论进行合理的质疑与批判。

王玲

一年级课堂学习习惯的培养之我见

"丁零零……"上课了，刚入学的一年级学生向教室里跑，有的还在操场里玩，有的进了教室又是喝水又是说话，有的干坐在那儿也不知准备学习用品，老师走进教室后，还有几个跑到跟前告状……好不容易上课了，回答问题时，有的举手，有的随口乱喊，有的则毫无反应，举手的只顾着赶紧说出自己的答案，也没听别人的发言，如果没叫到还要唉声叹气。写字时，有的说没有本子，有的说交给老师了，有的说没铅笔，有的说铅笔断了……这一幕幕乱糟糟的画面，相信凡是教过一年级的老师都不陌生。

向课堂要质量是教师的共识，而良好的课堂学习习惯则是课堂质量的有效保证。教育专家林格认为：帮助学生养成良好的学习习惯，最重要的是养成良好的课堂习惯。一天里，孩子精力最旺盛的时间是在学校里度过的，作为一名学生，课听得不好，学习就不好，学习不好则会带来一系列的问题。而一年级则是学生形成各种习惯的关键时期和最佳时期。我个人认为可以从以下几点做起：

一、培养上课铃响马上安静的习惯

开学的第一节课，我就和学生讲清楚，听见铃声响，马上走进教室，端端正正地做好，不能再说话，眼睛都看老师（老师最好提前两分钟进教室）。老师先不要急着上课，用眼睛和学生交流，尽量关注到每一个孩子，等全班非常安静时再上课。如果仍有个别比较散漫的孩子，我一般采取比赛、表扬的策略，他明明没做好，故意说哪一排的同学坐得最端正，立即惹来很多目光，而这名同学立即会坐好，这样既保护了孩子的自尊心，又能及时提醒他坐好，可谓一箭双雕。

良好的开端是成功的一半，一上课就立即安静下来，不但不浪费时间，而且让学生养成听见铃声就要停止与学习无关的一切事情，马上投入到上课中去的好习惯。

二、培养学生倾听的习惯

学会倾听是课堂学习习惯中最重要的一条，只要做到了倾听，想学不好都是很难的事情了。我告诉学生，一个同学发言，其他同学都要听，只有听得仔细，你再回答就不会出现重复别人的答案的现象，你的补充才合理，评价才得体，质疑才有价值。一个同学的发言未结束，绝不允许其他同学插嘴，如果谁这样做，就是不礼貌的表现。我提醒学生想象一下，假如正在发言的是你，而周围的人都不断挥舞着手臂，随时要打断你说的话，你会是什么样的心情。学会倾听的孩子才会更有智慧，更有修养。

平时根据学生的表现，开展评选"倾听之星"的活动，要注意照顾到那些多动的孩子，越是这样的孩子，越需要你的称赞，稍微有一点好的表现，马上给予肯定和表扬，他感到得到老师的表扬并不难，然后他就会不断重复那些曾经受到表扬的行为，久而久之，倾听的习惯也就形成了。

三、培养学生会说的习惯

学生学会了倾听，就为"说"提供了一个良好的环境和有力的支撑。一年级学生一入校，我就把"说"的要求明确提出来，一要响亮地说，二要大方地说，三要完整地说，四要有条理地说。首先，教师要营造一个宽松、平等、和谐的氛围，让学生愿说、敢说、爱说、会说。凡是回答问题的我就大张旗鼓地表扬，针对不同的孩子，用不同的鼓励方式、不同的表扬措辞。从来没站起来的，今天终于站起来回答问题了，如果没答对，我会说："你是个勇敢的孩子！让我们大家为她的勇敢鼓掌吧！"如果答对了，我会说："我又发现了一个人才，希望你能带给我们大家更多的精彩！"不论声音太小的，或者说话不完整的，我都会先肯定他，然后再委婉地指出，如果你以后怎么样就更优秀了！让每个孩子都能体会到成功的快乐！

在这个基础上，我又引导孩子怎样与他人交流，比如交流时可以这样说："我想给他补充！我还有一种算法！"评价他人时，一定要真诚、尊重别人，先要看到对方的优点，再委婉地指出对方努力的方向。

一段时间以后，不同层次学生的口头表达能力都会有不同程度的提高，会说的习惯也就慢慢养成了。

四、培养学生欣赏他人的习惯

"三人行，必有我师。"我告诉学生，每个人都有自己的长处，不爱表现自己的可能会很细心，调皮的可能特别爱劳动，说话声音小的可能书写好……另外，我们在肯定自己的同时，也要努力发现别人的优点。这一条要求就是为了防止那些优秀的孩子自傲自大，防止他们看不起那些学习遇到困难的学生。

老师自己首先要做出表率，要有一双善于捕捉学生闪光点的慧眼，选择学生回答问题时，要针对不同层次的学生选择不同的问题来回答，让每个孩子都能体会到：我能行！

学生的年龄越小，越渴求老师的关注和赞扬，这就是他们最直接的学习动机。所以老师眼中心中要有每一个学生，平等地对待每一个学生，用亲切的眼神，和蔼的态度，热情的赞扬，细微的动作（比如拍拍他的肩，摸摸他的头）营造浓浓的师生情。时间长了，孩子们自然会受到感染和熏陶，当发现有同学表现好时，大家会主动为他送上热烈的掌声，或者为他竖起大拇指，逐渐形成了互相欣赏的良好的学习氛围。

总之，课堂学习习惯的养成不是一朝一夕的事情，是一个复杂的渐进的过程，需要老师付出大量的辛苦。针对一年级学生刚入学、好动贪玩、自尊心强、自控能力较差的特点，主要以多表扬为主，如果学生的进步能时常得到老师的肯定和赞扬，学生要求进步的动机就会得到强化，并产生成就感和荣誉感。为了保持这种感觉，他们就会不断地约束和规范自己的行为，从而产生积极的良性循环，良好的课堂学习习惯也就在不知不觉中养成了。

王玲

怎样帮助学生克服学生空间感不强的困难

在小学数学教学中，经常遇到学生对各种计量单位容易混淆或者容易出错的问题。

错例一：在做下面的题目时，学生容易填错计量单位。

学校操场长 200（ ）。米和千米拿不准。

小明高 140（ ）。米、厘米、分米、米都有学生填写。

蚂蚁身长（ ）。毫米、厘米、分米拿不准。

青蛙能跳 7（ ）。米和分米都有填的。

实验小学占地 2（ ）。平方千米、公顷不分。

足球场占地面积约 5900（ ）。平方米、公顷都有填的。

原因分析：以上出现的错误，大致有两方面的原因，一是长度单位、面积单位概念没有建立在丰富的感性经验基础之上。二是学生的生活经验较少，对某些事物不太熟悉。

解决办法：各种计量单位概念的形成必须靠丰富的感性经验作支撑。在学习各种计量单位时，通过让学生画一画、估一估、掂一掂、量一量等一系列活动，充分感受、体验其差别。教师还要用心充分挖掘现实生活中的教学资源，让学生尽可能多地找出长度是 1 毫米、1 厘米，质量是 1 克、1 千克的物体，等等。保证每个学生每个计量单位都能找到适合自己可以依托的一个感性物品。例如，1 平方厘米和自己的大拇指盖差不多，1 分米大约比自己的一拃稍短一些，1 米比自己的两臂略短一些，1 粒花生大约 1 克重，4 包牛奶的重量大约 1 千克，我们学校占地大约 1 公顷，某某小区占地大约 1 平方千米，等等。

错例二：在学习长方形和正方形表面积和体积这部分时，学生表现出想象力差、公式易混淆的情况。

原因分析：学生动手操作（动手亲自做长方形和正方形）机会太少，感知不够丰富，空间形象能力没有得到发展。

解决办法：教学时，让学生亲自操作，把六个面展开，就是表面积，把它们粘贴起来所占空间的大小就是体积，在实际操作中，促使学生再现想象。这样不仅会解决公式混淆的问题，而且遇到有变化的题目时，学生也能随机应变。比如，求一个游泳池、鱼缸的表面积、教室要粉刷的墙壁的面积等类似的题目，学生也会迎刃而解。

丰富的空间想象力离不开大量的操作、体验，我个人认为，仅仅一节两节课的时间去操作是远远不够的，需要一个长期的逐渐积累，老师平时多重视、多引导，多鼓励孩子动手，长此以往，应该是有效果的。

以上是我在教学实践中的一点粗浅的感悟和理解，在这里与大家分享。

王玲

与新课改一起成长

一段时间以来，课改、理念、创新、反思以崭新的内涵和不可阻挡的力量不断地冲击着我旧有的观念、模式和方法。新的数学课本一改过去严肃枯燥的风格，更像本图画书，图文并茂，充满了童趣，让我爱不释手，欣喜中有困惑，激动中有不安。我有幸站在课改的第一线，短暂的半年，边教边悟，充分感受到了数学教学的无穷魅力和在新课标下焕发出的勃勃生机。在此，我愿将自己的感悟写出来与大家分享。

一、构建开放的课堂，激活学生的思维，体验解决问题策略的多样化。

新课程对教学观念和教学方式的转变使学生学习方式的转变成为可能。回想从前，教师备课，其实就是抄教参、定教案，一旦有了教案，教案就成为"教条"，成为"典范"，束缚住了教师的手脚。长期以来把学生作为知识的"容器"进行灌输，"填鸭式"教学等是老师们习以为常的教学模式。而现在是结合课本信息实实在在地去生成自己的备课。这样备出来的课，更多地有了对新课程独有的、个性的理解和认识，更多地有了适合自己学生实际的东西在里面，从而在课堂上出现了精彩，出现了"意想不到"。比如：在教学20以内的进位加法时，借助具体的现实情境把算式从实际问题里抽出来，引导学生利用已有的知识和经验，通过动手操作、动脑思考、动口说等学习活动自主探索口算方法，在探索中展示了多种算法。

以"9+6"为例。

第一种：是从1数到15。

第二种：是从9接着往后数，10、11、12……15。

第三种：是因为10+6=16，所以16－1=15。

第四种：是把6里面拿出1个给9，9变成10，6变成5，10+5=15。

对于以上算法，我都给予了肯定，并让学生选择喜欢的方法计算，学生既体会到了解决问题策略的多样性，又感受到了成功的体验。经过一段时间的练习和孩子的真实自我体会之后，越来越多的学生用了第四种即"凑十法"。在计算中，运用"凑十法"在不知不觉中变成了孩子的一种习惯行为，而且孩子们用他们充满童趣的理解方式来这样叙述"凑十法"。

以"8+5"为例，你是怎样想的？

生1：8差2就是10了吧，5拿出2个给8，8变成10，5变成了3，10+3=13。

生2：8从5那儿骗过2来，凑成10，10+3=13。

生3：8从5那儿借过2来，凑成10，10+3=13。

生4：把5分成2和3，把2借给8变成10，10+3=13。

生5：8拿出5个给5凑成10，8变成了3，10+3=13。

……

由于以上计算方法不是老师硬灌输的，而是每个孩子从自己的角度创设出来的"凑十法"。把抽象的数字塑造成活灵活现的"人物"，也让数学知识充满了趣味和快乐。这些"精彩"让我激动不已，让我想起了过去是怎样向学生灌输这个"凑十法"的。原来的孩子肯定也是很聪明的，只是老师没给他这样一个表现、肯定和鼓励的机会。即使有，也都被老师硬性地统一化、规范化了。而在新课标、新理念、新教材和开放式的教学方式下，开放性的课堂导致开放性的思维，把数学教学活动建立在了学生的发展水平和已有的知识经验基础之上，向学生提供充分从事数学活动的机会，帮助他们在自主探索和合作交流的过程中真正理解和掌握数学知识，获得广泛和真实的体验。真正体现了数学学习是一个生动活泼、主动和富有个性的过程，体现了学生才是数学学习的主人。

再比如，教学20以内的退位减法16－9时，有的学生说出等于7，老师问：你是怎样想的？让学生借助学具摆一摆、想一想、说一说。交流汇报时出现了多种算法，让我始料不及。

生1：16－9=？从16里面一根一根地减，15、14、13……7。

生2：16－9=？把9分成6和3，先算16－6=10，再算10－3=7。

生3：16－9=？把16分成10和6，先用10－9=1，再算1+6=7。

生4：16－9=？因为9+7=16，所以16－9=7。

……

过去人教版只提倡第四种即做减法相加法，学生做起来很困难。而现在注意引导学生把操作与思考、表达相结合，让学生带着问题去操作、去思考、去交流，利用知识的迁移，直观操作，使学生经历学习知识由直观到形象的过程。在探索的过程中，学生由于个性不同，思维特点不同，经验基础不同，提出了多种算法。班内汇报时，鼓励学生大胆发表意见，让其他学生学会倾听，在交流碰撞中互相启发和借鉴，选择自己喜欢的方法，培养学生有个性地学习，体验解决问题策略的多样性。

二、新课程强调学生在亲身体验的过程中直观地认识几何图形，感受数学与日常生活的密切联系，增强对数学的亲近感和学好数学的信心。

在认识立体图形这一课时，我首先让学生做好课前充分准备。搜集了很多日常生活的实物，如药盒、茶叶盒、电池、易拉罐、魔方和各种球体等学生十分熟悉的物品。其次由于本节课操作性强，所以我转移到舞蹈室（有地毯）去上。舞蹈室没有课桌椅，学生脱掉鞋，随便自在，给了学生充分动脑、动手、想象的空间和氛围。一下激起了学生的兴趣，积极性空前高涨。

师：两人合作，看谁的手儿巧？

学生很快拼搭出了公共汽车、火车、机器人、城市、花园、轮船、坦克、宇宙飞船、超市等多种图形。我很惊讶，学生的想象力如此丰富，他们的世界那样精彩。

紧接着问：你都用了哪几种图形？

学生交流汇报自己所用的图形。学生在已有知识经验和直观感知基础之上，通过对物体的触摸、观察、想象等活动建立几何形体的表象，积累了丰富的感性认识。

又问：怎样来区分这些图形呢？

学生踊跃发言：圆柱能滚动，很滑，上下一样粗；圆柱有扁有长，有高有矮，有细有粗；球不好固定，好滚；正方体方方正正……有的孩子甚至很有序地数出长方体有12条边（棱）来。

课后作业是：从校园或回家找一找哪些物体的形状是今天所认识的图形。

虽然已经下课了，孩子们却依然兴趣盎然，浑然不觉，接着找起来，一会儿同学们就围住我争先恐后地告诉我他们的发现，让我对"兴之所至，乐此不疲"也有了真真切切的理解。

让学生在游戏中学习，在游戏中感悟。在游戏中创新，充分调动学生的多种感官参与，让学生真正感受到学习是一种享受，一种乐趣。教师的心有多大，课堂魅力就有多大；课堂魅力有多大，学生的潜力就有多大。感谢课改为我们教师的成长提供了新舞台，让我体悟到了"心有多大，舞台就有多大"的内涵。

王玲

后 记

做一盏灯

《左传·襄公二十四年》："太上有立德，其次有立功，其次有立言，虽久不废，此之谓不朽。"立德、立功、立言乃中国知识分子的毕生追求，不朽之目标。

吾辈虽默默无闻于教育事业中，不求闻达于"诸侯"，然而却也有"位卑未敢忘忧国"的情怀。故在最基层的教学生涯中做了最朴素的思考，发了一些微弱的感想，行了一点不足挂齿的教育实践，既无立德之善，亦无立功之举，然终究如"苔花"欲学牡丹开，"高山仰止，景行行止，虽不能至，然心向往之。"

《六祖坛经》说："有灯即光，无灯即暗。灯是光之体，光是灯之用。"既然是灯，必然要发光才可称其职。身为教师亦需发出或强或弱的"光"。本书所"言"，欲为"立言"乎？非也。为三十余年从教之记也，欲为前行的人投一束光也，或为滚滚教育洪流捐一滴水也，或为浩瀚的知识殿堂增一粒沙也，不值得"哂笑"。集腋成裘，聚沙成塔，功不唐捐乎？